PLATON

ŒUVRES COMPLÈTES

LE SOPHISTE

COLLECTION DES UNIVERSITÉS DE FRANCE
publiée sous le patronage de l'ASSOCIATION GUILLAUME BUDÉ

PLATON

ŒUVRES COMPLÈTES

TOME VIII

3e partie

LE SOPHISTE

TEXTE ÉTABLI ET TRADUIT
PAR
AUGUSTE DIÈS
Membre de l'Institut

Onzième tirage

PARIS
LES BELLES LETTRES
2022

Conformément aux statuts de l'Association Guillaume Budé, ce volume a été soumis à l'approbation de la commission technique, qui a chargé MM. Albert Rivaud et Louis Lemarchand d'en faire la révision et d'en surveiller la correction en collaboration avec M. Auguste Diès.

95 boulevard Raspail, 75006 Paris
www.lesbelleslettres.com

Premier tirage 1925

ISBN : 978-2-251-00225-5
ISSN : 0184-7155

LE SOPHISTE

NOTICE

I

OBJET ET PLAN DU DIALOGUE

Une formule de Th. Gomperz exprime heureusement l'apparente disparate et l'étroite connexion des deux parties du *Sophiste* : l'une est le fruit, l'autre la coque[1]. Le fruit, c'est la démonstration de la posssibilité de l'erreur, fondée sur la reconnaissance d'une certaine réalité du non-être. La coque, ce sont les définitions du sophiste. Mais, entre la coque et le fruit, il y a continuité de structure : dans son plan général aussi bien que dans ses discussions particulières, le *Sophiste* est savamment construit[2].

D'abord un prologue. Théétète et Théodore viennent au rendez-vous que Socrate leur a donné la veille. Le premier est naturellement accompagné de son ami d'études, Socrate le Jeune, ici encore assistant muet, et dont on prépare, depuis le *Théétète*, la prochaine apparition comme répondant dans les discussions du *Politique* et du *Philosophe*. Mais Théodore amène, cette fois, un étranger. L'école de Platon recevait fréquemment alors de tels visiteurs, venant, par exemple, d'Italie ou de la Sicile : la comédie contemporaine nous rend parfois l'écho moqueur de ces visites et des conversations scientifiques dont elles sont l'occasion, et les élèves de Platon devaient goûter, dans ces fictions essentielles au dialogue, la

1. *Les Penseurs de la Grèce*, trad. A. Reymond, II, p. 592.

2. L'authenticité du *Sophiste* est suffisamment attestée par les allusions précises d'Aristote (*Mét.* K, 8, 1064 b 29-N, 2, 1089 a 2 et suiv.) et ses emprunts mêmes (*Mét.* B, 1000 a 9 et suiv. comparé à *Soph.* 243 a).

transposition de leur vie journalière en scènes d'un lointain passé[1]. Cette fois l'étranger vient d'Elée. Il a vécu là-bas parmi les disciples de Parménide et de Zénon. Fervent de leur doctrine, il n'est cependant pas un de ces éristiques de la « gauche zénonienne » contre lesquels le Socrate de Platon se met ici spontanément sur la défensive, défensive que nous avons déjà vue, plusieurs fois, très agressivement militante. Ce que le jeune Socrate du *Parménide* n'était point en âge de faire, ce que le Socrate vieillard du *Théétète,* par un hommage de reconnaissance et d'admiration pour son noble adversaire du *Parménide,* ne voulait point faire, l'étranger éléate le fera : après bien des hésitations, il se résoudra au « parricide » et réfutera la thèse fondamentale de Parménide. Mais, présentement, on ne lui demande que de répondre à cette question d'aspect inoffensif : comment définit-on, là-bas, et comment distingue-t-on entre eux le sophiste, le politique, le philosophe? Après les excuses d'usage sur la nouveauté et la difficulté d'une telle enquête, l'Étranger aborde, pour commencer, la définition du sophiste (216 a-218 b).

Précisément parce que le sophiste est difficile à définir, on va d'abord essayer, sur un sujet de peu d'importance et banal, mais qui offre matière à de multiples et instructives distinctions, la méthode logique appropriée à la présente recherche. On commencera donc par définir le pêcheur à la ligne, et l'on trouvera, par une série de divisions qui la poursuivent à travers les embranchements de l'art d'acquisition, que la pêche à la ligne est chasse à ce qui vit dans l'humide, mais chasse par blessure et traction de la proie au moyen d'une ligne hameçonnée (218 c-221 c).

Sur ce modèle, on essaiera maintenant la définition du sophiste. On poursuivra pareillement celui-ci, chasseur qui devient ici gibier et gibier très retors, à travers de nouveaux embranchements de l'art d'acquisition. Six définitions seront ainsi successivement obtenues, que l'on récapitulera soigneusement à la fin de cette longue poursuite. Chasseur intéressé

1. Voir, dans Athénée II, 59 d, le petit tableau de comédie du poète Épicrate : un médecin de Sicile assiste aux « divisions et classifications » auxquelles travaillent les élèves de l'Académie. Nous reviendrons à ce morceau, à propos du *Politique*, en étudiant la méthode des divisions.

de jeunes gens riches, gros commerçant en enseignements qui se rapportent à l'âme, petit détaillant ou fabricant-vendeur de ces mêmes enseignements, athlète de l'éristique passé maître aux combats de paroles, enfin sorte de médecin de l'âme qui sait la purifier par la réfutation, voilà l'espèce ondoyante et diverse qu'est le sophiste (221 c-231 e).

C'est à la cinquième de ces définitions que se noue la démonstration centrale. Le sophiste nous y apparaît, en effet, comme magicien de paroles : il rend vrai ce qui est faux, il fait être ce qui n'est pas. Ainsi nous sommes contraints de démontrer qu'il y a non-être dans la réalité comme dans l'opinion et le discours.

Donc deux parties nettement distinctes : réalité du non-être (237 a-259 d), possibilité de la fausseté dans le discours et l'opinion (260 a-264 b). La première partie est la plus développée. Elle se divise en quatre sections : 1° l'erreur et le problème du non-être (237 a-242 b) ; 2° la critique des théories de l'être (242 c-250 e) ; 3° le problème de la prédication et le principe de la communauté des genres (251 a-254 b); 4° la réalité et la nature du non-être (254 c-259 d).

Quand on a fait, de cette réalité du non-être, l'application à la possibilité de l'erreur dans le discours, l'opinion et l'imagination, on peut revenir aux définitions du sophiste, dont l'art est essentiellement un art de tromperie.

On reprend donc les divisions de l'art d'acquisition pour fixer à nouveau le sophiste dans l'art d'imitation ou mimétique. On « renoue ensemble, de bout en bout, à reculons, les éléments de son nom », et l'on achève ainsi l'arbre généalogique de ce magicien de paroles (264 c-268 d).

II

LES DÉFINITIONS

Les définitions du sophiste et les dialogues antérieurs.

Platon a lui-même récapitulé ces définitions (231 d-232 a). — Le sophiste est « chasseur intéressé de jeunes gens riches ». (1re *définition*) Apelt a déjà remarqué, dans le *Cynégétique* de Xénophon, la frappante répétition de cette formule : « οἱ μὲν γὰρ σοφισταὶ πλουσίους καὶ νέους θηρῶνται » (*Cynég.* c. 13). On n'a pas ici à prendre parti dans la question de l'authenticité du *Cynégétique,* regardé par beaucoup comme apocryphe, mais que Münscher tient encore pour authentique et, d'ailleurs, postérieur à 386[1]. Mais le *Banquet* de Platon nous présente l'Amour, d'une part comme un chasseur habile, d'autre part comme un « habile magicien, fabricant de charmes et sophiste » (203 d). Le *Lysis* dépeignait déjà l'amoureux comme un chasseur (206 a) et ce lieu commun n'a, naturellement, rien de strictement platonicien. — La définition du sophiste comme commerçant d'enseignement, soit en gros, soit en détail (*2e, 3e et 4e définitions*), est comme un lieu commun des dialogues. La *République* oppose son étudiant-philosophe, qui ne cherchera dans la « logistique » ou science du calcul qu'une préparation à la dialectique, à ceux qui la pratiquent seulement en vue du gros commerce ou de la vente au petit détail : « ὡς ἐμπόρους ἢ καπήλους μελετῶντας » (525 c). Le *Protagoras* avait dit, bien auparavant : ceux qui s'en vont de ville en ville achetant et revendant au détail les diverses sortes d'enseignements (οἱ τὰ μαθήματα περιάγοντες κατὰ τὰς πόλεις καὶ πωλοῦντες καὶ καπηλεύοντες) ne savent pas toujours si leur marchandise est saine (313 d). Le mot αὐτοπώλης n'apparaît que dans le *Sophiste* et le *Politique.* — Nous ne retrouvons pas ailleurs la *cinquième définition* du sophiste : athlète au combat de paroles. Mais elle était préparée par la comparaison naturelle des joutes rhétoriques avec les combats gymnastiques : le *Gorgias* fait développer cette comparaison par le grand ancêtre des rhéteurs (456 d). — Quand la *sixième définition* nous montre le sophiste, avec toutes les réserves qu'il faudra pour le distinguer du véritable dialecticien, sous la figure du purificateur, nous nous rappelons que, dans le *Cratyle,* le sophiste est, à côté du prêtre, le représentant de la cathartique (397 a). Le vieux sens du mot sophiste, avec ce qu'il comporte de science et d'adresse, est le fond de cette comparaison du sophiste avec le dialecticien

1. Pauly-Wissowa-Kroll : *Realencyclopädie* IX, 2 (1916), art. *Isokrates,* col. 2185. Si le *Cynégétique* n'est pas authentique, ce qui paraît être l'opinion la plus générale, il appartient pourtant encore au IVe siècle. Il contient plusieurs autres expressions parallèles — ou empruntées — à celles du *Sophiste.*

dans notre dialogue. Hadès est ainsi, dans le *Cratyle*, « le parfait sophiste et le bienfaiteur suprême », en même temps qu'il est philosophe parce qu'il ne veut avoir contact qu'avec des âmes purifiées (403 e, 404 a). — Mais la *cinquième définition* donne lieu, quand on la reprend pour introduire la discussion centrale, à une étude approfondie de la *mimétique*. Dans la *République* (596 c), comme dans le *Sophiste* (233 e et suiv.), on réfute les prétentions d'omniscience du sophiste par une comparaison avec les prétentions omnicréatrices du magicien[1]. Les simulacres que l'on montre de loin aux jeunes gens (*Soph.* 234 b ; *Rép.* 598 b/c), la définition de l'imitateur comme magicien (*Rép.* 598 d), la définition de son art comme παιδιά, l'illusion produite par les peintures en perspective, le rôle du faiseur de prodiges (*Rép.* 602 b-602 d), celui des fabricants d'images (*Rép.* 514 b-605 c), tous ces détails sur les reflets des eaux (510 a), sur les simulacres produits par la magie (*Rép.* 584 a), sur l'irréalité essentielle de tout ce qui est image (*Rép.* 597), tous ces parallèles que montre une lecture, même rapide, du *Sophiste*, illustrent la façon dont notre dialogue s'est bâti. Tout l'appareil d'exemples matériels ou moraux que traînait avec lui le problème de l'erreur se trouve naturellement utilisé pour condenser dans la personne du sophiste toutes les puissances créatrices d'illusion, et poser le problème de l'erreur comme problème de la réalité du non-être (232 a-241 e).

La méthode scientifique. 1° Bien que le *Sophiste* soit, au point de vue doctrinal, plein d'emprunts ou d'allusions aux dialogues du platonisme classique, on pourrait dire que l'horizon littéraire du dialogue est un passé tout proche : c'est vers le *Théétète* et le *Parménide* que l'Étranger du *Sophiste* paraît orienter le plus directement ses allusions. Il serait peut-être difficile d'affirmer que, dans l'opposition entre les deux éristiques, celle qui vise et réalise le profit et celle qui pousse le désintéressement jusqu'au « gaspillage » (*Soph.* 225 d), l'Eléate ne pense qu'à la dialectique dont le *Parménide* (135 d) nous dit que le vulgaire la traite de « bavardage ». L'*Apologie* a depuis long-

1. La puissance magique du λόγος fait le fond des développements de l'*Hélène* de Gorgias.

temps fait gloire à Socrate de la pauvreté dont la comédie faisait raillerie. Mais, si claires que soient les allusions du *Phédon* à ces railleries et la glorification du « bavardage scientifique » dans le *Phèdre,* c'est dans le *Parménide* que l'on a, le plus directement, identifié, à ce bavardage, la véritable dialectique. Celle qui remplit la seconde partie de ce dialogue est bien, en tout cas, celle où l'on met le moins, « dans sa manière de dire, l'agrément qui captive »[1]. Ce que l'on peut affirmer sans crainte, c'est que, dans l'opposition qu'établit le *Sophiste* entre les deux méthodes d'éducation (229 e-230 e), Platon a directement en vue le *Théétète* et la maïeutique. La vieille méthode ici condamnée comme inopérante est, d'ailleurs, celle que prônait le *Protagoras* (324 a-326 e). C'est à ce développement qu'est pris aussi le rôle de la justice corrective (*Soph.* 229 a; *Protag.* 326 e). Mais ce qu'on oppose à cette méthode d'admonestation ou de châtiment, c'est directement la méthode dont le *Théétète* a donné et le nom et l'illustration continue : c'est la réfutation socratique telle qu'elle est pratiquée sur le jeune Théétète, avec les résultats qui sont ici décrits de la même manière qu'à la fin du *Théétète.* Aussi l'Eléate se refuse-t-il à l'attribuer aux sophistes. On peut croire que Platon vise ici, dans ces sophistes si proches en apparence de la socratique, des socratiques rivaux. Mais l'éristique représentée, pour la tradition, principalement par les Mégariques, a dû être, de très bonne heure, la marque de la dialectique éléate, et Platon peut garder, à cette revue historique des méthodes, son orientation toute générale. Notons, au passage, que ce rappel de la maïeutique telle que la décrit le *Théétète* sera fait même après la démonstration de la réalité du non-être : alors on montrera, dans les difficultés élevées sur le problème de la prédication, le premier fruit abortif d'âmes qui viennent à peine de prendre contact avec le réel (259 d).

2° Quelque chose de plus important que la méthode scientifique elle-même est l'esprit scientifique, et Campbell a heureusement rapproché le couplet du *Sophiste* sur « l'impartialité scientifique » (227 a-227 c) de l'avertissement que donne Parménide au jeune Socrate, épouvanté d'avoir à admettre une forme en soi de la boue : « un jour viendra

1. *Soph.* 225 d.

où tu ne mépriseras plus rien de tout cela » (*Parm.* 130 e) Le philosophe qui cherche à se constituer une méthode, le savant qui s'exerce à des problèmes préliminaires « pour acquérir de la pénétration d'esprit », ont, à ce point de vue, une égale estime pour tous les arts : ce n'est pas leur plus ou moins de distinction ou d'utilité pratique qui importe, mais les ressemblances ou dissemblances qu'on peut découvrir entre eux, et le flair que l'on gagne à de tels exercices. Tout le vieux passé des dialogues socratiques est en arrière-fond d'une telle description de la méthode scientifique : ce n'est pas pour eux-mêmes, c'est pour en dégager la notion et la méthode du savoir, que Socrate « avait toujours à la bouche tisserands, savetiers et corroyeurs [1] ». Les dichotomies du *Sophiste* ont, elles aussi, avant tout, ce but d'entraînement scientifique. Il sera peut-être plus profitable de faire, de cette méthode de divisions, une étude d'ensemble quand le *Politique* nous en aura complété l'exposé. Nous devons au moins rappeler que le *Phèdre* avait proclamé, en l'appuyant sur l'autorité d'Hippocrate, le principe de cette méthode de « division par genres », et vu, dans la division et la synthèse, le procédé essentiel de la dialectique (270 d).

III

LA RÉALITÉ DU NON-ÊTRE

L'erreur et le problème du non-être.

La cinquième définition est particulièrement significative. Contradicteur de métier, capable, sur tous sujets, d'en remontrer à tous, le sophiste possède, en apparence, la science universelle : il sait faire vrai ce qui est faux. Essentiellement contrefacteur, il sait, par les images que fabrique sa parole artificieuse, donner l'être à ce qui n'est pas. Telle est, en effet, l'essence du faux, dans les choses et dans les mots, qu'il impose l'être à ce qui n'a point l'être. C'est là, pourtant, au dire du grand Parménide, la plus grande impossibilité : « non, jamais, proclame-t-il encore en

1. Voir, là-dessus, les railleries de Calliclès dans le *Gorgias* 491 a.

son poème aussi bien que jadis en ses leçons, jamais tu ne plieras ce qui n'est point à être. »

Mais il ne sert à rien de répéter, avec Parménide et le sens commun, que le non-être est impensable et inexprimable, puisque les formules mêmes qui nient le non-être ne le peuvent nier sans le penser et l'exprimer. Il est vain d'essayer de définir le sophiste sans énoncer ce non-être. Soutenir, en effet, que le sophiste ment et dit faux, c'est soutenir qu'il dit être ce qui n'est pas et ne pas être ce qui est. Nous ne pouvons donc maintenir nos définitions du sophiste et affirmer la possibilité du faux, dans les choses ou dans le discours, qu'à la condition de nous décider à ce qui semble un parricide : il nous faut, contre Parménide, prouver que, d'une certaine manière, *le non-être est et l'être n'est pas* (241 e).

Critique des théories de l'être.

A cette démonstration, Platon ne vient que par un détour. Le détour choisi est la critique des théories de l'être. Cosmogonies naïves des antiques physiologues, unitarisme intransigeant des Eléates, coexistence ou alternance de l'un et du multiple dans l'harmonie que chantent les muses d'Héraclite ou d'Empédocle, opposition du corporel et de l'incorporel dans les systèmes éternellement ennemis des Fils de la Terre et des Amis des Formes, défilent ici en un large tableau d'histoire philosophique. L'un des gains précieux de cette revue historique est la critique définitive de l'Un-Tout parménidien. Son but général avoué est de nous montrer que le concept de l'être est tout aussi obscur que celui du non-être. Mais le but précis qu'elle vise est l'établissement du principe sur lequel se bâtira la démonstration de la communauté des genres : quelle que soit la dualité par laquelle on s'essaie à définir la nature de l'être, *l'être est irréductible* à cette dualité ; il est toujours ἕτερόν τι, τρίτον τι.

Unitaires et pluralistes prétendent nous conter avec précision combien il y a d'êtres et quels ils sont. Mais les pluralistes ne peuvent définir l'être sans l'expliquer au moins par une dualité de termes : or l'être ne se laisse pas enfermer en cette dualité ; il la déborde : il est toujours troisième terme. Les unitaires, par contre, sont impuissants à maintenir l'unité absolue soit de l'Etre soit du Tout (243 d-245 e).

Fils de la Terre et Amis des Formes prétendent, chacun de

leur côté, enfermer l'être en un terme exclusif : le corporel, l'incorporel. Pour élargir cet unitarisme intransigeant, on amène, par hypothèse au moins et pour le besoin de l'argument, les Fils de la Terre à reconnaître, dans l'âme et les vertus, quelque chose d'incorporel. De l'être, ainsi commun au corporel et à l'incorporel, on leur propose une *définition provisoire* par la *puissance d'action ou de passion :* cela est qui peut, dans la mesure la plus minime que ce soit, ou agir ou pâtir (247 e).

Mais les Amis des Formes se refusent à définir, par cette puissance d'action ou de passion, leur être incorporel. Le devenir peut pâtir et agir : l'être véritable que constituent les Formes purement intelligibles ne peut ni l'un ni l'autre.

A cette dualité, rejetée par eux, de l'action et de la passion, on substitue celle du *mouvement* et du *repos*. Entre l'être intelligible et l'âme, ils admettent une communauté : l'âme a rapport à l'être en tant qu'elle le connaît ; l'être a rapport à l'âme en tant qu'il est connu par l'âme. Si l'on peut démontrer que le fait de connaître est agir, le fait d'être connu sera pâtir. L'être, par le fait d'être connu par l'acte de connaissance et pour autant qu'il est connu, sera donc mû en tant que patient, puisque le « pâtir » ne peut, d'après eux-mêmes, se réaliser là où il n'y a point mouvement. Or, si l'on ne veut pas, de cet être qui est l'être universel, *la somme de l'être* (τὸ παντελῶς ὄν), bannir l'Intellect, il faut se garder, comme d'un crime, d'y supprimer ce qui est condition de la pensée active ; si l'on ne veut pas que l'être ne soit qu'une statue inerte et vide, il faut, en lui, faire place à la vie, donc à l'âme, donc au mouvement. Là où rien ne se meut, il n'y a plus intellection d'aucun objet par aucun sujet : il n'y a plus de place où se puisse réaliser l'Intellect (249 b).

Mais là où tout serait emporté dans la translation et le mouvement, il n'y aurait plus aucune identité, donc encore aucune possibilité d'existence pour l'Intellect. Si l'on ne veut abolir la science, la pensée claire, l'Intellect, il faut donc rejeter, et les thèses qui immobilisent l'être, soit dans l'unité absolue, soit même dans une pluralité de Formes, et celles qui meuvent l'être en toutes ses parties. Il faut, comme les enfants dans leurs souhaits, s'obstinant à garder et ce qui se meut et ce qui ne se meut point, dire que l'Etre et que le Tout est l'un et l'autre à la fois.

Affirmer l'être aussi bien du mouvement que du repos, est-ce donc là résoudre le problème de l'être ? C'est, au contraire, le poser dans toute son acuité. A ceux qui définissaient l'être par le chaud et le froid, nous montrions, tout à l'heure, que l'être débordait cette dualité. La même objection nous atteint. Mouvement et repos sont contraires. Quand nous les affirmons être, l'un et l'autre, nous ne voulons point dire par là que chacun d'eux ou leur couple se meuve ou soit immobile. L'être que nous en affirmons est donc *autre que chacun d'eux et autre que leur somme :* il n'est, de par sa nature propre, ni mû ni immobile. Extérieur à cette dualité tout autant qu'il l'était aux autres, l'être demeure, au bout du compte, aussi obscur pour nous que l'était le non-être. Echec apparent de la discussion, mais échec savamment préparé. L'idée que le dialogue va développer tout à l'heure, celle d'une *communauté* qui n'est point confusion, est déjà très claire en cette conclusion sur le rapport de l'être au mouvement et au repos : « c'est donc en tiers à eux surajouté que tu poses l'être dans l'âme ; et c'est en les rassemblant sous lui, qui les embrasse, pour ainsi dire, du dehors, et en dominant du regard la communauté qu'ils ont avec l'être, que tu en es venu à les dire être l'un et l'autre » (250 b). Platon a dégagé les termes nécessaires à sa démonstration future. L'apparition, sous forme de digression subite, du problème de la prédication, se fait donc à l'heure voulue.

Le problème de la prédication et la communauté des genres.

Nous laisserons-nous, en effet, enfermer dans la simple *formule d'identité* où la pensée ne peut que tourner inutilement sur elle-même ? Ecouterons-nous les jeunes sots ou les écoliers tardifs qui s'amusent à répéter : vous n'avez pas le droit de tirer, d'un sujet unique, la pluralité qu'il ne contient pas ? L'un ne peut être multiple ; le multiple ne peut être un. Donc dites : l'homme est homme, le bien est bien. Mais ne dites pas : l'homme est bon. Ce n'est pas avec eux seulement, c'est avec tous ceux qui se sont préoccupés du problème de l'être que nous allons étudier la question (251 d).

Nous avons le choix entre *trois hypothèses*. Ou bien l'être ne se lie ni au repos ni au mouvement : la réalité n'est qu'une multiplicité discontinue d'unités mutuellement inalliables ;

elle doit rester telle dans le discours humain. Ou bien tout se lie à tout sans distinction. Ou bien certaines réalités ont participation mutuelle et les autres ne l'ont point.

La *première hypothèse* est la mort de toute doctrine et la mort même de l'assertion qui la profère. Dire, ou que tout se meut, ou que tout est immobile, ou que les multiples Formes sont éternellement identiques, c'est toujours accoler l'être à un autre terme que lui, soit repos, soit mouvement. Dire que rien ne se lie et que l'être est en soi, à part de tout le reste, c'est encore accoler l'être à d'autres termes que lui ; c'est, comme Euryclée, porter, en son propre sein, une parole qui, éternellement, contredit celle que l'on profère (252 c).

La *seconde hypothèse* est la confusion absolue : elle identifie repos et mouvement, tous les contraires.

Ainsi *la troisième* s'impose : il y a, entre les éléments divers de la réalité, un *mélange réglé*. Ces éléments de la réalité sont comme les lettres d'un immense alphabet ou comme les sons d'une symphonie universelle : il y a, entre quelques-uns, essentielle possibilité d'accord ; entre les autres, désaccord foncier ; quelques-uns, enfin, circulent à travers tout le reste comme agents de liaison mobiles ou comme facteurs nécessaires des séparations et des divisions (253 c).

Or, y voir clair en ces accords de lettres ou de sons n'est pas donné au premier venu. C'est affaire d'une technique, d'une science : grammaire ou musique. Les accords ou désaccords entre les Formes sont aussi l'objet d'une science : la *Dialectique*. Comment une forme unique, tour à tour, se déploie et s'étale à travers une pluralité de formes mutuellement distinctes, ou bien referme, du dehors, autour de cette pluralité, son unité enveloppante ; comment l'unité d'une forme sait, à travers une série de groupements, multiplier sa présence sans se multiplier elle-même ; quelles formes, enfin, restent irréductibles en leur isolement ; seul le dialecticien sait cela, et, le dialecticien, c'est le philosophe.

Réalité et nature du non-être.

Vouloir remplir tout ce programme, prétendre vérifier, sur toutes les formes, les lois de leurs accords ou désaccords mutuels, serait nous engager dans une enquête trop complexe, où nous risquerions de nous perdre. Nous allons donc choisir quelques-unes des formes les plus importantes et, sur ces formes privilégiées, essayer de démontrer la thèse qui est l'objet propre de notre discussion : le non-être a réel être de non-être (254 d). *Etude comparative des cinq genres suprêmes* ou catégories de l'être, *définition du non-être comme autre, portée de cette définition,* telles sont les pièces de cette démonstration ardue, qui est la démonstration centrale du *Sophiste.*

Les cinq genres. Nous n'avons plus à chercher ces formes les plus hautes. Nous les avons clairement dégagées tout à l'heure : *l'être*, le *repos,* le *mouvement.* Si nous nous rappelons ce que nous en avons dit, nous poserons les propositions suivantes : repos et mouvement ne se peuvent mêler ; l'être se mêle au repos et se mêle au mouvement, car le repos est, le mouvement est. Nous avons donc là trois termes distincts : chacun d'eux est autre que le reste et même que soi. Or ce *même* et cet *autre,* que nous dégageons ainsi, sont deux termes nouveaux, irréductibles aux trois premiers, et c'est sur cinq formes distinctes que portera notre comparaison.

Impossible, en effet, de ramener ces deux termes nouveaux à l'un quelconque des trois premiers. Identifier le couple de contraires, mouvement-repos, à quelque terme que ce soit, serait détruire leur contrariété par une identité commune. Nous dirons donc : le mouvement n'est ni le même ni l'autre, le repos n'est ni le même ni l'autre. Cependant, comme tout terme qui se pose, le mouvement est même, le repos est même ; comme tout terme qui se distingue, le mouvement est autre, le repos est autre : *mouvement et repos participent du même et de l'autre sans être, ni le même, ni l'autre.*

Identifier le même et l'autre à l'être est tout aussi impossible. Etre et même ne sont pas identiques : sans quoi dire que le repos est et que le mouvement est serait dire que le mouvement est la même chose que le repos. Etre et autre ne sont pas identiques : car l'être se dit en un sens absolu et en un sens relatif ; l'autre ne se dit qu'au sens relatif, et rien n'est autre que relativement à autrui. Ainsi l'autre est, dans les formes par nous prélevées pour cet examen, cinquième forme, irréductible à l'une quelconque des quatre premières, mais toujours nécessairement associée à chacune d'elles : car tout ce qui se pose s'oppose en tant qu'il se distingue, et *rien n'est soi sans être autre que le reste* (255 e).

L'autre et le non-être. Si nous voulons faire ressortir nettement la conclusion que prépare cette comparaison des cinq formes suprêmes, montrons-la sur une de ces formes : *le mouvement*. Le mouvement, qui « est », mais n'est pas le repos, est autre que le repos. Le mouvement, qui est même en tant qu'il est soi, est pourtant autre que le même. Le mouvement, qui est autre en tant qu'il se distingue, est, par là-même, autre que l'autre : il est donc autre et non-autre. Mais il est, par la même raison, autre que l'être. Ainsi nous obtenons et nous maintiendrons comme solide cette proposition : le mouvement, qui est, qui donc participe à l'être, est néanmoins autre que l'être et réellement non-être.

Nous traduirons maintenant cette proposition dans sa généralité : *en toute la série des genres, l'un quelconque est toujours autre que tout le reste, donc autre que l'être, donc non-être*. Toute réalité, dirions-nous, pose la quantité définie de son être et l'oppose à l'infinité des autres êtres. Platon dit : autour de chaque forme, multiple est l'être, infinie quantité le non-être. L'être, à son tour, est une forme. En tant que forme distincte, il s'oppose à toutes les autres ; donc, autant de fois les autres sont, *autant de fois l'être n'est pas* ; et cette infinité de formes, qui ne sont pas l'être, constitue une infinité de non-êtres (257 a).

Si nous voulons voir clair au fond de cette réalité du non-être, par nous démontrée, nous dirons que la négation essentielle à ce « ne pas être » ne supprime pas l'être, mais le distingue. *Le non-être, c'est l'autre*. Mais l'autre est un genre et ses espèces sont multiples : chacune d'elles est opposition d'être déterminé à être déterminé. Le non-beau, le non-grand, le non-juste ne sont négations que de la réalité déterminée à laquelle ils s'opposent : beau, grand, juste. Mais ce qui, par ces négations, s'oppose et se distingue, n'est pas moins réalité que la réalité dont il se distingue : « *le non-être n'est pas moins être que l'être lui-même* ; car ce n'est point le contraire de l'être qu'il exprime ; c'est simplement autre chose que lui » (258 b).

Portée de la définition. Ainsi nous avons fait bien plus que démontrer, contre Parménide, la réalité du non-être. Nous avons découvert ce qu'il est : qu'il est « l'autre », et qu'à ce titre il est aussi omniprésent que l'être et, pour ainsi dire, son envers inévitable. Toute réalité qui s'affirme présente, en effet, deux faces, dirions-nous : l'une par laquelle elle se pose et réalise le quantum défini de son être; l'autre par laquelle elle s'oppose, nie, de son être, l'infinité des êtres qu'elle n'est pas, et s'enveloppe ainsi d'une zone illimitée de non-être. Nous tenons bien, cette fois, solidement, le sophiste « dans le filet de l'argumentation ». Nous nous dégageons, du même coup, du réseau d'arguties où nous voulaient emprisonner les éristiques, jouant, sans les comprendre, avec les oppositions essentielles à une réalité que, jeunes ou vieux, ils n'ont encore approchée que du dehors. Qu'ils ne nous disent point que, en affirmant cette réalité du non-être, nous affirmons la réalité d'un *contraire de l'être.* A ce non-être absolu, il y a beau temps que nous avons dit adieu. Nous ne nous préoccupons plus de savoir « s'il est rationnel ou totalement irrationnel » : nous avons trouvé, pourrait dire Platon, dans le non-être, une illimitation que pose nécessairement toute limite, une grandeur d'ordre négatif qui demeure inséparable, en quelque manière, de la grandeur positive qu'est l'être. On ne nous fera abandonner cette conclusion qu'en réfutant la série bien enchaînée de nos arguments : communauté des genres, omniprésence inévitable, et de *l'être* et de *l'autre,* à travers toute la série des genres, participation de l'autre à l'être et, dans cette participation même, altérité persistante en laquelle se manifeste la réalité du non-être. Ainsi Platon, conscient de l'effort qu'il demande à qui veut le suivre, résume, avant le dernier départ, les étapes de la route parcourue (259 b).

IV

LE NON-ÊTRE ET LA FAUSSETÉ DANS LE DISCOURS ET LA PENSÉE

Il reste un bout de route, en effet, qu'il faut nécessairement parcourir si l'on veut démontrer que le sophiste est réellement fabricant de fausseté. Lui, dont l'unique refuge est la fausseté, nie absolument que le faux puisse être. Nous, au contraire, sommes bien contraints de dire que cet être du faux est un réel non-être : « car le fait que ce sont des non-êtres qu'on se représente ou qu'on énonce, voilà, en somme, ce qui constitue la fausseté et dans la pensée et dans les discours » (260 c). Or le sophiste prétend que « le non-être ne se peut, ni concevoir, ni énoncer : car le non-être n'a, sous aucun rapport, aucune part à l'être » (260 d).

Nécessité de la discussion.

Ne pourrions-nous, à la rigueur, déclarer la dispute close ? Nous venons de démontrer que le non-être participe à l'être, et c'est là une conclusion contre laquelle le sophiste ne peut plus désormais batailler. Mais, que le non-être se mêle à tous les genres, c'est une démonstration que nous n'avons faite que d'une façon globale. Le sophiste peut donc vouloir revenir à notre triple position du problème de la communauté des genres : ou bien tous les genres peuvent mutuellement se lier, ou bien aucun ne le peut, ou bien les uns le peuvent, et les autres non. Il fera son profit de la dernière hypothèse, par nous adoptée. Il dira : *opinion et discours sont des formes de l'être*, et la dernière est, d'après vous, aussi infiniment précieuse que la philosophie et que la pensée même ; or je maintiens qu'opinion et discours sont précisément au nombre des formes qui ne peuvent avoir absolument aucune liaison avec le non-être. Puisque le faux n'est qu'irréelle image de réel, et que nous l'affirmons réalisable, et dans l'opinion, et dans le discours, il nous faut étudier discours, opinion et imagination et « dévoiler la communauté qu'ils ont avec le non-être ». Ainsi nous démontrerons l'existence de la fausseté et pourrons « y attacher définitivement le sophiste » (261 a).

Discours, opinion et imagination.

La démonstration sera gagnée pour l'opinion et l'imagination dès qu'elle aura été obtenue pour le discours. Le discours, en effet, nous l'avons établi dans le *Théétète*[1], et le *Sophiste* utilise, sans le dire, les résultats de cette analyse, n'est que la pensée proférée. La pensée est dialogue intérieur et silencieux ; le discours est pensée extériorisée vocalement. L'affirmation ou négation qui clôt le discours intérieur est

1. 190 a.

l'opinion. Quand l'opinion se forme, non plus comme conclusion d'un pur débat de pensée, mais comme affirmation ou négation imposée à ce débat par l'immixtion d'une sensation, elle devient imagination, combinaison de sensation et d'opinion. Parentes du discours, si le discours peut être faux, l'opinion et l'imagination pourront l'être également (263 d-264 b).

Or, avant même de démontrer à Théétète ce raisonnement hypothétique, Socrate en a établi la mineure : le discours peut être faux (261 d-263 d). Nous referons, en effet, sur les noms, l'examen que nous avons fait sur les lettres. Mais il ne suffit point de dire, ici, que, dans les noms, comme dans les lettres, certains se peuvent mutuellement accorder et que les autres ne le peuvent. Ce serait revenir à la théorie simpliste qui ne voit, dans la « raison » qu'est le discours, qu'un assemblage de noms. Elle s'est exprimée dans le *Théétète,* au début de la troisième définition de la science, et sous une forme où le connaissable s'expliquait, en dernier recours, comme une somme d'éléments inconnaissables[1]. Mais le Socrate du *Cratyle* n'était point de ces « non-initiés » qu'écarte dédaigneusement le *Théétète,* et pour qui les actions et les devenirs qui en résultent ne comptent point comme formes de l'être[2]. Il reconnaissait, à l'action, une réalité, dont les formes diverses sont aussi naturellement distinctes, aussi réglées, aussi connaissables, que le sont les formes de l'être, et sont, elles-mêmes, des formes de l'être[3]. Le *Sophiste* reprend donc la définition que donnait le *Cratyle* (425 a, 431 b/c) : « *le discours est une synthèse de noms et de verbes* ». Non content de la formuler à nouveau, il en donne, cette fois, la preuve par une analyse génétique. Le désir qu'il a d'établir logiquement et ontologiquement la possibilité de l'erreur amène peut-être Platon à voir clair, maintenant seulement, dans une distinction que la science de son temps devait lui donner faite en gros. En tout cas il définit, ici, pour la première fois, d'une façon explicite, la relation, dont nous l'avons senti souvent préoccupé, entre *la chose* ou *le sujet*, représenté par *le nom*, et *l'action* ou *genèse,* manière d'agir, ou de devenir, ou d'être, du sujet, exprimée par *le verbe* ou *prédicat.*

1. *Théét.* 201 c-202 c. Cf. notre Notice, p. 144-147.
2. *Théét.* 155 e.
3. *Cratyle* 386 e-387 a.

Possibilité de l'erreur. La *vérité du discours*, ou de la « proposition », qui est le discours le plus élémentaire, ne pouvait se définir, dans le *Sophiste* comme dans le *Cratyle*, que par sa *conformité avec le réel*. Dans l'un et dans l'autre dialogues, une proposition est vraie « quand elle dit ce qui est, tel que c'est » (*Crat.* 385 b ; *Soph.* 263 b). On n'a donc aucune raison de trouver trop aisée la façon dont la possibilité de l'erreur est prouvée, finalement, par un simple rappel à l'expérience, à une expérience, d'ailleurs, essentiellement rationnelle et logique. Quand on aura montré à Théétète que l'on peut véritablement former des propositions qui ne disent pas « ce qui est, tel que c'est », la possibilité de l'erreur sera rationnellement démontrée. Mais on insiste ici sur ce que la proposition ne dit pas seulement ce qui est ou se fait, pas plus qu'elle ne se borne à nommer la chose ou le sujet : elle dit ce qui est d'un sujet ou ce qui est fait par un sujet. Le sujet et le prédicat sont chacun partie et condition essentielle de la proposition. Il ne peut y avoir vérité ou fausseté que là où il y a affirmation d'être, d'action ou d'inaction d'un sujet déterminé (262 c).

Ainsi la proposition est fausse quand elle affirme d'un sujet ce qui n'est point de lui. C'est bien toujours de l'être qu'elle exprime. Elle exprime ce qui est, mais autrement qu'il n'est pour le sujet donné : elle dit être, de lui, ce qui n'est pas, et, ne pas être, ce qui est.

Si le discours peut être faux, la pensée, l'opinion, l'imagination le peuvent également. Il y a donc des images fausses de la réalité et, du maniement de ces fausses images, un art de tromperie se peut constituer. Nous avons donc le droit de revenir à nos définitions du sophiste : elles sont fondées sur la réalité même de cette falsification du réel.

V

LE SENS ET LA PORTÉE DU *SOPHISTE*

Le Sophiste et le Parménide. 1. Brochard a pu soutenir que, dans les divisions sur lesquelles se fondent la définition du pêcheur à la ligne et la définition du sophiste, notre dialogue « donne un exemple particulier de ce que doit être la participation, avant même que celle-ci soit définie et que la possibilité en soit établie[1] ». Ces divisions ne veulent, en effet, que poursuivre les rapports naturels de parenté ou d'opposition entre les formes ou « espèces ». Elles sont au moins une illustration anticipée de la communauté des genres. La démonstration de cette communauté des genres n'est que le développement et la justification du principe que posait le *Parménide*. Celui-ci disait, envisageant directement l'existence même des Formes : « ne pas vouloir que chaque forme de l'être garde identité permanente, c'est anéantir la vertu même de la dialectique » (135 c). Le *Sophiste* dit, envisageant la participation mutuelle d'une forme à l'autre : « c'est la plus radicale manière d'anéantir tout discours que d'isoler chaque réalité de toute attache avec le reste ; car c'est par la mutuelle combinaison des forme que le discours nous est né ». Ainsi le *Sophiste* vise moins directement la participation des sensibles aux Formes et les difficultés qui s'y peuvent attacher que la participation des Formes entre elles. Dans le *Parménide,* il revient se nouer directement à ce qui, pour le jeune Socrate, était l'unique problème qui comptât : « que l'on commence par distinguer et mettre à part, en leur réalité propre, les Formes, et qu'on les démontre, ensuite, capables de se mélanger et de se séparer ; c'est alors que je serais émerveillé » (129 e). La démonstration de la communauté des genres est la réponse à cet appel. Mais l'esprit de la démonstration est le même dans le *Sophiste* que dans le *Parménide*. Comme, dans celui-ci, *la réalité permanente des Formes,* dans celui-là *la nécessité de leurs mutuelles relations* est toujours, en définitive, fondée sur un

1. *La Théorie Platonicienne de la Participation d'après le Parménide et le Sophiste*, dans Études de Philosophie Ancienne et de Philosophie Moderne, Paris, Alcan, 1912, p. 132/3. En renvoyant à cet article pour toute la discussion qui va suivre, qu'il me soit permis de rappeler que, au moment où il paraissait dans l'*Année Philosophique* (1908), ma thèse sur *La Définition de l'Être et la Nature des Idées dans le Sophiste de Platon* (Alcan, 1909) était imprimée, et que je n'ai pu trouver, dans l'accord général de mon interprétation avec celle de Brochard, qu'un encouragement de plus. J'ai essayé d'étudier le rôle du principe de relation dans un article sur *L'Idée de la Science dans Platon* (Annales de l'Institut Supérieur de Philosophie de Louvain, III, 1914, p. 137-196).

postulat fondamental : est vrai ce sans quoi la pensée logique ne saurait subsister. S'il n'y a aucune relation de l'être avec les autres formes ni des formes entre elles, toute assertion est impossible, même celle qui nie cette relation, et tous les systèmes construits jusqu'ici pour expliquer la réalité ne sont plus que vains bruits de paroles.

2. C'est précisément dans cette exposition des théories de l'être que le *Sophiste* recommence, pour la pousser jusqu'au bout, *la réfutation* qui ne pouvait être qu'esquissée et adombrée dans le *Parménide*, et que Platon n'avait même pas voulu ébaucher dans le *Théétète*. Nous avons vu quel était, dans le *Sophiste*, le but dialectique de cette exposition des systèmes antiques : démontrer l'irréductibilité de l'être, pièce nécessaire de l'argumentation qui établira le principe de la communauté des genres. Mais Platon en profite pour détruire définitivement *la conception parménidienne de l'Un-Tout*, qui est en même temps l'Un absolu. La première hypothèse du *Parménide*, développée par le grand Eléate lui-même, n'avait pu présenter cette réfutation que comme l'un des moments d'une argumentation à deux temps, dont le second était contradictoire au premier. C'était une conséquence nécessaire de la forme zénonienne donnée à cette argumentation. Platon ne pouvait, d'autre part, au Parménide qu'il avait « construit » dans ce dialogue, porte-parole des objections contre les Formes en même temps qu'Ami et défenseur des Formes, imposer une réfutation qui eût été un véritable suicide, contraire à toute vraisemblance littéraire, et destructif de l'effet général voulu par le dialogue. C'est pour cela que le résultat de la première hypothèse était, dans le *Parménide*, déclaré, par Parménide lui-même, inacceptable. Dans le *Sophiste*, ce n'est plus Parménide qui mène l'argumentation ; c'est un de ses disciples, mais qui vient de se déclarer tout à l'heure acculé « au parricide ». Aussi la réfutation de l'Un parménidien est-elle ici décisive et absolue : on ne peut dire, ni que l'être est un, ni que l'Un est tout, sans se contredire soi-même (244 b-245 e). Quant à *la conception parménidienne de l'Etre*, sa réfutation est l'objet direct du *Sophiste*. L'être est, le non-être n'est pas : tel est le vrai et original principe de la pensée parménidienne, et l'Etre-Un n'est que le second moment de cette pensée. Or c'est contre ce principe fonda-

mental que s'établit la thèse directe du *Sophiste :* sous un certain rapport, l'être n'est pas et le non-être est.

Etre, repos et mouvement.

Dans le grand parallèle des doctrines antiques que nous présentait le *Théétète,* c'est l'immobilité de l'être parménidien qui venait au premier plan. Elle revient, dans le *Sophiste,* occuper encore, apparemment, le premier plan, aussi longtemps que Platon n'a pas dévoilé le but de cette discussion entre mobilistes et statiques. Mouvement et repos participent à l'être sans que l'être soit ni mouvement, ni repos : c'est sur cette proposition que s'établira le principe de la communauté des genres. Pour l'obtenir, il fallait montrer que le mouvement a autant de réalité que le repos. Ceci se traduit en langue platonicienne : dans l'être qui est la somme de toutes les formes d'être, ne peut manquer ni le repos, ni le mouvement. A cette comparaison des termes *être, mouvement* et *repos,* Platon ne vient que par l'intermédiaire d'une autre opposition : *action* et *passion.* Cette opposition elle-même a été introduite dans une définition proposée aux matérialistes (247 e) pour expliquer cet être qu'on les contraint d'accorder à un minimum d'incorporel en même temps qu'au corps. Définition de l'être et mouvement de l'être sont les deux points d'exégèse qui ont le plus divisé les critiques.

1. *La définition de l'être par la* δύναμις n'a point, dans le platonisme, l'importance d'une révolution doctrinale [1]. Il

1. Zeller se servit de cette définition pour démontrer sa thèse que les Idées sont causes immanentes des choses (*Phil. d. Gr.* II, 1, 4e éd., p. 689) ; Lutoslawski (*Plato's Logic*, 1897), pour opposer la conception dynamique de l'être, dans le *Sophiste,* à celle des formes immuables que défendait le *Banquet,* et présumer qu'à partir du *Sophiste* l'être véritable appartient avant tout aux âmes (p. 423/4). Th. Gomperz (II, p. 593) célébra, dans Platon, « le premier des énergétiques modernes ». F. Horn (*Platonstudien, Neue Folge,* 1904) vit, dans cette définition de l'être, « le point central et le gain essentiel du *Sophiste* » et le germe d'où la communauté des genres sort « par une nécessité organique ». Mise en relation avec la « passion » qu'introduit, dans l'objet, le fait d'être connu, et le mouvement qui est démontré exister nécessairement dans l'être, la définition proposée aux matérialistes devenait le point de départ d'une totale transformation de la théorie des Formes. Campbell avait pourtant

n'est point nécessaire, pour l'atténuer, et, d'ailleurs, il n'est plus possible, aujourd'hui, de dire, avec Apelt, que la définition, essentiellement matérialiste, n'a rien de platonicien. Avant même de se formuler dans le *Sophiste*, elle était virtuellement contenue dans la terminologie ordinaire des dialogues. La méthode qui explique chaque « nature d'être » par sa δύναμις, par ses vertus actives et passives, est antérieure même à Hippocrate, auquel le *Phèdre* se réfère, et que l'on a regardé comme l'auteur de notre définition. L'emploi du couple ἔργα τε καὶ φύσις dans la seconde partie du poème de Parménide est déjà équivalent à l'usage des couples φύσις τε καὶ δύναμις, ἰδέα τε καὶ δύναμις dans les textes de la collection hippocratique [1]. Chez Platon, le sens dynamique de l'action-passion s'amincit, en maintes formules des dialogues, jusqu'à ne plus désigner que les deux faces de toute relation ou participation. Nous avons vu que, dans le *Sophiste*, le fait d'être connu est une passion. Dans le *Sophiste* encore (245 a/b), la participation à l'unité était une passion. Enfin le *Parménide* regardait comme une passion le fait même d'être ou de ne pas être (136 b), et ne faisait, là-même, que répéter une formule

déjà remarqué combien nettement cette définition est présentée comme provisoire, et pour les matérialistes, qui la reçoivent faute d'une meilleure, et pour l'Éléate, qui déclare qu'à lui comme à eux « la chose paraîtra peut-être tout autre plus tard » (*Soph.* 247 c). Campbell observait aussi que la définition était l'écho d'une méthode exposée dans le *Phèdre* 270 c/d, et, là, expressément fondée sur une doctrine d'Hippocrate. Apelt (*Beiträge*, p. 71-77) ne se contenta pas d'en accepter le caractère précaire; il soutint que la définition, originellement hippocratique, selon toutes vraisemblances, était matérialiste et n'avait rien de platonicien. C'est là une thèse qu'il n'est plus possible de maintenir aujourd'hui. Je n'avais fait qu'amorcer la recherche sur l'emploi du terme δύναμις dans Platon (*La Définition de l'Être et la Nature des Idées dans le Sophiste de Platon*, Paris, Alcan, 1909, p. 21-29). Mes conclusions ont été considérablement fortifiées par l'excellent travail qu'a consacré directement à ce sujet J. Souilhé (*Étude sur le terme* δύναμις *dans les dialogues de Platon*, Paris, Alcan, 1919).

1. Une étude, en effet, devrait être instituée sur les équivalents du couple φύσις, δύναμις. Le μένος des poètes remplace, chez Empédocle, δύναμις. La seconde partie du poème de Parménide emploie δύναμις (fragment 9); mais le fragment 10 n'est, lui-même, qu'une suite de périphrases exprimant diversement l'idée du couple « nature-effets ».

du *Phédon* (97 c). La définition de l'être par la δύναμις peut donc être platonicienne sans impliquer, par elle-même, soit la preuve d'une activité causale dans les Idées, soit le transport de l'être véritable aux âmes seules, soit la formule anticipée des conceptions énergétiques modernes. On n'en est que plus libre pour constater que cette définition est, dans le *Sophiste*, expressément provisoire, et qu'elle y sert d'intermédiaire simplement dialectique entre le couple corporel-incorporel et le couple mouvement-repos. Ce qu'il faut dire surtout, c'est que cette définition ne pouvait être ici donnée comme résolvant le problème de l'être. Toute l'argumentation dont elle n'est qu'une des pièces tend à montrer, et l'Eléate le déclare expressément, que *l'être n'est définissable par aucun terme autre que lui, par aucun couple de termes autres que lui*. Il est toujours ἕτερόν τι, τρίτον τι (250 c). Cette absolue irréductibilité de l'être est, nous l'avons vu, la base indispensable de l'argumentation qui établit, et la communauté des genres, et la réalité du non-être. Celui-ci n'exprime, en effet, que l'altérité essentielle de l'être, et de tout être, par rapport à tout le reste.

2. Mais l'idée *d'une activité motrice et vitale essentielle à l'être* n'est-elle pas introduite par ce mouvement, accordé, dans notre dialogue, soit à l'οὐσία des Amis des Formes, soit à l'être qualifié de παντελῶς ὄν? On a beaucoup bataillé pour savoir si l'on devait trouver, dans cette conception essentiellement dynamique et psychique de l'être, soit la traduction naturelle, soit une transformation totale du platonisme classique [1]. En réalité, le *Sophiste* a, ici même, condamné

1. Les critiques qui refusaient d'admettre une rupture dans l'évolution de la pensée platonicienne ont pensé retrouver cette animation des Formes dans le platonisme antérieur, soit au sens d'activité causale (Zeller), soit au sens de simple conscience intellectuelle (Apelt). Rodier (*L'évolution de la dialectique de Platon*, Année Philosophique, XVI (1905), Paris, 1906) interprétait le mouvement du παντελῶς ὄν comme un mouvement purement logique (p. 64/5). Par contre, C. Ritter (*Untersuchungen über Plato* (1888), p. 168 et suiv. — *Platos Gesetze, Kommentar* (1896), 306 et suiv.) et Lutoslawski (*Plato's Logic*, p. 424) estimaient que l'être était ainsi transporté, des Idées ou Formes, aux âmes, y compris les âmes humaines. Ils ne faisaient là que développer un passage de l'*Introduction de Campbell* (p. LXXVI). Th. Gomperz (II, 599) voyait, dans cette transformation de la conception platonicienne de l'être, une régression des essences méta-

toute interprétation qui regarde l'idée de mouvement comme constitutive de l'idée d'être ; car il déclare expressément que « l'être n'est, par sa nature propre, ni en mouvement ni en repos » (250 c). L'unique but de l'argumentation dont cette conclusion résume les résultats est de montrer que le mouvement existe au même titre que le repos. Si l'on nie l'existence du mouvement, l'universalité de l'être devient une chose inerte ; toute activité en est supprimée, donc aussi toute vie et toute âme, et, par là, toute conscience et toute pensée. Or c'est cette universalité de l'être que désigne la formule παντελῶς ὄν : elle est, non pas identique, mais exactement parallèle au παντελεῖ ζῴῳ du Timée (31 b). Comme le Vivant en sa plénitude est la somme de tous les vivants intelligibles, l'Être en sa plénitude est *la somme de toutes les formes ou espèces de l'être*. C'est ce qu'a parfaitement rendu Simplicius qui, distinguant l'être « sans restriction » de l'être envisagé comme genre, donne cette définition de notre παντελῶς ὄν du *Sophiste* : « le totalement être, celui qui embrasse en soi tous les genres[1] ». Bannir, en effet, de cette « somme de l'être », le mouvement, la vie et la pensée, serait supprimer l'existence même de l'Intellect, puisque l'intellection ne peut se réaliser que dans une âme, et que l'âme est faite de vie et de mouvement. Le *mouvement* doit donc être compté comme *une des formes nécessaires de l'être*.

physiques à leur origine théologique. Teichmüller avait pourtant, dès 1874 (*Studien zur Geschichte der Begriffe*, p. 138), traduit le παντελῶς ὄν par « l'univers pris dans sa totalité ». En 1906, dans son article sur « *la morale de Platon* » (*Études de philos. ancienne et de philos. moderne*, p. 199, note 1) et, plus spécialement, en 1908 (*La théorie platonicienne de la Participation. ib.*, p. 141), Brochard adoptait cette interprétation. Dans la dernière étude, il donnait cette formule excellente : « le mouvement, l'intelligence, l'âme et la pensée ne sont pas exclus de l'être total ». J'avais le tort, en 1909 (*Définition de l'Être*. p. 87 et note 215), de vouloir distinguer le παντελῶς ὄν de cette totalité de l'être et de n'y voir que le monde animé et intelligent du *Philèbe* et du *Timée*. Or Platon veut sauver ici l'Intellect, et l'Intellect se réalise, éminemment, dans l'Ame du Monde. Mais, ce qu'il envisage directement, c'est l'Être comme somme de tous les genres d'êtres.

1. Simplicius *in Phys.* 136, 24. Ce texte ne semble pas avoir été remarqué jusqu'ici.

Mais on prouve immédiatement, par un bref rappel d'un raisonnement du *Cratyle* (440 a/d), que le repos ou *l'immutabilité* est une *condition également nécessaire de l'Intellect.* Identité permanente du sujet comme de l'objet sont la base indispensable de tout acte de connaissance, et ce rappel nous autorise à regarder le *mouvement passif* introduit, par l'acte de connaître, dans l'objet qu'est l'οὐσία des Amis des Formes, et, par suite, dans tout être au moment où il est objet, comme un argument *ad hominem* et comme une simple traduction de la passivité « grammaticale » corrélative à l'activité du « connaître ». Platon s'en sert pour affirmer que la réalité intelligible est vraiment *un objet* sur lequel *s'exerce* notre connaissance. Notre langue moderne est tout aussi impuissante à éviter de traduire, par des métaphores, cette « fictive passivité » de l'objet par nous connu, en tant et pendant qu'il est connu.

Ainsi Platon n'a point, dans le *Sophiste,* abandonné sa doctrine classique pour une conception énergétique ou psychique de l'être. Mais il a réussi à franchir indemne la ligne dangereuse dont parlait le *Théétète* (181 a). Il n'a voulu être prisonnier, ni de ceux qui « immobilisent le Tout », ni de ceux qui « meuvent jusqu'aux choses immobiles ». Il a définitivement fixé sa voie entre Héraclite et Parménide.

Les problèmes historiques du Sophiste. Les Éristiques.

Mettons de côté, tout d'abord, la question de savoir qui est visé sous ces « jeunes sots ou étudiants tardifs », qui ne permettent pas que l'on dise « l'homme est bon », et veulent enfermer la pensée dans le jugement d'identité : « l'homme est homme, A est A » (251 a et suiv.). Nous pouvons aborder ce problème historique avant tous les problèmes de même genre que pose le *Sophiste*, parce que la critique semble s'être facilement accordée sur les identifications possibles. Elles sont, à vrai dire, plus difficiles à limiter qu'à découvrir. Dans les « étudiants tardifs », on s'accorde généralement à retrouver l'inévitable *Antisthène*, qu'Aristote met en tête des gens « inéduqués » par qui la définition de l'essence était déclarée impossible (*Mét.* 1043 b 24). Simplicius, d'autre part, compte *les Mégariques* au nombre de ceux qui voulaient « séparer tout de tout » (*in Phys.* p. 120, 15-21). Philopon (*in Phys.* p. 49, 19) y ajoute *les philosophes d'Érétrie*, mais le nom de Ménédème, sous lequel il met cette doctrine, nous porte vers un temps très postérieur et fait penser à des reprises tardives de la théorie, très contaminée par une polémique dirigée contre le *Sophiste* même de Platon. Simplicius dit, de même (*in Phys.* p. 93, 22), que, pour les Érétriens, « rien ne peut s'attribuer à rien ». Le nom du sophiste *Lycophron*, cité à ce propos par Aristote (*Phys.* 185 b 27), nous reporterait, avec plus de vraisemblance, vers cette éristique aux frontières très vagues, sophistique servant de passage entre l'éléatisme et le mégarisme, que nous pouvons entrevoir dans la satire qu'est l'*Euthydème*. La chronologie de toutes ces doctrines est très flottante. L'enthousiasme facile des jeunes gens pour cette éristique est attesté ailleurs par Platon (*Philèbe*, 15 d).

Les Matérialistes. Les *Fils de la Terre*, dont le matérialisme s'oppose, dans le *Sophiste*, à l'idéalisme des Amis des Formes, ont été, d'ordinaire, identifiés totalement aux « non-initiés » qu'écarte dédaigneusement le *Théétète* (155 e). On a donc, généralement, cherché, sous cette appellation mythique, une école historique déterminée [1]. En réalité, la peinture est aussi générale dans un dialogue que dans l'autre. Une même propension à n'admettre, comme réel, que ce qu'on peut voir et toucher est traduite, dans le *Théétète*, en négation de tout ce qui n'est pas chose concrète, et, dans le *Sophiste*, en négation de tout ce qui n'est pas corps. Elle tend, dans le premier dialogue, à supprimer la relation et la qualité. Elle nie, dans le second, d'une façon expresse, toute réalité intelligible. Le *Sophiste*, en particulier, dresse ici un tableau des grandes oppositions philosophiques et les envisage nettement *sub specie aeternitatis*. Nous avons le droit de désirer savoir quelles doctrines historiques

1. Le partage entre les identifications proposées est donc, ici, le même que dans le *Théétète* : 1° Antisthène et les Cyniques seulement (Dümmler, Natorp, Zeller) ; 2° Antisthène et les atomistes, mais confondus dans une exposition générale du matérialisme, exposition « arrangée » par Platon pour son but polémique (Campbell) ; 3° les Atomistes et Aristippe (Schleiermacher, Brandis, Hermann, Hirzel, Bonitz) ; 4° les Atomistes seuls, en excluant positivement Antisthène (Gomperz, p. 516, n. 1) ; 5° enfin Burnet pense (*Greek Philosophy*, I, p. 279) aux conséquences de la doctrine même de Parménide : « Mélissos a enseigné très nettement un matérialisme moniste ».

pouvaient rentrer dans le cadre d'un matérialisme si largement dessiné. Mais chercher à en spécifier une comme directement visée est une tentative aussi peu justifiée qu'elle s'est, de fait, montrée peu réalisable.

Les Amis des Formes.

La critique ne s'est pas davantage accordée sur une identification précise des Amis des Formes[1]. L'identification avec *les Mégariques* n'a pu tenir: les rares textes qui les concernent s'opposent absolument à ce que nous les disions partisans d'une « pluralité » intelligible, car ils attestent, chez eux, de fermes tenants de l'unité absolue[2]. Le témoignage même de Proclus en faveur des *derniers Pythagoriciens* ne serait admissible qu'une fois confirmé par des textes qui nous feraient retrouver, chez eux, une théorie des formes « multiples et immobiles ». D'autre part, on peut bien dire, avec U. von Wilamowitz, que les Amis des Formes sont, ici, des-

1. Le fond de toutes les hypothèses est l'idée que notre dialogue vise, ici, une école historique ou quelque fraction d'une école historique déterminée : 1° Platon, critiqué par un auteur inconnu dans l'inauthentique *Sophiste* (Ueberweg, Windelband), ou se critiquant lui-même (Th. Gomperz, II, p. 596 ; Raeder, p. 328 et suiv. ; Lutoslawski, p. 424 et suiv.), ou corrigeant sa terminologie antérieure pour protéger sa pensée contre des déformations faciles (C. Ritter, *Neue Untersuchungen*, p. 33) ; 2° des Platoniciens en retard sur Platon (Natorp, *Ideenlehre*, p. 284 ; Campbell, *ad locum*, p. 125, note 4, et *Introd.*, p. LXXV : retardataires contaminés par l'éléatisme et le pythagorisme, P. Ritchie, *Plato*, p. 100); 3° une fraction de l'école platonicienne, dirigée par Speusippe. Platon revient de son troisième voyage en Sicile. Contre l'enseignement de Speusippe, qui remplaçait le maître absent, s'est élevé Aristote avec tout un parti : Speusippe est le chef des Amis des Formes, qui falsifient la réelle doctrine de Platon ; Aristote est le sophiste combattu dans notre dialogue (Eberz, *Archiv. f. Gesch. d. Philos.*, XXII, 2, p. 252-263 ; 4, p. 456-462) ; 4° des Mégariques (Schleiermacher, Zeller, II, 1, 4e éd., p. 252 et suiv. ; Apelt, *Comment.*, p. 144 et *Beiträge*, p. 90 et suiv.); 5° les derniers Pythagoriciens (Burnet, *Greek Phil.* I, p. 91, s'appuyant sur Proclus *in Parm.*, p. 149, Cousin) ; 6° des Éléates (Deussen).

2. Aristoclès dans Eusèbe *Pr. evang.*, XIV, 17, 756. — Cicéron, *Acad.*, II, 42. — Diogène. II, 106. Cf. notre notice sur le *Parménide*, p. 19-23.

sinés en traits aussi impersonnels que les Géants, Fils de la Terre. Leur idéalisme est assez général pour embrasser aussi bien le platonisme que l'éléatisme[1]. Mais, si Platon pouvait se compter au nombre des idéalistes à côté des Parménidiens, comment aurait-il pu se compter au nombre de ceux qui immobilisent le Tout? On ne voit pas dans quel dialogue Platon aurait pu lire une phrase de lui qui niât absolument le mouvement cosmique.

L'histoire et la fiction. Il ne reste peut-être qu'un biais pour comprendre cette mention d'un parti d'Amis des Formes, si étroitement liés à Parménide qu'on puisse dire en parlant de tout le groupe : « nous ne nous laisserons imposer l'immobilité du Tout, ni par ceux qui prônent l'Un, ni par ceux qui prônent les multiples Formes » (249 c/d). Ce serait de dire *que ce groupe d'Amis des Formes,* chez qui l'admission, soit de l'unité, soit de la pluralité intelligible, s'allie à la négation du mouvement cosmique, *est une création littéraire.* Une telle alliance entre l'éléatisme et la Théorie des Formes nous a été présentée, en effet, dans le *Parménide*, et, si profondes que soient certaines parentés entre le platonisme et l'éléatisme, si émouvant que reste, pour nous, dans sa grandeur et dans son habileté, et d'ailleurs, si fécond qu'ait été, pour l'histoire de la pensée grecque, cet appel d'un génie à un autre génie, cette alliance n'était, dans le *Parménide,* qu'une fiction à la fois défensive et offensive, temporairement construite pour les besoins de la polémique platonicienne.

Nous avons cru pouvoir observer que le passé immédiatement en vue dans le *Sophiste,* celui qui limite, pour ainsi dire, l'horizon des personnages de ce dialogue et, spécialement, de l'étranger éléate, est constitué par les dialogues *Parménide* et *Théétète.* Littérairement, le *Théétète,* le *Sophiste,* le *Politique,* le *Philosophe* devaient former comme un groupe fermé, suspendu au *Parménide* : une tétralogie dont toute l'affabulation a, comme explication, cette rencontre déjà très vieille entre Parménide et Socrate. Or, dans le *Parménide,* le grand Éléate nous est apparu comme le défenseur des Formes. Il a vraiment fait sienne la théorie qui affirme la réalité

1. U. von Wilamowitz, *Platon,* Bd II, 1re éd., p. 242.

permanente et distincte des multiples formes intelligibles; il a déclaré que l'identité immuable de *chaque forme* était la condition absolue de la pensée; il a, pour expliquer sa méthode dialectique, énuméré les plus importantes de ces formes, et, choisissant son Un, comme une forme entre ces formes, pour le soumettre à cet examen dialectique, il a vraiment paru ne regarder son hypothèse unitaire que comme un cas particulier de la grande hypothèse des formes intelligibles. Le Socrate du *Théétète,* qui gardait le souvenir reconnaissant de cette « protection », en même temps que le souvenir respectueux de la profondeur de pensée, révélée, soit dans les objections, soit dans l'argumentation finale du *Parménide,* répugne tout naturellement à réfuter les doctrines propres de Parménide. Le *Théétète* n'a réfuté que les partisans de l'universel mouvement. Il l'a fait, d'ailleurs, avec des arguments qui rappellent, on l'a vu depuis longtemps, la manière employée par les Amis des Formes dans leur critique des « matérialistes » : « leur Vérité, ils la brisent et l'émiettent dans leurs arguments, et montrent qu'elle est, non point réalité, mais devenir en perpétuelle translation » (*Soph.* 246 c). Mais l'argumentation du *Parménide* sur l'infinie multiplicité que récèlent ces blocs apparemment uns, quand l'Un en est absent (164 c/d), avait déjà beaucoup du caractère de cette critique. En tout cas, l'immutabilité des multiples formes était défendue, dans ce dialogue, par celui qui fut, historiquement, et reste, littérairement, dans la tétralogie, le prôneur de l'Un immobile. N'est-ce pas à cette protection accordée aux Formes, *à ce ralliement aux Formes accompli par un Éléatisme littérairement imaginé,* que fait allusion l'Étranger éléate, lui aussi fiction littéraire, et qui se charge d'expliquer lui-même la théorie des Amis des Formes, « parce qu'elle lui est familière » ? (248 b).

Nous venons de dire, avec U. von Wilamowitz, que l'idéalisme dont s'inspire cette théorie pouvait embrasser aussi bien le platonisme que l'éléatisme. Encore est-il que, si l'on fait abstraction de la multiplicité des Formes, — et le second exposé du *Sophiste* (248 a/d) fait réellement cette abstraction, — la teinte de la doctrine est directement éléatique et non platonicienne. L'opposition entre l'être et le devenir, entre la sensation et la raison ou l'intellect, ne va jamais, dans les dialogues, sans ses correctifs : la participation des sensibles aux formes, l'ascension progressive de la sensation à l'intellection. Ici, c'est l'opposition crue, telle que la présente le poème de Parménide dans sa première partie[1]. Quant à l'action et la passion, acceptées pour le monde du devenir, absolument exclues de l'être véritable, nous avons déjà vu qu'une opposition si tranchée ne s'accorde plus guère avec les habitudes de la terminologie platonicienne, et que, d'ailleurs, aucune relation, soit entre les formes et les objets sensibles, soit entre les diverses formes, n'était exprimable autrement qu'en termes d'action-passion[2]. Or, qui donc a si nettement relégué, dans le monde du devenir, cette double δύναμις, si ce n'est le Parménide du poème de l'*Opinion* ? Nous n'avons plus, de cette partie, que des fragments épars. Mais la distinction de la lumière et de la nuit, la distribution de toutes choses sous cette rubrique générale « suivant leurs puissances respectives »[3], qu'est-ce autre chose que l'introduction d'une telle distinction entre puissances actives et puissances passives ? Aristote, le premier, en a jugé ainsi, et, après lui, Théophraste transmettra aux doxographes ces distinctions de Parménide entre lumière et nuit, chaud et froid, agent et patient[4]. C'est donc, avant tout, à l'idéalisme des Éléates que s'adresse l'objurgation si solennelle du *Sophiste* (249 a/b). C'est avec eux qu'on est obligé d'user de subterfurge et de traduire en un mouvement passif le simple fait d'être connu. C'est de leur part aussi qu'on refuse d'accepter la thèse qui affirme l'immobilité du Tout, « soit qu'ils prônent l'Un, soit même qu'ils acceptent la multiplicité des Formes » (249 d). Mais ce dernier trait décèle, nettement, des Éléates fictifs. Théétète ne saurait expliquer la doctrine de ces imaginaires Amis des Formes. C'est qu'il n'a point entendu Parménide, le Parménide qu'a inventé Platon, proclamer les difficultés, mais aussi l'excellence et la nécessité logique de la théorie des Formes. Et l'Étranger, lui, le peut, car il a été, tout jeune, l'élève de Parménide. Au lieu de chercher, sans aucun appui dans les textes, et, souvent, à l'encontre même des textes, à mettre,

1. Cf. notre notice du *Parménide*, p. 13/14.
2. Cf. *supra*, p. 287 et 290.
3. Diels, *Fragmente der Vorsokratiker*, I³, p. 159 (fragment 9).
4. Arist. *Métaph.* 984 b, 3 et 5, 986 b, 31. — Théophraste *apud* Diels, *Doxographi Graeci*, 482, 13 et 18, 564, 21.

dans l'intérieur du Platonisme, soit des périodes, soit des sectes qui se contredisent si violemment, ou bien à créer, de toutes pièces, des écoles inconnues d'éclectiques étranges, que ne reconnait-on à Platon le droit de prolonger ses propres fictions par des fictions nouvelles, et de garder, entre les actes successifs de son drame philosophique, la continuité de la vie?

Platon a eu besoin de se couvrir du nom de Parménide contre ceux qui l'attaquaient en se couvrant du nom de Zénon; il est allé lui-même, d'instinct, vers cette grandeur qu'il sentait congéniale à la sienne; il a senti que ces misérables disputes sur l'un et le multiple, où se complaisaient des « sophistes », n'étaient qu'écume au bord d'un « océan », et s'est lancé, dans le *Parménide*, sur cet océan des oppositions foncières de l'être. Tout en cherchant la solution définitive, il a dégagé ses voies en réfutant, dans le *Théétète*, les tenants de l'héraclitéisme. Quand il a cru posséder sa solution, il s'est affranchi de cette « protection » imaginée : il a donné libre champ à la critique de l'Éléatisme, seulement esquissée dans le *Parménide*, et il a écrit le *Sophiste*.

Que vaut, en soi, cette solution? C'est une question à laquelle chacun sera tenté de répondre suivant ses propres tendances métaphysiques ou antimétaphysiques. Mais son influence historique a été indubitablement féconde. Brochard nous dit : « c'est en réalité l'idée de relation ou de relativité que Platon introduit dans les plus hautes spéculations et qu'il substitue à l'absolu tel que l'avait conçu l'éléatisme »[1], et Gomperz a montré, de son côté, que la conception aristotélicienne de la science relève, en droite ligne, de cette dialectique nouvelle, assouplie par l'idée de relativité[2]. J'ai essayé de dire ailleurs comment, en formulant ce principe de relation, le Platonisme ne faisait, malgré certaines apparences, qu'achever son évolution naturelle[3]. D'autre part, la théorie de la proposition, telle qu'elle est exposée dans le *Sophiste*, après avoir été esquissée dans le *Cratyle* et le *Théétète*, marque une avance considérable dans l'analyse du langage, et ce n'est pas seulement dans la logique d'Aristote,

1. *Études de philosophie ancienne et de philosophie moderne*, p. 150.
2. *Les Penseurs de la Grèce*, II, p. 602/6.
3. *L'idée de la science dans Platon*, p. 166-196.

directement issue de ce germe [1], ni dans celle de Hegel ou de Renouvier, c'est, aussi bien, dans la théorie de l'être et la théorie de la connaissance d'un Malebranche ou d'un Fénelon, que, plus ou moins directement, se retrouvent et l'esprit et les formules mêmes du *Sophiste*.

VI

LE TEXTE ET LE STYLE DU *SOPHISTE*

Notre édition du *Sophiste* est établie, comme celles des précédents dialogues, sur les quatre manuscrits :

B = *Bodleianus* 39 ou *Clarkianus* (IXe siècle),

T = *Venetus* app. class. 4, n° 1, de la Bibliothèque St. Marc (vers 1100). Pour B et T, nous avons utilisé les collations que nous offraient et l'édition Burnet (tome I) et l'édition séparée du *Sophiste* par O. Apelt (Leipzig, 1897),

Y = *Vindobonensis* 21 (XIVe siècle, mais la tradition qu'il représente est bien antérieure),

W = *Vindobonensis* 54, suppl. philol. gr. 7 (probablement XIIe siècle). Pour Y et W, notre collation a été faite directement sur les photographies qui sont la propriété de l'Association Guillaume Budé.

Nous devons, soit aux notes de l'édition Campbell, soit au scrupuleux apparat de l'édition Apelt, d'avoir pu indiquer la source de certaines lectures garanties par des manuscrits autres que BTYW. Sans vouloir nous faire un mérite de la chance qui nous fut donnée d'une intimité prolongée avec les manuscrits Y et W, nous nous réjouissons pourtant d'avoir pu suppléer certaines omissions ou rectifier certaines inexactitudes que présentaient, soit l'apparat de Burnet, soit celui d'Apelt, relativement à W ; d'autre part, nous n'avons point cru devoir nous laisser trop impressionner par le réquisitoire que dresse Apelt contre Y (*Prolegomena*, p. 44-46). Ses fautes, encore que grosses parfois, sont du

1. H. Maier, *Die Syllogistik des Aristoteles*, II, 2, p. 290 et suiv.

genre de celles qu'on trouve dans tous nos manuscrits. Ses groupements divers avec B, T, ou W ne sont point inutiles pour l'histoire de leurs rapports mutuels. Il a souvent le privilège de la bonne lecture, soit avec B ou T, soit avec W ou Stobée : il l'a parfois seul, et l'on ne voit pas pourquoi nous serions obligés, en de tels cas, de substituer, à la garantie offerte par Y, la garantie précaire fournie « (coniiciendo ?) ab aliis librariis » (*Ib.*, p. 45). Nous avons, naturellement, utilisé, comme pour les deux autres dialogues, la tradition indirecte, spécialement les citations de Stobée et Simplicius, en prenant soin d'indiquer les limites précises de ces citations, de façon à n'avoir pas à répéter ces noms devant des lectures conformes à celles de la majorité des manuscrits. Là où un manuscrit seulement, ou deux manuscrits seulement, s'écartent de la lecture adoptée dans notre texte, l'apparat donne cette lecture sans aucune mention de manuscrits et suivie seulement de deux points, et se contente de mentionner le ou les manuscrits qui contiennent la variante. Nous ne nous sommes écarté de cette règle que lorsque la clarté l'exigeait.

Là même où je n'ai pas adopté leurs vues, je dois beaucoup aux *Platonica* de H. Richards (1911), au *Platon* de U. von Wilamowitz (spécialement Bd II), aux *Neue Untersuchungen über Platon* (1910) et au *Jahresbericht* déjà cité de C. Ritter (cf. *Notice* du *Parménide*, p. 52, note 1). Je dois plus que je ne saurais dire, pour tout ce tome VIII, à l'exacte vigilance de M. L. Lemarchand, aux précieuses remarques ou suggestions de M. A. Rivaud.

Il serait prétentieux et vain, après Campbell, d'entreprendre ici une dissertation sur le style du *Sophiste*. Ce dialogue est, malheureusement, de ceux que fréquentent le moins les purs hellénistes, et la sécheresse apparente des problèmes qu'il discute lui a quelque peu fait tort : en réalité, la langue qu'il parle est encore la belle langue platonicienne. Mais c'est vraiment un dialogue d'école, et, si l'ironie platonicienne, voilant, d'un sourire léger, le grave émoi de la pensée, n'en est certes point absente, elle y a pris, elle-même, des allures toutes scolaires. Dans ce style si ferme et si net, qui dit, d'ordinaire, d'une façon aussi simple que précise, exactement tout ce qu'il veut dire, s'il y a, de temps à autre, des longueurs, des redondances ou des boursouflures, si l'on entend, dans certains couplets presque régulièrement distribués, cliqueter des formules exagérément techniques et pédantes, ne nous y trompons pas : Platon a voulu ces effets d'un comique tout spécial. Gravité un peu grandiloquente ou familiarité brutale de l'Étranger, hésitations, maladresses, étonnements naïfs de Théétète, accumulations de noms de métiers ou de sciences fabriqués à plaisir, étymologies outrageusement forcées, esprit de mots, métaphores qui se succèdent sans toujours bien se suivre, richesse déconcertante des métamorphoses que subit un même personnage, tout cela est du comique fait, certes, pour des écoliers très savants, rompus à toutes les subtilités de la dialectique, passionnés, d'ailleurs, pour les grands problèmes métaphysiques, mais c'est du comique d'école, fait pour l'école et puisé dans les mœurs de l'école. Certaines formules, « la nature de l'autre, le genre du non-être, la forme de l'être, l'art de la production, etc... », ne sont redondantes que pour nous : elles sont en passe de devenir des pléonasmes, mais ne le sont pas devenues encore, et, d'ailleurs, plusieurs d'entre elles continueront à être employées, sans être senties comme pléonasmes, pendant tout le Moyen-Age et jusque chez notre Descartes. Mais beaucoup, sinon la plupart, des traits qui nous étonnent dans le *Sophiste* sont issus de cet esprit proprement scolaire et de cet *humour dialectique*. Rendre tout cela, un traducteur le voudrait, le devrait, au moins. Il devrait faire sentir, et l'emphase, et la pédanterie, et la naïve gaucherie qui les souligne, et l'ironie ou le sarcasme qu'elles ne voilent qu'à demi, sans jamais faire tort, ni à la vigoureuse clarté de cette pensée, ni à la beauté encore toute classique de ce style, qu'anime une double passion : l'amour du vrai, la haine du faux semblant et du frelaté. Il devrait même, à la rigueur, essayer, sinon de reproduire, au moins de faire soupçonner les allures savantes du rythme, si magistralement décrites par Campbell. Si je le dis, ce n'est point que je prétende avoir atteint cet idéal, ce n'est même pas pour qu'on me sache gré de l'avoir entrevu ou qu'on me pardonne des efforts peu fructueux ; c'est pour qu'on aborde ce dialogue avec un avant-goût plus net de la manière qui le caractérise, pour qu'on l'étudie avec une curiosité mieux informée, et pour qu'on ne laisse pas rebuter, par l'aspect insolite ou mal venu que pourrait donner, à ce style, une traduction forcément imparfaite, l'attention que mérite une œuvre si originale et si profonde.

CONSPECTUS SIGLORUM

Platonis Codices :

B = cod. Bodleianus 39 (saec. IX).
T = cod. Venetus Append. Class. 4, cod. I (saec. XI).
Y = cod. Vindobonensis 21 (saec. XIV).
W = cod. Vindobonensis 54, suppl. phil. gr. 7 (saec. XII).
Paris. 1808 = cod. Parisinus 1808 (saec. XIII).
Paris. 1809 = cod. Parisinus 1809 (saec. XV).
Paris. 1811 = cod. Parisinus 1811 (circa saec. XIV).
Paris. 1812 = cod. Parisinus 1812 (circa saec. XIV).
Paris. 1814 = cod. Parisinus 1814 (saec. XVI).
Ven. 8 = G de Schanz, A de Bekker = Venctus Append. class. 4, cod. 54.
Ven. 184 = cod. Venetus 184 (saec. XV).
Ven. 185 = cod. Venctus 185 (saec. XII).
Vatic. 225 = cod. Vaticanus 225 (saec. XV).
Coisl. 155 = cod. Coislinianus 155 (saec. XIV).

Commentarii et Anthologia :

Eus. = Eusebii Praeparatio Euangelica, ed. E. H. Gifford, 1903.

Proclus in Parm. = Procli in Platonis Parmenidem Commentarius, ap. V. Cousin Procli Philosophi Platonici Opera Inedita, 1864.

Simpl. in Phys. = Simplicii in Physica Aristotelis (Diels 1882-1885).

Simplicii D = Simplicii codex Laurentianus LXXXV 2 (saec. XII uel XIII).

Simplicii E = Simplicii codex Marcianus 229 (saec. XII uel XIII)

Simplicii F = Simplicii codex Marcianus 227 (saec. xii uel xiii).

Simplicii Aldina = Simplicii Commentarii in octo Aristotelis Physicae Auscultationis libros, Venetiis, in aedibus Aldi, 1526.

Simpl. in Categ. = Simplicii in Aristotelis Categorias (Kalbfleisch, 1907).

Stob. = Joannis Stobaei Anthologium (Wachsmuth-Hense, 1884-1923).

Stobaei A = cod. Parisinus 1984 (saec. xiv).

Stobaei B = cod. Parisinus 1985 (saec. xvi).

Stobaei L = cod. Florentinus plutei viii n. 22 (saec. xiv).

Stobaei M = cod. Escurialensis LXXXX (Σ II 14) saec. xii.

Stobaei S = cod. Vindobonensis phil. Gr. LXVII (saec. xi).

Steph. = Stephanus.

LE SOPHISTE

[ou *De l'Être*, genre logique.]

THÉODORE SOCRATE L'ÉTRANGER D'ÉLÉE THÉÉTÈTE

Prologue : Théodore introduit l'étranger d'Élée.

216 a THÉODORE. — Nous voici, Socrate, fidèles au rendez-vous convenu hier et voici, avec nous, cet étranger : originaire d'Élée, il appartient au cercle des disciples de Parménide et Zénon ; c'est, d'ailleurs, tout à fait un philosophe.

SOCRATE. — Ne serait-ce point, Théodore, au lieu d'un étranger, un dieu que tu amènes, comme dit Homère, à ton insu ? A son dire, en effet, s'il y a d'autres dieux à se faire
b les compagnons des hommes qui révèrent la justice, c'est surtout le Dieu des Étrangers qui vient ainsi observer la démesure ou l'équité des actions humaines. Peut-être aussi est-ce l'un de ces êtres supérieurs qui nous est venu en ta compagnie, pour surveiller et réfuter, lui, réfutateur divin, les piètres raisonneurs que nous sommes.

c THÉODORE. — Ce n'est point là, Socrate, la manière de l'étranger : il a plus de mesure que les fervents amis de l'éristique. Pour moi, je ne vois point du tout un dieu en cet homme ; mais un être divin, oui ; car, à tous les philosophes, c'est là le titre que je donne.

SOCRATE. — Et avec raison, ami. Mais c'est là, j'en ai peur, un genre qui n'est, pour ainsi dire, guère plus facile à discerner que le genre divin ; tant cette sorte d'humains prend d'apparences différentes dans le jugement ignorant de

ΣΟΦΙΣΤΗΣ

[ἢ περὶ τοῦ ὄντος, λογικός.]

ΘΕΟΔΩΡΟΣ ΣΩΚΡΑΤΗΣ
ΕΛΕΑΤΗΣ ΞΕΝΟΣ ΘΕΑΙΤΗΤΟΣ

ΘΕΟΔΩΡΟΣ. Κατὰ τὴν χθὲς ὁμολογίαν, ὦ Σώκρατες, 216 a
ἥκομεν αὐτοί τε κοσμίως καὶ τόνδε τινὰ ξένον ἄγομεν, τὸ μὲν γένος ἐξ Ἐλέας, ἑταῖρον δὲ τῶν ἀμφὶ Παρμενίδην καὶ Ζήνωνα [ἑταίρων], μάλα δὲ ἄνδρα φιλόσοφον.

ΣΩΚΡΑΤΗΣ. Ἆρ' οὖν, ὦ Θεόδωρε, οὐ ξένον ἀλλά τινα θεὸν ἄγων κατὰ τὸν Ὁμήρου λόγον λέληθας; ὅς φησιν
ἄλλους τε θεοὺς τοῖς ἀνθρώποις ὁπόσοι μετέχουσιν αἰδοῦς b
δικαίας, καὶ δὴ καὶ τὸν ξένιον οὐχ ἥκιστα θεὸν συνοπαδὸν γιγνόμενον ὕβρεις τε καὶ εὐνομίας τῶν ἀνθρώπων καθορᾶν. Τάχ' οὖν ἂν καὶ σοί τις οὗτος τῶν κρειττόνων συνέποιτο, φαύλους ἡμᾶς ὄντας ἐν τοῖς λόγοις ἐποψόμενός τε καὶ ἐλέγξων, θεὸς ὤν τις ἐλεγκτικός.

ΘΕΟ. Οὐχ οὗτος ὁ τρόπος, ὦ Σώκρατες, τοῦ ξένου, ἀλλὰ μετριώτερος τῶν περὶ τὰς ἔριδας ἐσπουδακότων. Καί μοι δοκεῖ θεὸς μὲν ἀνὴρ οὐδαμῶς εἶναι, θεῖος μήν· πάντας
γὰρ ἐγὼ τοὺς φιλοσόφους τοιούτους προσαγορεύω. c

ΣΩ. Καὶ καλῶς γε, ὦ φίλε. Τοῦτο μέντοι κινδυνεύει τὸ

216 a 2 τινὰ : τὸν W ‖ **a** 3 ἑταῖρον : ἕτερον T²Y ‖ τῶν : τὸν BT ‖ Παρμενίδην : -είδην constanter B ‖ **a** 4 ἑταίρων secl. Upton ‖ **a** 6 ὅς : ὥς Y ‖ **b** 1 ἄλλους : ἀλλήλους B¹ ‖ **b** 4 οὗτος : οὕτως (sed o supra ω) W ‖ **b** 9 ἀνὴρ Bekker : ἀ- codd. ‖ **c** 2 καὶ om. B ‖ γε : γὰρ W.

la foule, quand, « faisant le tour des cités », ceux-là qui ont
non point façon, mais réalité de philosophes, surveillent de
leur hauteur la vie des hommes d'ici-bas [1]. Aux uns ils sem-
d blent, en effet, ne rien valoir ; aux autres, tout valoir [2]. Ils
prennent l'apparence, tantôt, de politiques et, tantôt, de
sophistes, et, d'autres fois même, ils feraient, à d'aucuns, l'effet
d'être totalement en délire. A l'étranger, précisément, j'aurais
plaisir à demander, si ma question lui agrée, pour qui les te-
217 a naient les gens de son pays et de quels noms ils les appelaient.

Théodore. — Qui donc ?

Socrate. — Le sophiste, le politique, le philosophe [3].

Théodore. — Que veux-tu savoir au juste et quelle question t'es-tu posée, à leur propos, à laquelle tu demandes réponse ?

Socrate. — Celle-ci : voyait-on, dans cet ensemble, une seule unité ou bien deux ? Ou bien, comme il y a là trois noms, y distinguait-on aussi trois genres, un pour chaque nom ?

Théodore. — Mais il n'aura, j'imagine, nulle gêne à s'expliquer là-dessus. N'est-ce point ainsi que nous répondrons, étranger ?

b L'Étranger. — Parfaitement, Théodore. Je n'ai, en effet,
aucune gêne ni, non plus, aucun mérite à répondre qu'on les tenait pour trois genres distincts. Mais, définir clairement ce qu'ils sont, un par un, ce n'est point petite affaire ni besogne aisée.

Théodore. — Au fait, cela tombe bien, Socrate : car les sujets que tu viens d'aborder se trouvent être voisins de ceux sur lesquels, avant de venir ici, nous étions en train de l'interroger ; et les difficultés qu'il t'oppose maintenant lui servaient alors de prétextes avec nous [4]. Car, là-dessus, il avoue

1. Platon transpose ici les vers de l'*Odyssée* (XVII, 483/7).

2. Les grammairiens sont, parfois, trop prompts à condamner la langue du *Sophiste*. Cobet (Mnem. IX, 343) condamnait l'expression πλαστῶς φιλόσοφοι, oubliant *Rép.* 485 d (πεπλασμένως φιλόσοφος) et *Lois* 642 d (πλαστῶς ἀγαθοί). Cobet encore (*ib.*, 347) et Madvig, suivis par tous les éditeurs, condamnent absolument τοῦ μηδενὸς τίμιοι, qu'emploie le traité *sur l'éducation des enfants* (VII, 4 F) attribué à Plutarque.

3. Pour une comparaison des trois personnages, cf. *Timée* 19 e, et s.

4. Pour cette façon d'introduire la discussion comme une continuation de conversations immédiatement antérieures, cf. *Parm.* 135 d, *Théét.* 147 c/d, et notre *Notice générale*, p. XIV et suiv.

γένος οὐ πολύ τι ῥᾷον ὡς ἔπος εἰπεῖν εἶναι διακρίνειν ἢ τὸ τοῦ θεοῦ· πάνυ γὰρ ἄνδρες οὗτοι παντοῖοι φανταζόμενοι διὰ τὴν τῶν ἄλλων ἄγνοιαν « ἐπιστρωφῶσι πόληας », οἱ μὴ πλαστῶς ἀλλ' ὄντως φιλόσοφοι, καθορῶντες ὑψόθεν τὸν τῶν κάτω βίον, καὶ τοῖς μὲν δοκοῦσιν εἶναι τοῦ μηδενὸς τίμιοι, τοῖς δ' ἄξιοι τοῦ παντός· καὶ τοτὲ μὲν πολιτικοὶ φαντάζονται, τοτὲ δὲ σοφισταί, τοτὲ δ' ἔστιν οἷς d
δόξαν παράσχοιντ' ἂν ὡς παντάπασιν ἔχοντες μανικῶς. Τοῦ μέντοι ξένου ἡμῖν ἡδέως ἂν πυνθανοίμην, εἰ φίλον αὐτῷ, τί ταῦθ' οἱ περὶ τὸν ἐκεῖ τόπον ἡγοῦντο καὶ ὠνόμαζον. 217 a

ΘΕΟ. Τὰ ποῖα δή ;

ΣΩ. Σοφιστήν, πολιτικόν, φιλόσοφον.

ΘΕΟ. Τί δὲ μάλιστα καὶ τὸ ποῖόν τι περὶ αὐτῶν διαπορηθεὶς ἐρέσθαι διενοήθης ;

ΣΩ. Τόδε· πότερον ἓν πάντα ταῦτα ἐνόμιζον ἢ δύο, ἢ καθάπερ τὰ ὀνόματα τρία, τρία καὶ τὰ γένη διαιρούμενοι καθ' ἓν ὄνομα γένος ἑκάστῳ προσῆπτον ;

ΘΕΟ. Ἀλλ' οὐδείς, ὡς ἐγᾦμαι, φθόνος αὐτῷ διελθεῖν αὐτά· ἢ πῶς, ὦ ξένε, λέγωμεν ;

ΞΕΝΟΣ. Οὕτως, ὦ Θεόδωρε. Φθόνος μὲν γὰρ οὐδεὶς b
οὐδὲ χαλεπὸν εἰπεῖν ὅτι γε τρί' ἡγοῦντο· καθ' ἕκαστον μὴν διορίσασθαι σαφῶς τί ποτ' ἔστιν, οὐ σμικρὸν οὐδὲ ῥᾴδιον ἔργον.

ΘΕΟ. Καὶ μὲν δὴ κατὰ τύχην γε, ὦ Σώκρατες, λόγων ἐπελάβου παραπλησίων ὧν καὶ πρὶν ἡμᾶς δεῦρ' ἐλθεῖν διερωτῶντες αὐτὸν ἐτυγχάνομεν, ὁ δὲ ταὐτὰ ἅπερ πρὸς σὲ

c 3 πολύ : πάνυ W[1] || **c** 4 τοῦ θεοῦ : τῶν θεῶν Cobet || ἄνδρες : ἄ- Bekker || **c** 6 οἱ μὴ... φιλόσοφοι delebat Cobet || **c** 8 τίμιοι secl. Madvig sed uide Plutarchum *de liberis educandis*, VII, 4 F || **d** 2 δόξαν : τότε W || **217 a** 4 αὐτῶν : -ὸν W || **a** 6 ταῦτα πάντα W || ἢ Y W b : ἦ B ἦ T || **a** 7 τὰ γένη : γένη BW || **a** 8 γένος : γένει Steph. ἑνὶ Cobet secl. Schleiermacher || **a** 10 λέγωμεν : -ομεν W || **b** 2 τρί' B : τρία TYW || **b** 6 ὧν καὶ πρὶν ἡμᾶς : ὧν καὶ ἡμεῖς πρὶν Cobet καὶ ἡμεῖς πρὶν Schanz || **b** 7 ταὐτὰ Heindorf : ταῦτα BTY ταῦθ' W || ante πρὸς add. καὶ Y || νῦν πρὸς σὲ W.

avoir ouï autant de leçons qu'il faut et ne les point avoir oubliées [1].

c Socrate. — Veuille donc, étranger, à la première faveur que nous te demandons, ne point opposer de refus. Mais, plutôt, dis-nous : que préfères-tu, d'ordinaire ? Développer tout seul, dans un long exposé, la thèse que tu veux démontrer, ou bien employer la méthode interrogative, celle dont, en un jour lointain, Parménide usa lui-même, quand il développa des arguments merveilleux en la présence du jeune homme que j'étais, lui qui, pour lors, avait déjà grand âge [2] ?

L'Étranger. — Avec un partenaire complaisant et docile,
d Socrate, la méthode la plus facile est celle-là, celle avec interlocuteur. Sans quoi mieux vaut argumenter à soi tout seul.

Socrate. — Il t'est loisible, en ce cas, de choisir qui tu voudras parmi ceux qui sont ici, car tous te seront des interlocuteurs dociles. Mais, si tu veux m'en croire, tu prendras un jeune, Théétète que voici, ou quelque autre à ton choix.

L'Étranger. — O Socrate, je suis un peu confus, dans cette première rencontre, où nous devrions deviser en échangeant nos réflexions par de brèves phrases, de venir dévelop-
e per longuement une argumentation copieuse, soit seul, soit même en m'adressant à un interlocuteur, tout comme si je faisais une démonstration oratoire. C'est que, en réalité, la question que nous abordons n'est point aussi simple qu'on pourrait l'espérer en la formulant comme tu fais ; elle exige, au contraire, un très long propos. Mais aussi ne point me rendre, moi, votre hôte, à tes instances et à celles de tes amis, surtout après des paroles comme celles que tu as dites, serait, je le vois trop bien, incivil et grossier. D'ailleurs,
218 a que Théétète me donne la réplique, j'y consens de grand cœur, après les entretiens que j'ai déjà échangés avec lui et sur le désir que tu m'en exprimes.

Théétète. — Agis donc ainsi, étranger ; comme l'a dit Socrate, c'est à nous tous que tu feras plaisir.

L'Étranger. — Là-dessus, je le crains, tout mot de plus serait superflu. Mais c'est toi qui, désormais, semble-t-il,

1. Son exposé ne sera donc point une improvisation en l'air, mais l'écho d'un enseignement solide. Comparer *Cratyle*, 413 d ; *Banquet*, 201 d.

2. Cf. *Parm.* 127 b, *Théét.* 183 e, et nos *Notices*, p. XIII, p. 7.

νῦν καὶ τότε ἐσκήπτετο πρὸς ἡμᾶς· ἐπεὶ διακηκοέναι γέ
φησιν ἱκανῶς καὶ οὐκ ἀμνημονεῖν.

ΣΩ. Μὴ τοίνυν, ὦ ξένε, ἡμῶν τήν γε πρώτην αἰτησάν- c
των χάριν ἀπαρνηθεὶς γένῃ, τοσόνδε δ' ἡμῖν φράζε. Πότε-
ρον εἴωθας ἥδιον αὐτὸς ἐπὶ σαυτοῦ μακρῷ λόγῳ διεξιέναι
λέγων τοῦτο ὃ ἂν ἐνδείξασθαί τῳ βουληθῇς, ἢ δι' ἐρωτή-
σεων, οἷόν ποτε καὶ Παρμενίδῃ χρωμένῳ καὶ διεξιόντι
λόγους παγκάλους παρεγενόμην ἐγὼ νέος ὤν, ἐκείνου μάλα
δὴ τότε ὄντος πρεσβύτου ;

ΞΕ. Τῷ μέν, ὦ Σώκρατες, ἀλύπως τε καὶ εὐηνίως προσ-
διαλεγομένῳ ῥᾷον οὕτω, τὸ πρὸς ἄλλον· εἰ δὲ μή, τὸ καθ' d
αὑτόν.

ΣΩ. Ἔξεστι τοίνυν τῶν παρόντων ὃν ἂν βουληθῇς ἐκ-
λέξασθαι, πάντες γὰρ ὑπακούσονταί σοι πρᾴως· συμβούλῳ
μὴν ἐμοὶ χρώμενος τῶν νέων τινὰ αἱρήσῃ, Θεαίτητον
τόνδε, ἢ καὶ τῶν ἄλλων εἴ τίς σοι κατὰ νοῦν.

ΞΕ. Ὦ Σώκρατες, αἰδώς τίς μ' ἔχει τὸ νῦν πρῶτον
συγγενόμενον ὑμῖν μὴ κατὰ σμικρὸν ἔπος πρὸς ἔπος
ποιεῖσθαι τὴν συνουσίαν, ἀλλ' ἐκτείναντα ἀπομηκύνειν
λόγον συχνὸν κατ' ἐμαυτόν, εἴτε καὶ πρὸς ἕτερον, οἷον
ἐπίδειξιν ποιούμενον· τῷ γὰρ ὄντι τὸ νῦν ῥηθὲν οὐχ ὅσον e
ὧδε ἐρωτηθὲν ἐλπίσειεν ἂν αὐτὸ εἶναί τις, ἀλλὰ τυγχάνει
λόγου παμμήκους ὄν. Τὸ δὲ αὖ σοὶ μὴ χαρίζεσθαι καὶ
τοῖσδε, ἄλλως τε καὶ σοῦ λέξαντος ὡς εἶπες, ἄξενόν τι
καταφαίνεταί μοι καὶ ἄγριον. Ἐπεὶ Θεαίτητόν γε τὸν
προσδιαλεγόμενον εἶναι δέχομαι παντάπασιν ἐξ ὧν αὐτός 218 a
τε πρότερον διείλεγμαι καὶ σὺ τὰ νῦν μοι διακελεύῃ.

ΘΕΑΙΤΗΤΟΣ. Δρᾷ τοίνυν, ὦ ξένε, οὕτω καὶ καθάπερ
εἶπε Σωκράτης πᾶσιν κεχαρισμένος ἔσῃ.

ΞΕ. Κινδυνεύει πρὸς μὲν ταῦτα οὐδὲν ἔτι λεκτέον εἶναι,

c 5 οἷόν : οἵων W ‖ καὶ ante διεξιόντι delendum putat Schanz ‖ d 7 τὸ νῦν : τὸν νοῦν B ‖ d 9 ἀπομηκύνειν : ὑπο- Y ‖ d 10 οἷον : ὅσον BT ‖ e 4 τε : δὲ TY ‖ εἶπες : -ας W ‖ 218 a 2 διακελεύῃ : παρακελεύῃ W ‖ a 3 δρᾷ Badham : ἆρα B ἄρα TYW ‖ a 5 εἶναι λεκτέον W.

auras à soutenir la discussion. Si donc ce labeur prolongé vient à te peser quelque peu, ce n'est point à moi qu'il faut t'en prendre, mais à tes amis ici présents.

b THÉÉTÈTE. — Mais je compte bien que je ne vais point défaillir, comme cela, tout de suite. Si toutefois cela m'arrive, nous nous associerons le Socrate que voici. Homonyme de Socrate, il est de mon âge et suit les mêmes exercices ; prendre sa large part de mes labeurs n'est point chose qui ne lui soit familière.

Le dialogue entre l'étranger et Théétète : définition du sophiste.

L'ÉTRANGER. — Bien dit ; c'est là, d'ailleurs, ton affaire, et tu en décideras au cours de l'argumentation. Mais c'est affaire à nous deux, pour entreprendre cette enquête, de commencer, à mon avis, tout de suite, par le sophiste, en essayant de trouver et
c clairement définir ce qu'il est. A cette heure, en effet, toi et moi ne sommes d'accord que sur son nom, mais la fonction que vise en lui ce nom pourrait bien n'être, en chacun de nous, qu'une notion toute personnelle. Or ce qui s'impose, toujours et dans toute recherche, c'est plutôt de s'entendre sur la chose même au moyen des raisons qui la définissent que de s'entendre sur le nom seulement sans se préoccuper d'une définition. Quant à la race qui fait l'objet de notre enquête, ce n'est point la tâche la plus facile de comprendre ce que c'est que le sophiste ! Mais, quelques grandes œuvres qu'il faille mener à bonne fin, la règle admise, en ce cas, par tous et de tout temps, c'est qu'il s'y faut d'abord essayer sur
d des exemples réduits et plus faciles avant que d'aborder en eux-mêmes les tout grands sujets. Aussi est-ce là, Théétète, dans l'occasion présente, le parti que je conseille pour nous deux : avant cette difficile et pénible chasse qu'exigera, nous le savons, le genre sophistique, faire d'abord, sur quelque sujet plus facile, l'essai de la méthode applicable à cette recherche. A moins, toutefois, que tu n'aies à proposer quelque voie plus aisée.

THÉÉTÈTE. — C'est que je n'en ai point.

L'ÉTRANGER. — Veux-tu donc que nous fassions l'investigation de quelque sujet simple en essayant d'y trouver un modèle pour notre grand sujet ?

e THÉÉTÈTE. — Oui.

Θεαίτητε· πρὸς δὲ σὲ ἤδη τὸ μετὰ τοῦτο, ὥς ἔοικε, γίγνοιτο ἂν ὁ λόγος. Ἂν δ' ἄρα τι τῷ μήκει πονῶν ἄχθῃ, μὴ ἐμὲ αἰτιᾶσθαι τούτων, ἀλλὰ τούσδε τοὺς σοὺς ἑταίρους.

ΘΕΑΙ. Ἀλλ' οἶμαι μὲν δὴ νῦν οὕτως οὐκ ἀπερεῖν· ἂν δ' b
ἄρα τι τοιοῦτον γίγνηται, καὶ τόνδε παραληψόμεθα Σωκράτη, τὸν Σωκράτους μὲν ὁμώνυμον, ἐμὸν δὲ ἡλικιώτην καὶ συγγυμναστήν, ᾧ συνδιαπονεῖν μετ' ἐμοῦ τὰ πολλὰ οὐκ ἄηθες.

ΞΕ. Εὖ λέγεις, καὶ ταῦτα μὲν ἰδίᾳ βουλεύσῃ προϊόντος τοῦ λόγου· κοινῇ δὲ μετ' ἐμοῦ σοι συσκεπτέον ἀρχομένῳ πρῶτον, ὡς ἐμοὶ φαίνεται, νῦν ἀπὸ τοῦ σοφιστοῦ, ζητοῦντι καὶ ἐμφανίζοντι λόγῳ τί ποτ' ἔστι. Νῦν γὰρ δὴ σύ τε κἀγὼ c
τούτου πέρι τοὔνομα μόνον ἔχομεν κοινῇ, τὸ δὲ ἔργον ἐφ' ᾧ καλοῦμεν ἑκάτερος τάχ' ἂν ἰδίᾳ παρ' ἡμῖν αὐτοῖς ἔχοιμεν· δεῖ δὲ ἀεὶ παντὸς πέρι τὸ πρᾶγμα αὐτὸ μᾶλλον διὰ λόγων ἢ τοὔνομα μόνον συνωμολογῆσθαι χωρὶς λόγου. Τὸ δὲ φῦλον ὃ νῦν ἐπινοοῦμεν ζητεῖν οὐ πάντων ῥᾷστον συλλαβεῖν τί ποτ' ἔστιν, ὁ σοφιστής· ὅσα δ' αὖ τῶν μεγάλων δεῖ διαπονεῖσθαι καλῶς, περὶ τῶν τοιούτων δέδοκται πᾶσιν καὶ πάλαι τὸ πρότερον ἐν σμικροῖς καὶ ῥᾴοσιν αὐτὰ δεῖν d
μελετᾶν, πρὶν ἐν αὐτοῖς τοῖς μεγίστοις. Νῦν οὖν, ὦ Θεαίτητε, ἔγωγε καὶ νῷν οὕτω συμβουλεύω, χαλεπὸν καὶ δυσθήρευτον ἡγησαμένοις εἶναι τὸ τοῦ σοφιστοῦ γένος πρότερον ἐν ἄλλῳ ῥᾴονι τὴν μέθοδον αὐτοῦ προμελετᾶν, εἰ μὴ σύ ποθεν εὐπετεστέραν ἔχεις εἰπεῖν ἄλλην ὁδόν.

ΘΕΑΙ. Ἀλλ' οὐκ ἔχω.

ΞΕ. Βούλει δῆτα περί τινος τῶν φαύλων μετιόντες πειραθῶμεν παράδειγμα αὐτὸ θέσθαι τοῦ μείζονος;

ΘΕΑΙ. Ναί. e

a 6 ante Θεαίτητε add. ὦ Schanz || **a** 7-8 μὴ ἐμὲ : μή με B μὴ μὲ Cobet || **b** 3 ἡλικιώτην : συνηλι- T[1] || **b** 4 τὰ πολλὰ μετ' ἐμοῦ W || **c** 1 τε W : om. BTY || **c** 5 συνωμολογῆσθαι T : -γεῖσθαι Y συνομολογήσασθαι B -γεῖσθαι W || **c** 7 ὁ σοφιστὴς secl. Cobet || **d** 2 πρὶν : πρὶν ἂν W || **d** 8 δῆτα : δῆτὰ W.

L'ÉTRANGER. — Que pourrions-nous donc proposer qui soit facile à connaître et minime, tout en comportant une définition non moins féconde que ne ferait n'importe quel sujet plus considérable ? Le pêcheur à la ligne, par exemple, n'est-ce pas là un sujet notoire et qui ne réclame point une trop grande attention ?

THÉÉTÈTE. — Si.

219 a L'ÉTRANGER. — Et pourtant, dans la méthode qu'il comporte, dans sa définition, nous ne manquerons point, j'espère, de trouver profit pour le dessein que nous poursuivons[1].

THÉÉTÈTE. — Ce serait excellent.

L'ÉTRANGER. — Eh bien, voici par où nous l'aborderons. Dis-moi, est-ce un art, ou, sinon un art, quelque autre faculté que nous lui reconnaîtrons ?

THÉÉTÈTE. — Lui dénier l'art serait la réponse la moins admissible.

L'ÉTRANGER. — Mais tout ce qui est vraiment art se résume, en somme, sous deux formes.

THÉÉTÈTE. — Lesquelles ?

L'ÉTRANGER. — L'agriculture et tous les soins consacrés à l'entretien des corps mortels ; tout travail relatif à ce qui,
b composé et façonné, est compris sous le nom d'objet mobilier ; la mimétique enfin ; tout cet ensemble n'a-t-il pas vraiment droit à une appellation unique ?

THÉÉTÈTE. — Comment cela, et à quelle appellation ?

L'ÉTRANGER. — Pour tout ce que, d'un non-être antérieur, on amène postérieurement à l'être, amener, c'est produire ; être amené, c'est, pouvons-nous dire, être produit[2].

THÉÉTÈTE. — Bien.

L'ÉTRANGER. — Or ce pouvoir est propre à tous les arts que nous venons d'énumérer.

THÉÉTÈTE. — En effet.

L'ÉTRANGER. — Production, voilà donc l'appellation sous laquelle il les faut rassembler.

1. Ainsi, dans le *Ménon* (75 a), Socrate demande à Ménon de s'essayer d'abord à définir la *figure, afin que ce lui soit un exercice* pour sa définition de la *vertu*. L'inversion du procédé n'est qu'apparente et la méthode scientifique est la même, quand Socrate, dans la *République* (368 d), prend, comme modèle d'essai, un modèle agrandi. Cf. aussi Descartes, *Règles pour la Direction de l'Esprit* (Règle X).

2. Pour cette définition, cf. *Banquet*, 205 b/c.

ΞΕ. Τί δῆτα προταξαίμεθ' ἂν εὔγνωστον μὲν καὶ σμικρόν, λόγον δὲ μηδενὸς ἐλάττονα ἔχον τῶν μειζόνων ; οἷον ἀσπαλιευτής· ἆρ' οὐ πᾶσί τε γνώριμον καὶ σπουδῆς οὐ πάνυ τι πολλῆς τινος ἐπάξιον ;

ΘΕΑΙ. Οὕτως.

ΞΕ. Μέθοδον μὴν αὐτὸν ἐλπίζω καὶ λόγον οὐκ ἀνεπιτή- 219 a
δειον ἡμῖν ἔχειν πρὸς ὃ βουλόμεθα.

ΘΕΑΙ. Καλῶς τοίνυν ἂν ἔχοι.

ΞΕ. Φέρε δή, τῇδε ἀρχώμεθα αὐτοῦ. Καί μοι λέγε· πότερον ὡς τεχνίτην αὐτὸν ἤ τινα ἄτεχνον, ἄλλην δὲ δύναμιν ἔχοντα θήσομεν ;

ΘΕΑΙ. Ἥκιστά γε ἄτεχνον.

ΞΕ. Ἀλλὰ μὴν τῶν γε τεχνῶν πασῶν σχεδὸν εἴδη δύο.

ΘΕΑΙ. Πῶς ;

ΞΕ. Γεωργία μὲν καὶ ὅση περὶ τὸ θνητὸν πᾶν σῶμα θεραπεία, τό τε αὖ περὶ τὸ σύνθετον καὶ πλαστόν, ὃ δὴ σκεῦος ὠνομάκαμεν, ἥ τε μιμητική, σύμπαντα ταῦτα δι- b
καιότατ' ἂν ἑνὶ προσαγορεύοιτ' ἂν ὀνόματι.

ΘΕΑΙ. Πῶς καὶ τίνι ;

ΞΕ. Πᾶν ὅπερ ἂν μὴ πρότερόν τις ὂν ὕστερον εἰς οὐσίαν ἄγῃ, τὸν μὲν ἄγοντα ποιεῖν, τὸ δὲ ἀγόμενον ποιεῖσθαί πού φαμεν.

ΘΕΑΙ. Ὀρθῶς.

ΞΕ. Τὰ δέ γε νυνδὴ ἃ διήλθομεν ἅπαντα εἶχεν εἰς τοῦτο τὴν αὐτῶν δύναμιν.

ΘΕΑΙ. Εἶχε γὰρ οὖν.

ΞΕ. Ποιητικὴν τοίνυν αὐτὰ συγκεφαλαιωσάμενοι προσείπωμεν.

219 a 3 τοίνυν YW et in marg. t : om. BT || **a** 4 ἀρχώμεθα : -όμεθα W || **a** 6 θήσομεν : φή- W || **a** 7 γε om. B || **a** 8 ἀλλὰ μὴν... 221 **c** 4 δεδήλωται habet Stob. *Anthol.* lib. IV cap. XVIII, 6, vol. IV p. 408-411 Hense || **a** 8 σχεδὸν πασῶν Stob. || **b** 2 ἂν ante ὀνόματι om. Y || **b** 4 τις ὂν ὕστερον : -ῶν- W om. Stob. || **b** 8 νυνδὴ ἃ Paris. 1808 : νυνδὴ BTYW νῦν Stob. || **b** 11 αὐτὰ : -ῶν Y || προσείπωμεν : -ομεν W.

c Théétète. — Soit.

L'Étranger. — Après cela vient tout ce qui a forme de discipline et de connaissance, puis de gain pécuniaire, de lutte, de chasse. Rien de tout cela ne fabrique en effet ; c'est du préexistant, du déjà produit, que tantôt on y capture par la parole ou l'action, tantôt on y défend contre qui le veut capturer. Le mieux serait donc, en somme, de relier ensemble toutes ces parties sous le nom d'art d'acquisition.

Théétète. — Oui, cela serait bien, en effet.

d L'Étranger. — Acquisition et production embrassant ainsi l'ensemble des arts, sous quel titre devons-nous, Théétète, placer l'art du pêcheur à la ligne ?

Théétète. — Quelque part dans l'acquisition, évidemment.

L'Étranger. — Mais l'acquisition n'a-t-elle pas deux formes[1] ? D'une part, échange de gré à gré par don, location et achat ; alors que tout le reste, où l'on ne fait que prendre par l'action ou la parole, serait art de capturer ?

Théétète. — Cela ressort de ce que nous avons dit.

L'Étranger. — Eh bien, l'art de capturer ne se doit-il pas diviser en deux ?

Théétète. — En quel sens ?

L'Étranger. — Tout ce qui s'y fait à découvert sera posé
e comme appartenant à la lutte ; tout ce qui s'y fait par ruse, comme appartenant à la chasse.

Théétète. — Oui.

L'Étranger. — Mais cet art de la chasse, on doit, sous peine d'absurdité, le partager lui-même en deux.

Théétète. — Dis-moi en quelles divisions.

L'Étranger. — Le genre inanimé donnera la première ; l'animé donnera l'autre.

1. La division avance, comme on le dira plus loin (264 e), en dédoublant toujours uniquement *la section qui est à droite,* et donne le dessin suivant :

art de
production ___|___ acquisition
par échange ___|___ par capture
par lutte ___|___ par chasse
au genre animé ___|___ au genre inanimé.

Une telle *dichotomie* (*Rép*. 302 c) vise moins à classer qu'à définir : c'est un procédé d'éliminations successives. Cf. E. Goblot, *Logique*, p. 118-122.

ΘΕΑΙ. Ἔστω. c

ΞΕ. Τὸ δὴ μαθηματικὸν αὖ μετὰ τοῦτο εἶδος ὅλον καὶ τὸ τῆς γνωρίσεως τό τε χρηματιστικὸν καὶ ἀγωνιστικὸν καὶ θηρευτικόν, ἐπειδὴ δημιουργεῖ μὲν οὐδὲν τούτων, τὰ δὲ ὄντα καὶ γεγονότα τὰ μὲν χειροῦται λόγοις καὶ πράξεσι, τὰ δὲ τοῖς χειρουμένοις οὐκ ἐπιτρέπει, μάλιστ᾽ ἄν που διὰ ταῦτα συνάπαντα τὰ μέρη τέχνη τις κτητικὴ λεχθεῖσα ἂν διαπρέψειεν.

ΘΕΑΙ. Ναί· πρέποι γὰρ ἄν.

ΞΕ. Κτητικῆς δὴ καὶ ποιητικῆς συμπασῶν οὐσῶν τῶν d
τεχνῶν ἐν ποτέρᾳ τὴν ἀσπαλιευτικήν, ὦ Θεαίτητε, τιθῶμεν ;

ΘΕΑΙ. Ἐν κτητικῇ που δῆλον.

ΞΕ. Κτητικῆς δὲ ἆρ᾽ οὐ δύο εἴδη ; τὸ μὲν ἑκόντων πρὸς ἑκόντας μεταβλητικὸν ὂν διά τε δωρεῶν καὶ μισθώσεων καὶ ἀγοράσεων, τὸ δὲ λοιπόν, ἢ κατ᾽ ἔργα ἢ κατὰ λόγους χειρούμενον σύμπαν, χειρωτικὸν ἂν εἴη ;

ΘΕΑΙ. Φαίνεται γοῦν ἐκ τῶν εἰρημένων.

ΞΕ. Τί δέ ; τὴν χειρωτικὴν ἆρ᾽ οὐ διχῇ τμητέον ;

ΘΕΑΙ. Πῇ ;

ΞΕ. Τὸ μὲν ἀναφανδὸν ὅλον ἀγωνιστικὸν θέντας, τὸ δὲ
κρυφαῖον αὐτῆς πᾶν θηρευτικόν. e

ΘΕΑΙ. Ναί.

ΞΕ. Τὴν δέ γε μὴν θηρευτικὴν ἄλογον τὸ μὴ οὐ τέμνειν διχῇ.

ΘΕΑΙ. Λέγε ὅπῃ.

ΞΕ. Τὸ μὲν ἀψύχου γένους διελομένους, τὸ δ᾽ ἐμψύχου.

c 2 δὴ : δὲ Heindorf || c 7 ἂν διαπρέψειεν BW : ἂν διαγράψ- TY ἀντρέψ- Stob. ἂν πρέψ- Richards || c 9 ναὶ secl. Cobet || πρέποι : -ει Y, Stobaei A || d 4 που : δή που Stob. || d 7 καὶ ἀγοράσεων : ante καὶ μισθώσεων transp. TY om. Stob. || d 12 ἀναφανδὸν : ἀμφαδὸν Stob. || θέντας W : -ες BTY et (ε supra α) W τιθέντας Stob. || e 3 δέ om. W Stob. || οὐ om. W.

Théétète. — Bien sûr : leur distinction n'est pas niable.

220 a L'Étranger. — Comment le serait-elle ? Il nous faut, d'ailleurs, puisque la chasse au genre inanimé n'a de noms propres qu'en quelques parties du métier de plongeur et autres arts très limités, en faire totale abstraction. Le reste, c'est la chasse à ce qui possède âme et vie : nous l'appellerons chasse aux vivants [1].

Théétète. — Soit.

L'Étranger. — Mais, dans cette chasse aux vivants, n'avons-nous pas le droit de distinguer une double forme : pour le genre pédestre, qui se distribue sous une pluralité de formes et de noms, la chasse aux marcheurs ; pour l'autre, qui comprend tous les vivants nageurs, la chasse au gibier d'eau [2] ?

Théétète. — Absolument.

b L'Étranger. — Et puis, dans le genre nageur, nous distinguons la tribu des animaux qui volent et celle des aquatiques ?

Théétète. — Evidemment.

L'Étranger. — Quant à la chasse au genre volatile, nous l'appelons toute, je crois, chasse aux oiseaux ?

Théétète. — C'est, en effet, le nom qu'on lui donne.

L'Étranger. — La chasse aux aquatiques est, par contre, en sa quasi-totalité, pêche.

Théétète. — Oui.

L'Étranger. — Mais quoi, dans cette sorte de chasse elle-même, n'allons-nous pas, suivant ses plus importantes portions, faire deux divisions ?

Théétète. — Suivant quelles portions ?

L'Étranger. — Suivant l'une où la chasse se fait au moyen de clôtures qui arrêtent par elles-mêmes la proie, et une seconde, où elle se fait en frappant la proie [3].

1. Le schéma sera :

chasse aux vivants (au genre animé)
marcheurs ——|—— nageurs
qui volent ——|—— qui (restent) dans l'eau (= pêche)
au moyen de barrages ——|—— en frappant la proie.

2. Aristote reprochera aux *Divisions Écrites* un tel partage de la classe des oiseaux entre deux divisions disparates (*de part. anim.* 642 b, 10 et suiv.).

3. Le vieil Athénien des *Lois* (823 d-824 b) réprouvera tous les modes de chasse qui n'exercent pas le courage : la pêche à l'hameçon ou à la nasse, et la chasse à l'aide de filets. Mais la science n'a point de préjugés, cf. *infra*, 227 a/c.

ΘΕΑΙ. Τί μήν; εἴπερ ἔστον γε ἄμφω.

ΞΕ. Πῶς δ' οὐκ ἔστον; Καὶ δεῖ γε ἡμᾶς τὸ μὲν τῶν 220 a
ἀψύχων, ἀνώνυμον ὂν πλὴν κατ' ἔνια τῆς κολυμβητικῆς ἄττα μέρη καὶ τοιαῦτ' ἄλλα βραχέα, χαίρειν ἐᾶσαι, τὸ δέ, τῶν ἐμψύχων ζῴων οὖσαν θήραν, προσειπεῖν ζῳοθηρικήν.

ΘΕΑΙ. Ἔστω.

ΞΕ. Ζῳοθηρικῆς δὲ ἆρ' οὐ διπλοῦν εἶδος ἂν λέγοιτο ἐν δίκῃ, τὸ μὲν πεζοῦ γένους, πολλοῖς εἴδεσι καὶ ὀνόμασι διῃρημένον, πεζοθηρικόν, τὸ δ' ἕτερον νευστικοῦ ζῴου πᾶν ἐνυγροθηρικόν;

ΘΕΑΙ. Πάνυ γε.

ΞΕ. Νευστικοῦ μὴν τὸ μὲν πτηνὸν φῦλον ὁρῶμεν, τὸ b
δὲ ἔνυδρον;

ΘΕΑΙ. Πῶς δ' οὔ;

ΞΕ. Καὶ τοῦ πτηνοῦ μὴν γένους πᾶσα ἡμῖν ἡ θήρα λέγεταί πού τις ὀρνιθευτική.

ΘΕΑΙ. Λέγεται γὰρ οὖν.

ΞΕ. Τοῦ δὲ ἐνύδρου σχεδὸν τὸ σύνολον ἁλιευτική.

ΘΕΑΙ. Ναί.

ΞΕ. Τί δέ; ταύτην αὖ τὴν θήραν ἆρ' οὐκ ἂν κατὰ μέγιστα μέρη δύο διέλοιμεν;

ΘΕΑΙ. Κατὰ ποῖα;

ΞΕ. Καθ' ἃ τὸ μὲν ἕρκεσιν αὐτόθεν ποιεῖται τὴν θήραν, τὸ δὲ πληγῇ.

220 a 1 δ' οὐκ W Stob. : δὲ οὐκ BTY || δεῖ : δὴ W || **a** 2 ὂν Heindorf : ἐὰν BTYW om. Stob. || **a** 3 ante τοιαῦτ' add. τὰ W || **a** 9 τὸ δ' ἕτερον om. Stob. || **b** 1 μὴν : μὲν Y || φῦλον : γρ. κ. φαῦλον in marg. W || ὁρῶμεν post ἔνυδρον transp. W || **b** 4 μὴν γένους BTW : μὲν γένους Y μέν γε Stobaei SM μὲν Stobaei A || **b** 5 ὀρνιθευτική : -θοθηρευτική Y. || **b** 6 γὰρ οὖν om. Stob. || **b** 7 ἁλιευτικὴ τὸ σύνολον Stob. || **b** 8 ναὶ om. Stob. || **b** 9 δέ : δαί Y, Stobaei codd. || αὖ τὴν TW Stob. : ἂν τὴν B αὐτὴν Y || κατά : κατὰ τὰ Stob. || **b** 10 διέλοιμεν Stob. : διελοίμην BTYW || **b** 12 τὸ : τὰ W || αὐτόθεν Paris. 1812 : -όθι BTYW Stob. -αῖν Baumann.

Théétète. — Que veux-tu dire et comment distingues-tu l'une et l'autre ?

L'Étranger. — D'une part, tout ce dont on entoure et
c enclôt ce qu'on veut retenir peut bien s'appeler clôture.

Théétète. — Absolument.

L'Étranger. — Nasses, filets, lacs, paniers de jonc et autres engins de cette sorte doivent-ils donc s'appeler d'un autre nom que de celui de clôtures ?

Théétète. — Pas du tout.

L'Étranger. — C'est donc du nom de chasse à la clôture que nous désignerons cette partie de la chasse, ou bien de quelque nom analogue.

Théétète. — Oui.

L'Étranger. — Mais celle qui se fait à coups d'hameçons
d ou de tridents est différente de la première ; chasse vulnérante, telle est l'appellation d'ensemble qu'il nous faut maintenant lui donner. Comment pourrait-on la nommer mieux, Théétète ?

Théétète. — N'ayons cure du nom ; celui-là, d'ailleurs, suffit.

L'Étranger. — Cette chasse vulnérante donc, quand elle se fait de nuit, à la clarté d'un feu, ceux-là même qui sont du métier lui ont, en fait, donné, je crois, le nom de chasse au feu [1].

Théétète. — Parfaitement.

L'Étranger. — Celle qui se fait de jour, armant d'hameçons la pointe même de ses tridents, a, comme nom commun, celui de chasse à l'hameçon.

e Théétète. — C'est le nom qu'on lui donne, en effet.

L'Étranger. — Mais cette chasse vulnérante, quand elle se sert ainsi de l'hameçon, si elle frappe de haut en bas, c'est de tridents surtout qu'elle fait usage ; d'où le nom qu'elle a, je crois, de chasse au trident.

Théétète. — Certains au moins la nomment ainsi.

L'Étranger. — Tout le reste constitue, l'on peut dire, une forme unique.

Théétète. — Laquelle ?

1. Nos lois permettent la *pêche au feu* aux bateaux « pratiquant la pêche à la *foène*, à la *fichouire* ou au *trident* » (décret du 30 septembre 1912). Ces engins sont, comme ceux que connaissait Platon, des fourches « aux dents terminées chacune en hameçon », et servent, surtout dans le Midi, même pour la pêche de jour (H. de la Blachère, *Dictionnaire Général des Pêches*, Paris, 1868).

ΘΕΑΙ. Πῶς λέγεις, καὶ πῇ διαιρούμενος ἑκάτερον ;

ΞΕ. Τὸ μέν, ὅτι πᾶν ὅσον ἂν ἕνεκα κωλύσεως εἴργῃ τι c
περιέχον, ἕρκος εἰκὸς ὀνομάζειν.

ΘΕΑΙ. Πάνυ μὲν οὖν.

ΞΕ. Κύρτους δὴ καὶ δίκτυα καὶ βρόχους καὶ πόρκους καὶ τὰ τοιαῦτα μῶν ἄλλο τι πλὴν ἕρκη χρὴ προσαγορεύειν ;

ΘΕΑΙ. Οὐδέν.

ΞΕ. Τοῦτο μὲν ἄρα ἑρκοθηρικὸν τῆς ἄγρας τὸ μέρος φήσομεν ἤ τι τοιοῦτον.

ΘΕΑΙ. Ναί.

ΞΕ. Τὸ δὲ ἀγκίστροις καὶ τριόδουσι πληγῇ γιγνόμενον
ἕτερον μὲν ἐκείνου, πληκτικὴν δέ τινα θήραν ἡμᾶς προσ- d
ειπεῖν ἑνὶ λόγῳ νῦν χρεών· ἢ τί τις ἄν, ὦ Θεαίτητε, εἴποι κάλλιον ;

ΘΕΑΙ. Ἀμελῶμεν τοῦ ὀνόματος· ἀρκεῖ γὰρ καὶ τοῦτο.

ΞΕ. Τῆς τοίνυν πληκτικῆς τὸ μὲν νυκτερινὸν οἶμαι πρὸς πυρὸς φῶς γιγνόμενον ὑπ' αὐτῶν τῶν περὶ τὴν θήραν πυρευτικὴν ῥηθῆναι συμβέβηκεν.

ΘΕΑΙ. Πάνυ γε.

ΞΕ. Τὸ δέ γε μεθημερινόν, ὡς ἐχόντων ἐν ἄκροις ἄγκιστρα καὶ τῶν τριοδόντων, πᾶν ἀγκιστρευτικόν.

ΘΕΑΙ. Λέγεται γὰρ οὖν. e

ΞΕ. Τοῦ τοίνυν ἀγκιστρευτικοῦ τῆς πληκτικῆς τὸ μὲν ἄνωθεν εἰς τὸ κάτω γιγνόμενον διὰ τὸ τοῖς τριόδουσιν οὕτω μάλιστα χρῆσθαι τριοδοντία τις οἶμαι κέκληται.

ΘΕΑΙ. Φασὶ γοῦν τινές.

ΞΕ. Τὸ δέ γε λοιπόν ἐστιν ἓν ἔτι μόνον ὡς εἰπεῖν εἶδος.

ΘΕΑΙ. Τὸ ποῖον ;

c 4 δή : δὲ W om. Stobaei A || **c** 6 post οὐδὲν add. ἄλλο YW || **c** 8 τι om. W || **d** 2 ἑνὶ λόγῳ : ἐν τῷ Stob. || ὦ W Stob. : om. BTY || εἴποι ante ὦ θεαίτητε transp. W || **d** 5 ante τοίνυν add. μὲν Stob. || **d** 7 συμβέβηκεν om. Stob. || **d** 8 γε : μὲν οὖν W || **e** 2 πληκτικῆς : κατα- Y πληγῆς Stob. || **e** 4 τις οἶμαι : οἶμαί τις TY || **e** 7 τὸ ποῖον : ποῖον Stob. om. B.

L'Étranger. — Celle qui, frappant en sens inverse de la première, a, pour arme propre, l'hameçon, et ne pique point
221 a le poisson à n'importe quel endroit du corps, comme on fait avec le trident, mais, accrochant toujours sa proie à quelque endroit de la tête et de la bouche, la hale de bas en haut, jusqu'à la surface, par moyen de gaules et de roseaux. De quel nom dirons-nous, Théétète, qu'il la faut appeler ?

Théétète. — Mais, à ce que je crois, l'objet que tout à l'heure nous nous proposâmes de trouver, le voilà, c'est fait.

L'Étranger. — Nous sommes donc d'accord toi et moi,
b à propos de la pêche à la ligne, et non point seulement sur le nom, mais, en outre, sur une définition que nous nous sommes faite de la chose elle-même [1]. Dans l'art pris comme ensemble, en effet, toute une moitié était acquisition ; dans l'acquisition, capture ; dans la capture, chasse ; dans la chasse, chasse au vivant ; dans la chasse au vivant, chasse au gibier d'eau. De cette chasse au gibier d'eau, la section inférieure tout entière est constituée par la pêche ; celle de la pêche, par la pêche vulnérante ; celle de la pêche vulnérante, par la pêche à l'hameçon. Dans cette dernière, la pêche qui donne son coup de bas en haut par traction ascen-
c dante d'une ligne, a, sur cette façon même d'opérer, copié son nom : elle est celle même que nous cherchons et s'appelle *aspalieutique* ou pêche à la ligne [2].

Théétète. — Voilà, au moins, une démonstration pleinement évidente.

Application de la méthode à la définition du sophiste.

L'Étranger. — Eh bien, prenons-la donc comme modèle, et essayons de découvrir, de même, pour le sophiste, ce que lui aussi peut bien être.

Théétète. — Parfaitement.

L'Étranger. — Or, dans le premier cas, la question initiale était : sous quel titre, de simple profane ou de technicien, poser le pêcheur à la ligne.

Théétète. — Oui.

1. Cf. *supra* 218 c, et les curieux développements de la 7e *lettre* (342 b-343 d).

2. L'étymologie du mot ἀσπαλιεύς (pêcheur) est inconnue (cf. Boisacq, *Dict. Étymol.* s. v.). Platon s'amuse à la chercher dans l'idée de traction ascendante (ἀνά, en montant — σπᾶν, tirer). Le pédantisme des formules est voulu.

ΞΕ. Τὸ τῆς ἐναντίας ταύτῃ πληγῆς, ἀγκίστρῳ τε γιγ-
νόμεναν καὶ τῶν ἰχθύων οὐχ ᾗ τις ἂν τύχῃ τοῦ σώματος, 221 a
ὥσπερ τοῖς τριόδουσιν, ἀλλὰ περὶ τὴν κεφαλὴν καὶ τὸ στόμα
τοῦ θηρευθέντος ἑκάστοτε, καὶ κάτωθεν εἰς τοὐναντίον
ἄνω ῥάβδοις καὶ καλάμοις ἀνασπώμενον· οὗ τί φήσομεν, ὦ
Θεαίτητε, δεῖν τοὔνομα λέγεσθαι ;

ΘΕΑΙ. Δοκῶ μέν, ὅπερ ἄρτι προυθέμεθα δεῖν ἐξευρεῖν,
τοῦτ' αὐτὸ νῦν ἀποτετελέσθαι.

ΞΕ. Νῦν ἄρα τῆς ἀσπαλιευτικῆς πέρι σύ τε κἀγὼ συνω-
μολογήκαμεν οὐ μόνον τοὔνομα, ἀλλὰ καὶ τὸν λόγον περὶ b
αὐτὸ τοὖργον εἰλήφαμεν ἱκανῶς. Συμπάσης γὰρ τέχνης
τὸ μὲν ἥμισυ μέρος κτητικὸν ἦν, κτητικοῦ δὲ χειρωτικόν,
χειρωτικοῦ δὲ θηρευτικόν, τοῦ δὲ θηρευτικοῦ ζῳοθηρικόν,
ζῳοθηρικοῦ δὲ ἐνυγροθηρικόν, ἐνυγροθηρικοῦ δὲ τὸ κάτωθεν
τμῆμα ὅλον ἁλιευτικόν, ἁλιευτικῆς δὲ πληκτικόν, πληκτι-
κῆς δὲ ἀγκιστρευτικόν· τούτου δὲ τὸ περὶ τὴν κάτωθεν
ἄνω πληγὴν ἀνασπωμένην, ἀπ' αὐτῆς τῆς πράξεως ἀφο- c
μοιωθὲν τοὔνομα, ἡ νῦν ἀσπαλιευτικὴ ζητηθεῖσα ἐπίκλην
γέγονεν.

ΘΕΑΙ. Παντάπασι μὲν οὖν τοῦτό γε ἱκανῶς δεδήλωται.

ΞΕ. Φέρε δή, κατὰ τοῦτο τὸ παράδειγμα καὶ τὸν σοφι-
στὴν ἐπιχειρῶμεν εὑρεῖν ὅτι ποτ' ἔστιν.

ΘΕΑΙ. Κομιδῇ μὲν οὖν.

ΞΕ. Καὶ μὴν ἐκεῖνό γ' ἦν τὸ ζήτημα πρῶτον, πότερον
ἰδιώτην ἤ τινα τέχνην ἔχοντα θετέον εἶναι τὸν ἀσπαλιευ-
τήν.

ΘΕΑΙ. Ναί.

e 8 ταύτῃ : -ῃς W || **221 a** 1 ᾗ T : ἥ B ἥ Y, Stobaei M ᾗ W || **a** 3 θηρευθέντος : -ευέντος T¹ -εύοντος W || **a** 4 καλάμοις : τεράμωσιν Herodianus || **a** 6 δοκῶ μέν : δοκῶμεν TW || **a** 8 σύ Heindorf e Ficino : οὐ σύ BTYW, Stobaei MA || τε : γε W || **b** 5 ἐνυγροθηρικόν, ἐνυγροθηρικοῦ : ἐνυδρο- TY || **b** 6 πληκτικόν, πληκτικῆς δὲ habet in marg. W || **b** 7 τούτου : τοῦτο T || **c** 3 γέγονεν om. (add. supra lin.) W || **c** 8 γ' ἦν : γοῦν Y || ζήτημα : ζητούμενον (sed corr. in marg.) W || **c** 9 τέχνην τινα W.

L'ÉTRANGER. — Et notre homme, le poserons-nous
d comme profane, Théétète, ou bien absolument dans sa compétence de sophiste ?

THÉÉTÈTE. — Pas du tout comme profane, car j'entends bien ce que tu veux dire : il s'en faut du tout au tout qu'on puisse l'être, avec un si grand nom.

L'ÉTRANGER. — Nous devons donc, ce semble, le poser comme possédant un art déterminé.

THÉÉTÈTE. — Mais quel art sera-ce bien au juste ?

L'ÉTRANGER. — Aurions-nous, par les dieux, méconnu la parenté de nos deux hommes ?

THÉÉTÈTE. — De quels deux hommes ?

L'ÉTRANGER. — Du pêcheur à la ligne et du sophiste.

THÉÉTÈTE. — Quelle parenté ?

L'ÉTRANGER. — Des chasseurs, voilà ce qu'ils sont très clairement tous les deux pour moi.

e THÉÉTÈTE. — Dans quel genre de chasse le dernier ? Car, pour le premier, c'est chose dite.

L'ÉTRANGER. — En deux sections, je crois, nous divisâmes tout à l'heure la chasse à tout ce qui est gibier : dans l'une, nous mîmes les nageurs, dans l'autre, les marcheurs [1].

THÉÉTÈTE — Oui.

L'ÉTRANGER. — L'une, nous l'avons explorée, pour autant qu'il s'agit de ceux des nageurs qui vivent dans les eaux. Quant à celle des marcheurs, nous la laissâmes indivise, en disant simplement qu'elle était multiforme.

222 a THÉÉTÈTE. — Parfaitement.

L'ÉTRANGER. — Jusqu'à ce point donc, sophiste et pêcheur à la ligne se tiennent compagnie, faisant route commune depuis l'art d'acquisition.

THÉÉTÈTE. — Ils en ont l'air, au moins.

Première définition du sophiste : chasseur intéressé de jeunes gens riches.

L'ÉTRANGER. — Mais leurs sentiers divergent à partir de la chasse à ce qui a vie. L'un s'en va vers la mer, peut-être, vers les fleuves et les marais : ce qui vit là-dedans sera son gibier.

1. Les divisions qui suivent partiront, l'une après l'autre, d'un des *genres* laissés à gauche dans une division précédente. Ici, on reprend la division *marcheurs-nageurs*, en invertissant l'ordre, pour recommencer à progresser à droite.

ΞΕ. Καὶ νῦν δὴ τοῦτον ἰδιώτην θήσομεν, ὦ Θεαίτητε, ἢ παντάπασιν ὡς ἀληθῶς σοφιστήν ; d

ΘΕΑΙ. Οὐδαμῶς ἰδιώτην· μανθάνω γὰρ ὃ λέγεις, ὡς παντὸς δεῖ τοιοῦτος εἶναι τό γε ὄνομα τοῦτο ἔχων.

ΞΕ. Ἀλλά τινα τέχνην αὐτὸν ἡμῖν ἔχοντα, ὡς ἔοικε, θετέον.

ΘΕΑΙ. Τίνα ποτ' οὖν δὴ ταύτην ;

ΞΕ. Ἆρ' ὦ πρὸς θεῶν ἠγνοήκαμεν τἀνδρὸς τὸν ἄνδρα ὄντα συγγενῆ ;

ΘΕΑΙ. Τίνα τοῦ ;

ΞΕ. Τὸν ἀσπαλιευτὴν τοῦ σοφιστοῦ.

ΘΕΑΙ. Πῇ ;

ΞΕ. Θηρευτά τινε καταφαίνεσθον ἄμφω μοι.

ΘΕΑΙ. Τίνος θήρας ἅτερος ; τὸν μὲν γὰρ ἕτερον εἴπομεν. e

ΞΕ. Δίχα που νυνδὴ διείλομεν τὴν ἄγραν πᾶσαν, νευστικοῦ μέρους, τὸ δὲ πεζοῦ τέμνοντες.

ΘΕΑΙ. Ναί.

ΞΕ. Καὶ τὸ μὲν διήλθομεν, ὅσον περὶ τὰ νευστικὰ τῶν ἐνύδρων· τὸ δὲ πεζὸν εἰάσαμεν ἄσχιστον, εἰπόντες ὅτι πολυειδὲς εἴη.

ΘΕΑΙ. Πάνυ γε. 222 a

ΞΕ. Μέχρι μὲν τοίνυν ἐνταῦθα ὁ σοφιστής τε καὶ ὁ ἀσπαλιευτὴς ἅμα ἀπὸ τῆς κτητικῆς τέχνης πορεύεσθον.

ΘΕΑΙ. Ἐοίκατον γοῦν.

ΞΕ. Ἐκτρέπεσθον δέ γε ἀπὸ τῆς ζῳοθηρικῆς, ὁ μὲν ἐπὶ θάλαττάν που καὶ ποταμοὺς καὶ λίμνας, τἀν τούτοις ζῷα θηρευσόμενος.

d 3 παντὸς Winckelmann : πάντως codd. || τοιοῦτος : -ον TY || **d** 4 ἔχοντα ἡμῖν αὐτὸν W || **d** 7 ἆρ' : ἆρ' οὖν W || **d** 9 τοῦ Heindorf : τοῦτον codd. || **d** 12 καταφαίνεσθον : -φαινέσθωσαν (sed ον supra ω) W || **e** 1 τὸν : τὸ W || **e** 3 νυνδὴ : νῦν BW || πᾶσαν : ἅπασαν W || νευστικοῦ μέρους : -κὸν -ρος Madvig || **e** 4 πεζὸν τέμνοντος B || **e** 8 εἴη : εἴην B || **222 a** 2 τοίνυν : οὖν W || τε om. TY || ὁ post καὶ om. W || **a** 5 δέ γε : δ' ἐγὼ B || **a** 6 τἀν : τὰ ἐν BT.

Théétète. — Sans aucun doute.

L'Étranger. — L'autre va, lui, vers la terre, vers des fleuves d'une autre sorte, des prés, si l'on peut dire, où richesse et jeunesse foisonnent : ce qui s'y nourrit lui sera bonne prise.

b Théétète. — Que veux-tu dire ?

L'Étranger. — La chasse aux marcheurs fournit deux parties de vaste extension [1].

Théétète. — Que sont-elles l'une et l'autre ?

L'Étranger. — L'une est celle des animaux apprivoisés ; l'autre, celle des animaux sauvages.

Théétète. — Y aurait-il donc une chasse aux animaux apprivoisés ?

L'Étranger. — Oui, si du moins l'homme est un animal apprivoisé. Choisis la thèse qui te plaira. Pose qu'il n'y a point d'animal apprivoisé, ou qu'il y en a, mais en dehors de l'homme, et que lui est sauvage ; ou bien, tout en disant que l'homme est apprivoisé, juge qu'il n'y a point de chasse à l'homme. Quelle que soit celle de ces formules qui t'agrée, dis-nous ce que tu décides.

c Théétète. — Eh bien, nous sommes un animal apprivoisé, voilà comme je juge, étranger, et je dis qu'il y a une chasse à l'homme.

L'Étranger. — Nous dirons alors que la chasse aux apprivoisés est elle-même double.

Théétète. — A quel point de vue ?

L'Étranger. — Brigandage, chasse à l'esclave, tyrannie, guerre sous toutes ses formes, nous ferons, du tout, une unité que nous définirons chasse violente.

Théétète. — Bien.

L'Étranger. — Mais discours judiciaire, harangue publique, entretien privé, à ce nouvel ensemble qui, lui aussi,
d est un, nous donnerons le nom d'art de persuasion.

1. Le schéma sera :

chasse aux marcheurs (= chasse au gibier de terre ferme)
sauvages —|— apprivoisés (chasse à l'homme)
à main armée —|— par persuasion
en public —|— en particulier
par des cadeaux —|— pour le lucre
pour la subsistance (flatterie) —|— pour l'argent (sophistique).

Gibier de terre ferme et marcheurs sont ici traités comme synonymes (cf. aussi *Timée*, 40 a, encore que *Timée* 92 a distingue *marcheurs* et *apodes*).

ΘΕΑΙ. Τί μήν ;

ΞΕ. Ὁ δέ γε ἐπὶ γῆν καὶ ποταμοὺς ἑτέρους αὖ τινας, πλούτου καὶ νεότητος οἷον λειμῶνας ἀφθόνους, τἀν τούτοις θρέμματα χειρωσόμενος.

ΘΕΑΙ. Πῶς λέγεις ; b

ΞΕ. Τῆς πεζῆς θήρας γίγνεσθον δύο μεγίστω τινὲ μέρει.

ΘΕΑΙ. Ποῖον ἑκάτερον ;

ΞΕ. Τὸ μὲν τῶν ἡμέρων, τὸ δὲ τῶν ἀγρίων.

ΘΕΑΙ. Εἶτ' ἔστι τις θήρα τῶν ἡμέρων ;

ΞΕ. Εἴπερ γέ ἐστιν ἄνθρωπος ἥμερον ζῷον. Θὲς δὲ ὅπῃ χαίρεις, εἴτε μηδὲν τιθεὶς ἥμερον, εἴτε ἄλλο μὲν ἥμερόν τι, τὸν δὲ ἄνθρωπον ἄγριον, εἴτε ἥμερον μὲν λέγεις αὖ τὸν ἄνθρωπον, ἀνθρώπων δὲ μηδεμίαν ἡγῇ θήραν· τούτων ὁπότερ' ἂν ἡγῇ φίλον εἰρῆσθαί σοι, τοῦτο ἡμῖν διόρισον.

ΘΕΑΙ. Ἀλλ' ἡμᾶς τε ἥμερον, ὦ ξένε, ἡγοῦμαι ζῷον, c
θήραν τε ἀνθρώπων εἶναι λέγω.

ΞΕ. Διττὴν τοίνυν καὶ τὴν ἡμεροθηρικὴν εἴπωμεν.

ΘΕΑΙ. Κατὰ τί λέγοντες ;

ΞΕ. Τὴν μὲν ληστικὴν καὶ ἀνδραποδιστικὴν καὶ τυραννικὴν καὶ σύμπασαν τὴν πολεμικήν, ἓν πάντα, βίαιον θήραν ὁρισάμενοι.

ΘΕΑΙ. Καλῶς.

ΞΕ. Τὴν δέ γε δικανικὴν καὶ δημηγορικὴν καὶ προσομιλητικήν, ἓν αὖ τὸ σύνολον, πιθανουργικήν τινα μίαν
τέχνην προσειπόντες. d

a 9 δέ γε : δ' W || γῆν W : τὴν γῆν BTY || **a** 10 οἷον λειμῶνας ἀφθόνους secl. Cobet || λειμῶνας : λίμνας dubitanter Richards || **b** 2 γίγνεσθον TY : γιγνέσθω B -έσθων W || **b** 3 μέρει : -η YW || **b** 5 ἀγρίων.. ἡμέρων transp. W || **b** 6 τῶν ἡμέρων θήρα W || **b** 7 γέ : τέ TY || ἄνθρωπος : ἄνθ- malit Heindorf || δὲ B : δὴ TY om. W || **b** 8 τιθείς : -εῖς Cobet || εἴτε ἄλλο : ἢ ἄλλο Cobet || **b** 9 αὖ om. Y || **b** 11 ὁπότερ' ἂν : ὅτιπερ ἂν Badham ὁπότερον Cobet || ἡγῇ : -εῖ B || εἰρῆσθαί σοι om. W || διόρισον : διοριστέον B et (τέον supra lin.) W || **c** 1 ὦ ξένε ἥμερον W || **c** 8 καλῶς om. Y || **c** 10 ἓν αὖ τό W : εναυτο B ἓν αὐτό TY.

Théétète. — Juste.

L'Étranger. — Dans ce même art de persuasion, nous distinguerons deux genres.

Théétète. — Lesquels ?

L'Étranger. — L'un s'adresse au particulier ; l'autre, au public.

Théétète. — Faisons donc, de chacun, une forme distincte.

L'Étranger. — La chasse au particulier, à son tour, ne se fait-elle pas, ou bien avec le lucre comme but, ou bien avec des cadeaux comme moyens ?

Théétète. — Je ne comprends pas.

L'Étranger. — C'est qu'à la chasse d'amour tu n'as pas encore, à ce qu'il semble, prêté ton attention.

Théétète. — Qu'y aurais-je vu ?

e L'Étranger. — Que la poursuite est accompagnée de cadeaux.

Théétète. — C'est la vérité même.

L'Étranger. — De cet art d'amour, faisons donc une forme distincte.

Théétète. — D'accord.

L'Étranger. — Mais, dans la chasse intéressée, s'ouvrir accueil par des faveurs, du seul plaisir se faire une amorce, n'y chercher d'autre gain que sa propre subsistance, c'est là
223 a ce que, j'imagine, nous appellerions tous un art de flatterie ou de cajolerie [1].

Théétète. — Comment ne pas l'appeler ainsi ?

L'Étranger. — Par contre, professer qu'on ne cherche, en ses entretiens, d'autre intérêt que celui de la vertu, mais se faire payer en belle monnaie, n'est-ce point là un genre qu'il est juste d'appeler d'un nom différent ?

Théétète. — Sans aucun doute.

L'Étranger. — Mais de quel nom ? Essaie de le dire.

Théétète. — Il est tout clair ; car c'est bien le sophiste, à

1. Sous cette flatterie et cajolerie, faite « d'adresses culinaires » (ἡδυντικὴ τέχνη, cf. *Théét.* 173 e), Platon ne reprend que la première moitié, la partie corporelle, de la *quadruple flatterie* que décrit le *Gorgias* (464 b-466 a, 501 a-503 a, 517 b-522 c) : art de la cuisine, art de la toilette, rhétorique et sophistique. Ici, la sophistique est isolée de la flatterie, parce qu'elle enseigne, et pour de l'argent Mais ce que Platon semble bien le plus haïr chez elle, c'est son opportunisme (*Rép.* 493 a/c).

ΘΕΑΙ. Ὀρθῶς.

ΞΕ. Τῆς δὴ πιθανουργικῆς διττὰ λέγωμεν γένη.

ΘΕΑΙ. Ποῖα ;

ΞΕ. Τὸ μὲν ἕτερον ἰδίᾳ, τὸ δὲ δημοσίᾳ γιγνόμενον.

ΘΕΑΙ. Γίγνεσθον γὰρ οὖν εἶδος ἑκάτερον.

ΞΕ. Οὐκοῦν αὖ τῆς ἰδιοθηρευτικῆς τὸ μὲν μισθαρνητικόν ἐστιν, τὸ δὲ δωροφορικόν ;

ΘΕΑΙ. Οὐ μανθάνω.

ΞΕ. Τῇ τῶν ἐρώντων θήρᾳ τὸν νοῦν, ὡς ἔοικας, οὔπω προσέσχες.

ΘΕΑΙ. Τοῦ πέρι ;

ΞΕ. Ὅτι τοῖς θηρευθεῖσι δῶρα προσεπιδιδόασιν. e

ΘΕΑΙ. Ἀληθέστατα λέγεις.

ΞΕ. Τοῦτο μὲν τοίνυν ἐρωτικῆς τέχνης ἔστω εἶδος.

ΘΕΑΙ. Πάνυ γε.

ΞΕ. Τοῦ δέ γε μισθαρνητικοῦ τὸ μὲν προσομιλοῦν διὰ
χάριτος καὶ παντάπασι δι' ἡδονῆς τὸ δέλεαρ πεποιημένον
καὶ τὸν μισθὸν πραττόμενον τροφὴν ἑαυτῷ μόνον κολα-
κικήν, ὡς ἐγῷμαι, πάντες φαῖμεν ἂν ⟨ἢ⟩ ἡδυντικήν τινα 223 a
τέχνην εἶναι.

ΘΕΑΙ. Πῶς γὰρ οὔ ;

ΞΕ. Τὸ δὲ ἐπαγγελλόμενον μὲν ὡς ἀρετῆς ἕνεκα τὰς ὁμιλίας ποιούμενον, μισθὸν δὲ νόμισμα πραττόμενον, ἆρα οὐ τοῦτο τὸ γένος ἑτέρῳ προσειπεῖν ἄξιον ὀνόματι ;

ΘΕΑΙ. Πῶς γὰρ οὔ ;

ΞΕ. Τίνι δὴ τούτῳ ; πειρῶ λέγειν.

ΘΕΑΙ. Δῆλον δή· τὸν γὰρ σοφιστήν μοι δοκοῦμεν

d 3 λέγωμεν : -ομεν YW || **d** 7 μισθαρνητικόν Heindorf : μισθαρνευ- codd. (et infra **e** 5) || **d** 8 ἐστιν : τί ἐστιν T || **d** 10 τὸν νοῦν post προσέσχες transp. W || **e** 1 δῶρα προσεπιδιδόασιν : πρός ἔτι δῶρα δι- W et in marg. t || **e** 2 λέγεις om. W || **e** 3 ἔστω εἶδος B : εἶδος ἔστω TY ἔστω W || **e** 7 μόνον : -ην TY || κολακικήν secl. Schanz || **223 a** 1 ἢ add. Heindorf || **a** 4 τὰς : τῆς Y || **a** 6 γένος : γεγονός B.

mon avis, que nous avons trouvé là. Ce disant, je crois nommer notre homme du nom qui lui convient.

b L'Étranger. — Donc, à récapituler notre raisonnement, il semble, Théétète, que dans l'art d'appropriation, dans la chasse, dans la chasse au vivant, au gibier de terre ferme, au gibier apprivoisé, à l'homme, au simple particulier, dans la chasse intéressée, qui n'est qu'échange contre argent et sous couleur d'enseignement, la chasse qui poursuit les jeunes gens riches et de condition est bien ce qu'il faut appeler, du nom même où le présent raisonnement nous fait aboutir, la sophistique.

Théétète. — Absolument.

Seconde définition : le sophiste négociant en sciences.

L'Étranger. — Envisageons encore un autre point de vue ; car il est loin d'être simple, l'art dans lequel rentre l'objet
c que nous cherchons : il est, tout au contraire, très complexe. D'après les divisions précédentes, cet objet nous présente, en effet, non point l'aspect que nous venons de définir, mais comme le simulacre d'un autre genre.

Théétète. — Comment cela ?

L'Étranger. — L'art d'acquisition avait, en somme, deux formes : l'une de ses parties était chasse ; l'autre, échange.

Théétète. — C'est exact.

L'Étranger. — Dirons-nous, maintenant, que l'échange a deux formes : d'une part, échange de main à main ; d'autre part, échange commercial ?

Théétète. — Que ce soit chose dite.

L'Étranger. — Et maintenant, ajouterons-nous, l'échange commercial a lui-même deux sections.

d Théétète. — Lesquelles ?

L'Étranger. — La première division est vente directe par le producteur ; l'autre, où l'on trafique de ce que produit autrui, est trafic.

Théétète. — Parfaitement.

L'Étranger. — Eh bien, de ce trafic, l'échange intra-urbain fait presque la moitié ; ne l'appelle-t-on pas petit commerce ?

Théétète. — Si.

L'Étranger. — Mais l'échange qui circule de ville en ville, achetant et vendant, n'est-ce pas le négoce ?

ἀνηυρηκέναι. Τοῦτ᾽ οὖν ἔγωγε εἰπὼν τὸ προσῆκον ὄνομ᾽ ἂν ἡγοῦμαι καλεῖν αὐτόν.

ΞΕ. Κατὰ δὴ τὸν νῦν, ὦ Θεαίτητε, λόγον, ὡς ἔοικεν, ἡ τέχνης οἰκειωτικῆς, [κτητικῆς], θηρευτικῆς, ζῳοθηρίας, b
[πεζοθηρίας], χερσαίας, ἡμεροθηρικῆς, ἀνθρωποθηρίας, ἰδιοθηρίας, μισθαρνικῆς, νομισματοπωλικῆς, δοξοπαιδευτικῆς, νέων πλουσίων καὶ ἐνδόξων γιγνομένη θήρα προσρητέον, ὡς ὁ νῦν λόγος ἡμῖν συμβαίνει, σοφιστική.

ΘΕΑΙ. Παντάπασι μὲν οὖν.

ΞΕ. Ἔτι δὲ καὶ τῇδε ἴδωμεν· οὐ γάρ τι φαύλης μέτοχόν ἐστι τέχνης τὸ νῦν ζητούμενον, ἀλλ᾽ εὖ μάλα ποικίλης. c
Καὶ γὰρ οὖν ἐν τοῖς πρόσθεν εἰρημένοις φάντασμα παρέχεται μὴ τοῦτο ὃ νῦν αὐτὸ ἡμεῖς φαμεν ἀλλ᾽ ἕτερον εἶναί τι γένος.

ΘΕΑΙ. Πῇ δή ;

ΞΕ. Τὸ τῆς κτητικῆς τέχνης διπλοῦν ἦν εἶδός που, τὸ μὲν θηρευτικὸν μέρος ἔχον, τὸ δὲ ἀλλακτικόν.

ΘΕΑΙ. Ἦν γὰρ οὖν.

ΞΕ. Τῆς τοίνυν ἀλλακτικῆς δύο εἴδη λέγωμεν, τὸ μὲν δωρητικόν, τὸ δὲ ἕτερον ἀγοραστικόν ;

ΘΕΑΙ. Εἰρήσθω.

ΞΕ. Καὶ μὴν αὖ φήσομεν ἀγοραστικὴν διχῇ τέμνεσθαι.

ΘΕΑΙ. Πῇ ; d

ΞΕ. Τὴν μὲν τῶν αὐτουργῶν αὐτοπωλικὴν διαιρουμένην, τὴν δὲ τὰ ἀλλότρια ἔργα μεταβαλλομένην μεταβλητικήν.

ΘΕΑΙ. Πάνυ γε.

ΞΕ. Τί δέ ; τῆς μεταβλητικῆς οὐχ ἡ μὲν κατὰ πόλιν

b 1 ἡ : ἢ T || post οἰκειωτικῆς add. χειρωτικῆς Aldina || **b** 1-3 κτητικῆς, πεζοθηρίας secl. Schleiermacher ἡμεροθηρικῆς, μισθαρνικῆς retinui, secl. Schleiermacher || ζῳοθηρίας : -ικῆς W[1] || **b** 3 ante ἰδιοθηρίας add. πιθανοτηρίας Heindorf || **b** 7 ἴδωμεν : εἰδῶμεν BT || μέτοχόν : μετέχον W || **c** 3 ἡμεῖς αὐτὸ W || **c** 7 ἔχον μέρος W || post ἀλλακτικόν add. ὂν Heindorf || **c** 10 ἕτερον om. W || **c** 12 αὖ φήσομεν : ἂν φήσωμεν B || **d** 2 διαιρουμένην : διαιρούμενοι Paris. 1808 δὴ εἰρημένην Steph.

Théétète. — Pourquoi pas ?

L'Étranger. — Or, dans le négoce, n'apercevons-nous pas une distinction : ne sont-ce pas des objets servant à la nourri-
e ture ou à l'usage, tantôt du corps, tantôt de l'âme, qui sont vendus et échangés contre argent [1] ?

Théétète. — Que veux-tu dire par là ?

L'Étranger. — C'est la partie relative à l'âme que, peut-être, nous manquons à reconnaître ; car l'autre, j'imagine, est claire pour nous.

Théétète. — Oui.

224 a L'Étranger. — Disons donc que la musique, sous toutes ses formes, colportée de ville en ville, achetée ici pour être, là, transportée et vendue ; que la peinture, l'art des faiseurs de prodiges [2], et maints autres articles destinés à l'âme, qui se transportent et se vendent, soit à titre d'agréments, soit comme objets d'étude sérieuse, donnent, à celui qui les transporte et qui les vend, non moins que la vente du manger et du boire, le droit au titre de négociant.

Théétète. — C'est la stricte vérité que tu dis là.

b L'Étranger. — A celui donc qui vend en gros les sciences et, de ville en ville, les échange contre argent, tu appliqueras ce même nom ?

Théétète. — Très certainement.

L'Étranger. — Dans ce négoce spirituel, est-ce qu'une partie ne s'appellerait pas, à très juste titre, art d'exhibition ? Quant à l'autre, c'est d'un nom qui ne sera pas moins ridicule que le premier, et pourtant, puisque c'est de sciences qu'elle

1. Cf. *Gorgias* 517 d, énumérant, pour illustrer sa théorie de la sophistique, « ces objets qui servent à la nourriture ou à l'usage du corps », et les producteurs ou trafiquants qui en font le service.

2. Cf. *Notice*, p. 6, *Protagoras*, 312 d, et voir les *Lois* citant (658 b/d), parmi les amuseurs publics, à côté de celui que nous appellerions *le montreur de curiosités* ou de *phénomènes* (τὸν τὰ θαύματα ἐπιδεικνύντα), le comédien, le tragédien, le rhapsode. Le θαῦμα est souvent *la poupée* ou la *marionnette* : pour les *Lois* (644 e et suiv.), nous sommes des marionnettes dont les dieux tirent les fils. L'art des faiseurs de prodiges a fourni à Platon l'allégorie de la caverne (*Rép.* 514 b). Cette caverne est un véritable théâtre de Guignol, avec son mur « pareil au paravent que les montreurs de prodiges mettent entre eux et le public, et par-dessus lequel ils exhibent leurs poupées ». Pour le détail scientifique de ces tours et merveilles, cf. Héron d'Alexandrie, *Traité des Automates*.

ἀλλαγή, σχεδὸν αὐτῆς ἥμισυ μέρος ὄν, καπηλικὴ προσαγορεύεται ;

ΘΕΑΙ. Ναί.

ΞΕ. Τὸ δέ γε ἐξ ἄλλης εἰς ἄλλην πόλιν διαλλάττον ὠνῇ καὶ πράσει ἐμπορική ;

ΘΕΑΙ. Τί δ' οὔ ;

ΞΕ. Τῆς δ' ἐμπορικῆς ἆρ' οὐκ ᾐσθήμεθα ὅτι τὸ μὲν
ὅσοις τὸ σῶμα τρέφεται καὶ χρῆται, τὸ δὲ ὅσοις ἡ ψυχή, e
πωλοῦν διὰ νομίσματος ἀλλάττεται ;

ΘΕΑΙ. Πῶς τοῦτο λέγεις ;

ΞΕ. Τὸ περὶ τὴν ψυχὴν ἴσως ἀγνοοῦμεν, ἐπεὶ τό γε ἕτερόν που συνίεμεν.

ΘΕΑΙ. Ναί.

ΞΕ. Μουσικήν τε τοίνυν συνάπασαν λέγωμεν, ἐκ πόλεως 224 a
ἑκάστοτε εἰς πόλιν ἔνθεν μὲν ὠνηθεῖσαν, ἑτέρωσε δὲ ἀγομένην καὶ πιπρασκομένην, καὶ γραφικὴν καὶ θαυματοποιικὴν καὶ πολλὰ ἕτερα τῆς ψυχῆς, τὰ μὲν παραμυθίας, τὰ δὲ καὶ σπουδῆς χάριν ἀχθέντα καὶ πωλούμενα, τὸν ἄγοντα καὶ πωλοῦντα μηδὲν ἧττον τῆς τῶν σιτίων καὶ ποτῶν πράσεως ἔμπορον ὀρθῶς ἂν λεγόμενον παρασχεῖν.

ΘΕΑΙ. Ἀληθέστατα λέγεις.

ΞΕ. Οὐκοῦν καὶ τὸν μαθήματα συνωνούμενον πόλιν τε b
ἐκ πόλεως νομίσματος ἀμείβοντα ταὐτὸν προσερεῖς ὄνομα ;

ΘΕΑΙ. Σφόδρα γε.

ΞΕ. Τῆς δὴ ψυχεμπορικῆς ταύτης ἆρ' οὐ τὸ μὲν ἐπιδεικτικὴ δικαιότατα λέγοιτ' ἄν, τὸ δὲ γελοίῳ μὲν οὐχ ἧττον τοῦ πρόσθεν, ὅμως δὲ μαθημάτων οὖσαν πρᾶσιν αὐτὴν

d 6 καπηλικὴ Y b t : καὶ πηλίκη BT καπηλευτικὴ W || **d** 9 διαλλάττον [sed -άτ τον] W : -αττομένων BTY || **d** 10 ἐμπορική : -ῇ T- ῆ Y || **e** 1 καὶ χρῆται Heindorf : κέχρηται codd. || **224 a** 1 λέγωμεν : -ομεν (ante συνάπασαν transp.) W || **a** 3 καὶ πιπρασκομένην secl. Burnet || θαυματοποιικὴν : -ποιητικὴν W || **a** 7 παρασχεῖν B : -έχειν TYW ὑπαρχεῖν Badham || **b** 1 πόλιν... **b** 2 ἀμείβοντα : εἰς πόλιν... ἀμείβοντα Baumann πόλιν... <πωλοῦντα> ἀμείβοντα Richards || **b** 5 γελοίῳ Heindorf : -οῖον codd. malit Wilamowitz.

est vendeuse, c'est d'un nom apparenté de près au nom même de son œuvre que nous devrons, n'est-ce pas, nécessairement l'appeler ?

THÉÉTÈTE. — Certainement.

L'ÉTRANGER. — Donc, dans ce gros négoce en sciences, la
c section relative aux sciences des diverses techniques aura un nom ; celle qui s'occupe de l'article vertu en doit avoir un autre.

THÉÉTÈTE. — Naturellement.

L'ÉTRANGER. — Gros négoce en techniques est le nom qui conviendrait à la première. Quant à la dernière, essaie toi-même de dire son nom.

THÉÉTÈTE. — Et quel nom formuler qui ne sonne faux, à moins de dire : voilà l'objet que nous cherchons, le fameux genre sophistique !

L'ÉTRANGER. — Lui, et pas un autre. Voyons donc maintenant à récapituler, et disons : cette partie de l'acquisition,
d de l'échange, de l'échange commercial, du négoce, du négoce spirituel, qui fait trafic de discours et d'enseignements relatifs à la vertu, voilà, sous son second aspect, la sophistique.

THÉÉTÈTE. — Parfaitement.

Troisième et quatrième définition : le sophiste, petit commerçant, de première ou seconde main.

L'ÉTRANGER. — Troisième aspect : à quelqu'un, j'imagine, qui, établi sur place dans une ville, pour une part achète, pour une autre part fabrique ce qu'il vend d'enseignements relatifs à ce même objet et s'est promis d'en vivre, tu ne voudras point donner d'autre nom que celui de tout à l'heure.

THÉÉTÈTE. — Comment le voudrais-je ?

e L'ÉTRANGER. — Ainsi acquisition par échange, par échange commercial, que ce soit vente de seconde main ou vente par le fabricant, il n'importe, pourvu que ce commerce porte sur les enseignements que nous avons dits, ce sera toujours là pour toi, apparemment, la sophistique ?

THÉÉTÈTE. — Nécessairement : c'est une conséquence qui s'impose.

L'ÉTRANGER. — Voyons donc si nous ne pourrions point assimiler encore le genre que nous poursuivons à quelque chose comme ceci.

ἀδελφῷ τινι τῆς πράξεως ὀνόματι προσειπεῖν ἀνάγκη ;

ΘΕΑΙ. Πάνυ μὲν οὖν.

ΞΕ. Ταύτης τοίνυν τῆς μαθηματοπωλικῆς τὸ μὲν περὶ
τὰ τῶν ἄλλων τεχνῶν μαθήματα ἑτέρῳ, τὸ δὲ περὶ τὸ τῆς c
ἀρετῆς ἄλλῳ προσρητέον.

ΘΕΑΙ. Πῶς γὰρ οὔ ;

ΞΕ. Τεχνοπωλικὸν μὴν τό γε περὶ τἆλλα ἂν ἁρμόττοι· τὸ δὲ περὶ ταῦτα σὺ προθυμήθητι λέγειν ὄνομα.

ΘΕΑΙ. Καὶ τί τις ἂν ἄλλο ὄνομα εἰπὼν οὐκ ἂν πλημμελοίη πλὴν τὸ νῦν ζητούμενον αὐτὸ εἶναι τὸ σοφιστικὸν γένος ;

ΞΕ. Οὐδὲν ἄλλο. Ἴθι δὴ νῦν συναγάγωμεν αὐτὸ λέγοντες ὡς τὸ τῆς κτητικῆς, μεταβλητικῆς, ἀγοραστικῆς,
ἐμπορικῆς, ψυχεμπορικῆς περὶ λόγους καὶ μαθήματα d
ἀρετῆς πωλητικὸν δεύτερον ἀνεφάνη σοφιστική.

ΘΕΑΙ. Μάλα γε.

ΞΕ. Τρίτον δέ γ' οἶμαί σε, κἂν εἴ τις αὐτοῦ καθιδρυμένος ἐν πόλει, τὰ μὲν ὠνούμενος, τὰ δὲ καὶ τεκταινόμενος αὐτὸς μαθήματα περὶ τὰ αὐτὰ ταῦτα καὶ πωλῶν, ἐκ τούτου τὸ ζῆν προυτάξατο, καλεῖν οὐδὲν ἄλλο πλὴν ὅπερ νυνδή.

ΘΕΑΙ. Τί δ' οὐ μέλλω ;

ΞΕ. Καὶ τὸ κτητικῆς ἄρα μεταβλητικόν, ἀγοραστικόν,
καπηλικὸν εἴτε αὐτοπωλικόν, ἀμφοτέρως, ὅτιπερ ἂν ᾖ περὶ e
τὰ τοιαῦτα μαθηματοπωλικὸν γένος, ἀεὶ σὺ προσερεῖς, ὡς φαίνῃ, σοφιστικόν.

ΘΕΑΙ. Ἀνάγκη· τῷ γὰρ λόγῳ δεῖ συνακολουθεῖν.

ΞΕ. Ἔτι δὴ σκοπῶμεν εἴ τινι τοιῷδε προσέοικεν ἄρα τὸ νῦν μεταδιωκόμενον γένος.

c 1 τὸ τῆς : τῷ — W || c 4-5 τόγε... τὸ δὲ : τῷ γε.. τῷ δὲ Richards || c 6 εἰπὼν ὄνομα W || c 9 δὴ YW et supra lin. T : om. BT¹ || νῦν om. W || c 10 τῆς om. YW || μεταβλητικῆς corr. Paris. 1811 : -όν BTYW || d 1 ἐμπορικῆς corr. Coisl. 155 : -οῦ BTYW || ψυχεμπορικῆς W² : -οῦ BTYW || e 4 λόγῳ : -ικῷ B et supra lin. W ||

a Théétète. — Comme quoi ?

Cinquième définition : le sophiste, éristique mercenaire.

L'étranger. — L'art d'acquisition avait, au nombre de ses parties, la lutte.

Théétète. — C'est exact.

L'étranger. — Il n'est donc point hors de propos que nous divisions la lutte en deux.

Théétète. — Explique ta division.

L'étranger. — Elle met d'un côté la simple rivalité ; de l'autre, le combat.

Théétète. — Bien.

L'étranger. — Quand le combat se fait corps à corps, ce sera lui donner, en somme, un nom plausible et séant que de le définir un assaut de force brutale.

Théétète. — Oui.

L'étranger. — Mais celui où s'opposent arguments contre arguments, l'appellerons-nous, Théétète, d'un autre nom que
b contestation ?

Théétète. — D'aucun autre nom.

L'étranger. — Or le genre contestation doit être considéré comme double.

Théétète. — A quel point de vue ?

L'étranger. — En tant qu'opposant, à un long développement, un aussi long développement d'arguments contraires et tenant controverse publique sur des questions de justice et d'injustice, il est contestation judiciaire.

Théétète. — Oui.

L'étranger. — Mais la contestation privée, qui se morcelle dans l'alternance des questions et des réponses, lui donnons-nous, d'ordinaire, un autre nom que celui de contestation contradictoire ?

Théétète. — Aucun autre.

L'étranger. — La contradiction qui a pour objet les contrats et qui, certes, est contestation, mais contestation
c procédant à l'aventure et sans art, doit, à coup sûr, constituer une forme : son originalité ressort nettement de notre discussion. Mais, de nom à elle propre, ceux qui vinrent avant nous ne lui en donnèrent point, et le trouver maintenant ne paierait point notre peine.

Théétète. — C'est vrai : ses divisions sont vraiment trop menues et trop diverses.

ΘΕΑΙ. Ποίῳ δή ; a

ΞΕ. Τῆς κτητικῆς ἀγωνιστική τι μέρος ἡμῖν ἦν.

ΘΕΑΙ. Ἦν γὰρ οὖν.

ΞΕ. Οὐκ ἀπὸ τρόπου τοίνυν ἐστὶ διαιρεῖν αὐτὴν δίχα.

ΘΕΑΙ. Καθ' ὁποῖα λέγε.

ΞΕ. Τὸ μὲν ἁμιλλητικὸν αὐτῆς τιθέντας, τὸ δὲ μαχητικόν.

ΘΕΑΙ. Ἔστιν.

ΞΕ. Τῆς τοίνυν μαχητικῆς τῷ μὲν σώματι πρὸς σώματα γιγνομένῳ σχεδὸν εἰκὸς καὶ πρέπον ὄνομα λέγειν τι τοιοῦτον τιθεμένους οἷον βιαστικόν.

ΘΕΑΙ. Ναί.

ΞΕ. Τῷ δὲ λόγοις πρὸς λόγους τί τις, ὦ Θεαίτητε, ἄλλο εἴπῃ πλὴν ἀμφισβητητικόν ; b

ΘΕΑΙ. Οὐδέν.

ΞΕ. Τὸ δέ γε περὶ τὰς ἀμφισβητήσεις θετέον διττόν.

ΘΕΑΙ. Πῇ ;

ΞΕ. Καθ' ὅσον μὲν γὰρ γίγνεται μήκεσί τε πρὸς ἐναντία μήκη λόγων καὶ περὶ δίκαια καὶ ἄδικα δημοσίᾳ, δικανικόν.

ΘΕΑΙ. Ναί.

ΞΕ. Τὸ δ' ἐν ἰδίοις αὖ καὶ κατακεκερματισμένον ἐρωτήσεσι πρὸς ἀποκρίσεις μῶν εἰθίσμεθα καλεῖν ἄλλο πλὴν ἀντιλογικόν ;

ΘΕΑΙ. Οὐδέν

ΞΕ. Τοῦ δὲ ἀντιλογικοῦ τὸ μὲν ὅσον περὶ τὰ συμβόλαια ἀμφισβητεῖται μέν, εἰκῇ δὲ καὶ ἀτέχνως περὶ αὐτὸ πράττεται, ταῦτα θετέον μὲν εἶδος, ἐπείπερ αὐτὸ διέγνωκεν ὡς c
ἕτερον ὂν ὁ λόγος, ἀτὰρ ἐπωνυμίας οὔθ' ὑπὸ τῶν ἔμπροσθεν ἔτυχεν οὔτε νῦν ὑφ' ἡμῶν τυχεῖν ἄξιον.

ΘΕΑΙ. Ἀληθῆ· κατὰ σμικρὰ γὰρ λίαν καὶ παντοδαπὰ διῄρηται.

225 a 2 μέρος τι ἦν ἡμῖν W || ἦν : νῦν Y || **a** 3 οὖν om. W || **b** 1 ἀμφισβητητικόν Vatic. 225 : -βητικόν BTYW || **b** 3 διττὸν θετέον W || **b** 5 γὰρ om. W || **b** 6 δίκαια : τὰ δί- B || **c** 3 ὂν : ὢν Y.

L'ÉTRANGER. — Mais la contestation conduite avec art, et qui porte sur le juste en soi, l'injuste en soi et autres déterminations générales, ne l'appelons-nous pas, d'ordinaire, éristique ?

THÉÉTÈTE. — Comment l'appeler autrement ?

d L'ÉTRANGER. — Or l'éristique est, au fait, ou bien gaspilleuse ou bien gagneuse d'argent.

THÉÉTÈTE. — Parfaitement.

L'ÉTRANGER. — Quel nom propre s'impose pour chacune d'elles, essayons de le dire.

THÉÉTÈTE. — Eh bien, essayons.

L'ÉTRANGER. — Quand donc, au charme d'une telle occupation, on sacrifie ses affaires personnelles, sans mettre, dans sa manière de dire, aucun agrément pour la masse des auditeurs, cela, je crois, s'appelle, autant que j'en puis juger, tout simplement du bavardage[1].

THÉÉTÈTE. — C'est bien, en somme, ce nom qu'on lui donne.

e L'ÉTRANGER. — Eh bien, l'art opposé, qui fait monnaie des disputes privées, à ton tour maintenant d'essayer d'en dire le nom.

THÉÉTÈTE. — Et que dire encore cette fois sans péril d'erreur, sinon que voilà, de nouveau, le prestigieux personnage, voilà que vient en vue une quatrième fois celui dont nous courons la trace : le sophiste ?

226 a L'ÉTRANGER. — Donc, tout simplement, ce semble, le genre faiseur de gain, issu de l'éristique, de la contradiction, de la contestation, du combat, de la lutte, de l'acquisition, voilà, d'après la présente définition, ce qu'est le sophiste.

THÉÉTÈTE. — Assurément.

Sixième définition : le sophiste, réfutateur.

L'ÉTRANGER. — Vois-tu comme on a raison de dire que cet animal est ondoyant et divers et qu'il justifie le proverbe : « d'une main point ne le prendras » ?

THÉÉTÈTE. — Il y faut donc mettre les deux.

1. Cf. *Notice*, p. 7-8, et comparer *Phédon*, 70 b ; *Crat.*, 401 b ; *Rép.*, 488 e ; mais surtout *Phèdre*, 269 c, et *Parm.*, 135 d. Proclus (*in Parm.*, Cousin, p. 657/8) commente excellemment notre passage et a bien vu que le bavard visé ici est le dialecticien.

ΞΕ. Τὸ δέ γε ἔντεχνον, καὶ περὶ δικαίων αὐτῶν καὶ ἀδίκων καὶ περὶ τῶν ἄλλων ὅλως ἀμφισβητοῦν, ἆρ᾽ οὐκ ἐριστικὸν αὖ λέγειν εἰθίσμεθα;

ΘΕΑΙ. Πῶς γὰρ οὔ;

ΞΕ. Τοῦ μὴν ἐριστικοῦ τὸ μὲν χρηματοφθορικόν, τὸ δὲ χρηματιστικὸν ὂν τυγχάνει. d

ΘΕΑΙ. Παντάπασί γε.

ΞΕ. Τὴν ἐπωνυμίαν τοίνυν ἣν ἑκάτερον δεῖ καλεῖν αὐτῶν πειραθῶμεν εἰπεῖν.

ΘΕΑΙ. Οὐκοῦν χρή.

ΞΕ. Δοκῶ μὴν τό γε δι᾽ ἡδονὴν τῆς περὶ ταῦτα διατριβῆς ἀμελὲς τῶν οἰκείων γιγνόμενον, περὶ δὲ τὴν λέξιν τοῖς πολλοῖς τῶν ἀκουόντων οὐ μεθ᾽ ἡδονῆς ἀκουόμενον καλεῖσθαι κατὰ γνώμην τὴν ἐμὴν οὐχ ἕτερον ἀδολεσχικοῦ.

ΘΕΑΙ. Λέγεται γὰρ οὖν οὕτω πως.

ΞΕ. Τούτου τοίνυν τοὐναντίον, ἀπὸ τῶν ἰδιωτικῶν ἐρίδων χρηματιζόμενον, ἐν τῷ μέρει σὺ πειρῶ νῦν εἰπεῖν. e

ΘΕΑΙ. Καὶ ⟨τί⟩ τις ἂν αὖ εἰπὼν ἕτερον οὐκ ἐξαμάρτοι πλήν γε τὸν θαυμαστὸν πάλιν ἐκεῖνον ἥκειν αὖ νῦν τέταρτον τὸν μεταδιωκόμενον ὑφ᾽ ἡμῶν σοφιστήν;

ΞΕ. Οὐδὲν ἀλλ᾽ ἢ τὸ χρηματιστικὸν γένος, ὡς ἔοικεν, ἐριστικῆς ὂν τέχνης, τῆς ἀντιλογικῆς, τῆς ἀμφισβητητικῆς, τῆς μαχητικῆς, τῆς ἀγωνιστικῆς, τῆς κτητικῆς ἔστιν, ὡς ὁ λόγος αὖ μεμήνυκε νῦν, ὁ σοφιστής. 226 a

ΘΕΑΙ. Κομιδῇ μὲν οὖν.

ΞΕ. Ὁρᾷς οὖν ὡς ἀληθῆ λέγεται τὸ ποικίλον εἶναι τοῦτο τὸ θηρίον καὶ τὸ λεγόμενον οὐ τῇ ἑτέρᾳ ληπτόν;

ΘΕΑΙ. Οὐκοῦν ἀμφοῖν χρή.

c 9 αὖ om. W || d 5 αὐτῶν : -όν BW || d 7 μὴν : μὲν Heindorf || τό γε Y : τόδε BT τὸ δὲ W || d 8 ἀμελὲς : -ῶς W || d 10 τὴν : τήν γ᾽ W || d 11 οὖν supra lin. habet W || e 1 τούτου : τὸν (ex τοῦ ut uidetur) Y || e 2 ἐν τῷ : αὐτῶ Y || e 3 τί add. Heindorf || ἐξαμάρτοι : -μαρτάνοι W || e 5 τὸν om. B || 226 a 2 ἀμφισβητητικῆς Vatic. 225 : -βητικῆς BTYW || a 3 κτητικῆς : κτητητι- B || a 7 τὸ θηρίον τοῦτο W || τῇ ἑτέρᾳ : θατέρᾳ Cobet || ληπτὸν W : -τέον BTY.

L'ÉTRANGER. — Il le faut, certes ; à nous de l'essayer, dans la mesure de nos forces, en courant sa trace sur la piste que
b voici. Dis-moi : n'avons-nous pas des mots pour désigner des travaux domestiques ?

THÉÉTÈTE. — Beaucoup de mots. Mais quels sont, dans le nombre, ceux qui t'intéressent ?

L'ÉTRANGER. — Ceux du genre suivant : filtrer, cribler, vanner, trier.

THÉÉTÈTE. — Et puis ?

L'ÉTRANGER. — Outre ceux-là, carder, démêler, tramer et des milliers d'autres, dont nous savons que les métiers sont pleins, n'est-ce pas ?

THÉÉTÈTE. — Que veux-tu démontrer à leur propos, et
c quelle question préparent tous ces exemples ?

L'ÉTRANGER. — C'est de séparation que parlent tous ces mots.

THÉÉTÈTE. — Oui.

L'ÉTRANGER. — A ce que j'en déduis, en eux tous un même art est inclus, que nous jugerons digne d'un nom unique.

THÉÉTÈTE. — Et comment l'appellerons-nous ?

L'ÉTRANGER. — L'art de trier.

THÉÉTÈTE. — Soit.

L'ÉTRANGER. — Examine donc si, maintenant, nous y pourrons, à quelque point de vue, distinguer deux formes [1].

THÉÉTÈTE. — L'examen que tu demandes est un peu rapide pour moi.

d L'ÉTRANGER. — Et pourtant les triages dont j'ai parlé avaient pour effet de dissocier, soit le meilleur du pire, soit le semblable du semblable.

THÉÉTÈTE. — Maintenant que tu le dis, c'est presque évident.

L'ÉTRANGER. — Pour la dernière sorte, je n'ai point de nom qui la désigne, mais pour la première, celle qui garde le meilleur et rejette le pire, j'en ai un.

1. Le schéma sera :

art de trier
le semblable ___|___ le meilleur (purification)
corporelle ___|___ spirituelle
correction ___|___ enseignement
enseignement des métiers ___|___ éducation
admonestation ___|___ réfutation.

ΞΕ. Χρὴ γὰρ οὖν, καὶ κατὰ δύναμίν γε οὕτω ποιητέον, τοιόνδε τι μεταθέοντας ἴχνος αὐτοῦ. Καί μοι λέγε· τῶν b οἰκετικῶν ὀνομάτων καλοῦμεν ἄττα που ;

ΘΕΑΙ. Καὶ πολλά· ἀτὰρ ποῖα δὴ τῶν πολλῶν πυνθάνῃ ;

ΞΕ. Τὰ τοιάδε, οἷον διηθεῖν τε λέγομεν καὶ διαττᾶν καὶ βράττειν καὶ διακρίνειν.

ΘΕΑΙ. Τί μήν ;

ΞΕ. Καὶ πρός γε τούτοις ἔτι ξαίνειν καὶ κατάγειν καὶ κερκίζειν καὶ μυρία ἐν ταῖς τέχναις ἄλλα τοιαῦτα ἐνόντα ἐπιστάμεθα. Ἦ γάρ ;

ΘΕΑΙ. Τὸ ποῖον αὐτῶν πέρι βουληθεὶς δηλῶσαι παρα- c δείγματα προθεὶς ταῦτα κατὰ πάντων ἤρου ;

ΞΕ. Διαιρετικά που τὰ λεχθέντα εἴρηται σύμπαντα.

ΘΕΑΙ. Ναί.

ΞΕ. Κατὰ τὸν ἐμὸν τοίνυν λόγον ὡς περὶ ταῦτα μίαν οὖσαν ἐν ἅπασι τέχνην ἑνὸς ὀνόματος ἀξιώσομεν αὐτήν.

ΘΕΑΙ. Τίνα προσειπόντες ;

ΞΕ. Διακριτικήν.

ΘΕΑΙ. Ἔστω.

ΞΕ. Σκόπει δὴ ταύτης αὖ δύο ἄν πῃ δυνώμεθα κατιδεῖν εἴδη.

ΘΕΑΙ. Ταχεῖαν ὡς ἐμοὶ σκέψιν ἐπιτάττεις.

ΞΕ. Καὶ μὴν ἔν γε ταῖς εἰρημέναις διακρίσεσι τὸ μὲν d χεῖρον ἀπὸ βελτίονος ἀποχωρίζειν ἦν, τὸ δ' ὅμοιον ἀφ' ὁμοίου.

ΘΕΑΙ. Σχεδὸν οὕτω νῦν λεχθὲν φαίνεται.

ΞΕ. Τῆς μὲν τοίνυν ὄνομα οὐκ ἔχω λεγόμενον· τῆς δὲ καταλειπούσης μὲν τὸ βέλτιον διακρίσεως, τὸ δὲ χεῖρον ἀποβαλλούσης ἔχω.

b 3 πυνθάνῃ : -ει W[1] || **b** 4 διηθεῖν : διησήθειν (sed eraso priore η) T[1] || τε : τι W || post λέγομεν add. καὶ διασήθειν W || **b** 5 διακρίνειν : διαρρινεῖν Orelli -κινεῖν Campbell -σήθειν (uel ἀνακινεῖν) Burnet || **b** 7 καὶ post ξαίνειν et mox post κατάγειν om. BT || **c** 5 ὡς περὶ : ὥσπερ εἰ W || **c** 10 δυνώμεθα : δυνά- W || **d** 4 οὕτω : οὖν τω B || **d** 6 καταλειπούσης W : καταλι- BTY.

Théétète. — Dis-le.

L'étranger. — Toute séparation de cette sorte est, à ce que je pense, universellement appelée purification.

Théétète. — C'est bien ainsi qu'on l'appelle.

e L'étranger. — Est-ce que la dualité de cette forme purifiante n'est pas visible au premier venu ?

Théétète. — Si, peut-être, à la réflexion. Quant à moi, pour l'instant, je ne la vois point.

L'étranger. — En tout cas, les multiples formes de purification qui s'appliquent aux corps sont à rassembler sous un nom unique.

Théétète. — Quelles formes, et sous quel nom ?

L'étranger. — Dans les corps vivants, toutes les purifications internes qu'opèrent, grâce à une exacte discrimination,
227 a la gymnastique et la médecine, et toutes les purifications externes, si peu relevé qu'en soit le nom, dont l'art du baigneur fournit la recette[1] ; dans les corps inanimés, tous les soins qui relèvent du foulage ou, universellement parlant, de l'apprêtage, et qui s'éparpillent en des noms ridicules d'aspect.

Théétète. — Bien ridicules, assurément.

L'étranger. — Dis totalement ridicules, Théétète. Mais, après tout, la méthode de l'argumentation n'a pas moins d'estime pour l'éponge ou plus de regard pour la potion, suivant que l'action purifiante de l'une nous est, ou non, plus bienfaisante que celle de l'autre. C'est, en effet, pour
b acquérir de la pénétration d'esprit que, scrutant tous les arts, elle s'efforce à découvrir leurs parentés ou leurs dissemblances. Aussi, de ce point de vue, les estime-t-elle tous également. L'un ne lui paraît point, quand elle suit leurs ressemblances, plus ridicule que l'autre[2]. Que l'art du stratège soit une illustration plus grandiose de l'art de la chasse que ne le serait l'art du tueur de poux, elle ne l'admet aucunement, et ne trouve, la plupart du temps, dans le pre-

1. Le *Cratyle* (405 a) met côte à côte les purifications qu'opèrent la médecine et la mantique, remèdes et ablutions diverses, « capables de rendre l'homme pur, soit dans son corps, soit dans son âme ». Mais on ne mentionne plus, ici, les purifications rituelles parmi les opérations de l'âme. Le législateur les réglementera (*Lois*, 735, 868, 872 etc.) ; mais, pour le philosophe, « c'est la pensée droite qui purifie » (*Phédon*, 69 c).

2. Ainsi, pour Malebranche, le vrai bienfait des sciences exactes

ΘΕΑΙ. Λέγε τί.

ΞΕ. Πᾶσα ἡ τοιαύτη διάκρισις, ὡς ἐγὼ συννοῶ, λέγεται παρὰ πάντων καθαρμός τις.

ΘΕΑΙ. Λέγεται γὰρ οὖν.

ΞΕ. Οὐκοῦν τό γε καθαρτικὸν εἶδος αὖ διπλοῦν ὂν πᾶς e
ἂν ἴδοι ;

ΘΕΑΙ. Ναί, κατὰ σχολήν γε ἴσως· οὐ μὴν ἔγωγε καθορῶ νῦν.

ΞΕ. Καὶ μὴν τά γε περὶ τὰ σώματα πολλὰ εἴδη καθάρσεων ἑνὶ περιλαβεῖν ὀνόματι προσήκει.

ΘΕΑΙ. Ποῖα καὶ τίνι ;

ΞΕ. Τά τε τῶν ζῴων, ὅσα ἐντὸς σωμάτων ὑπὸ γυμναστικῆς
τικῆς ἰατρικῆς τε ὀρθῶς διακρινόμενα καθαίρεται καὶ περὶ 227 a
τάκτός, εἰπεῖν μὲν φαῦλα, ὅσα βαλανευτικὴ παρέχεται· καὶ τῶν ἀψύχων σωμάτων, ὧν γναφευτικὴ καὶ σύμπασα κοσμητικὴ τὴν ἐπιμέλειαν παρεχομένη κατὰ σμικρὰ πολλὰ καὶ γελοῖα δοκοῦντα ὀνόματα ἔσχεν.

ΘΕΑΙ. Μάλα γε.

ΞΕ. Παντάπασι μὲν οὖν, ὦ Θεαίτητε. Ἀλλὰ γὰρ τῇ τῶν λόγων μεθόδῳ σπογγιστικῆς ἢ φαρμακοποσίας οὐδὲν ἧττον οὐδέ τι μᾶλλον τυγχάνει μέλον εἰ τὸ μὲν σμικρά, τὸ δὲ μεγάλα ἡμᾶς ὠφελεῖ καθαῖρον. Τοῦ κτήσασθαι γὰρ
ἕνεκα νοῦν πασῶν τεχνῶν τὸ συγγενὲς καὶ τὸ μὴ συγγενὲς b
κατανοεῖν πειρωμένη τιμᾷ πρὸς τοῦτο ἐξ ἴσου πάσας, καὶ θάτερα τῶν ἑτέρων κατὰ τὴν ὁμοιότητα οὐδὲν ἡγεῖται γελοιότερα, σεμνότερον δέ τι τὸν διὰ στρατηγικῆς ἢ φθειριστικῆς δηλοῦντα θηρευτικὴν οὐδὲν νενόμικεν, ἀλλ' ὡς τὸ πολὺ χαυνότερον. Καὶ δὴ καὶ νῦν, ὅπερ ἤρου, τί

e 2 ἴδοι BY : εἴδοι T συνίδοι W || **e** 3 ναί secl. Cobet || **e** 5 γε W : om. BTY || **e** 8- **a** 2 ὅσα... φαῦλα : ὅσοις.. φαῦλα Badham ὅσοις.... φαύλοις Schanz || **227 a** 1 καθαίρεται : -αιρεῖται B || περὶ τἀκτὸς edd. : περιτακτὸς B περὶ τὰ ἐκτὸς TYW || **a** 2 εἰπεῖν : ἃ εἰπεῖν TY || **a** 4 κοσμητική : σμητική Badham || **a** 8 φαρμακοποσίας : -ποιίας W || **b** 1 καὶ τὸ μὴ συγγενὲς om. W || **b** 3 ἡγεῖται : ἥττηται W || **b** 4 δέ : τέ BT || ἢ φθειριστικῆς om. B || **b** 6 δὴ καὶ om. TY.

mier, que plus de boursouflure. Ainsi envisage-t-elle, dans le cas présent, la question que tu poses, quel nom il faut appliquer à l'ensemble des puissances purgatives destinées au corps, animé ou inanimé : elle n'a cure de savoir quel nom
c aura l'air le plus distingué. Il lui suffira de séparer, de ce qui purifie l'âme, et de lier en un nouvel ensemble tout ce qui purifie autre chose que l'âme. Discerner, en effet, la purification qui s'adresse à la pensée, la distinguer de toutes les autres, voilà son entreprise présente, si nous comprenons quelque chose à ses intentions.

Théétète. — Mais c'est compris, et j'accorde qu'il y a deux formes de purifications, dont l'une a pour objet l'âme et est parfaitement distincte de celle qui s'adresse au corps.

L'Étranger. — Voilà qui est le mieux du monde. Prête-moi donc ton attention pour ce qui suit, et tâche de pour-
d suivre cette division.

Théétète. — Par quelques échelons que tu me conduises, je tâcherai de t'accompagner en ce travail de division.

L'Étranger. — La méchanceté est pour nous, dans l'âme, quelque chose de différent de la vertu ?

Théétète. — Naturellement.

L'Étranger. — Or, purifier, c'était, gardant le reste, rejeter tout ce qu'il peut y avoir de mauvais.

Théétète. — Exactement.

L'Étranger. — Alors, dans l'âme aussi, tout moyen que nous pourrons trouver de supprimer le mal, nous serons dans la note en l'appelant une purification.

Théétète. — Tout à fait dans la note.

L'Étranger. — Le mal, dans l'âme, revêt deux formes, nous faut-il dire.

Théétète. — Lesquelles ?

228 a L'Étranger. — Elles sont, l'une, ce qu'est la maladie survenant dans le corps ; l'autre, ce que lui est la laideur.

Théétète. — Je ne comprends pas.

est d'augmenter « l'étendue et la capacité de l'esprit » (*Recherche de la Vérité*, VI, 4 et 5). Lui aussi raillera les préjugés scientifiques causés par l'idée sensible de grandeur : « Il s'est trouvé des princes et des rois astronomes et qui faisaient gloire de l'être ; la grandeur des astres semblait s'accommoder avec la grandeur de leur dignité. Mais je ne crois pas que l'on en ait vu qui se soient fait honneur de savoir l'anatomie et de bien disséquer un cœur et un cerveau » (*ib.*, V, 7).

προσεροῦμεν ὄνομα συμπάσας δυνάμεις ὅσαι σῶμα εἴτε ἔμψυχον εἴτε ἄψυχον εἰλήχασι καθαίρειν, οὐδὲν αὐτῇ διοίσει ποῖόν τι λεχθὲν εὐπρεπέστατον εἶναι δόξει· μόνον c
ἐχέτω χωρὶς τῶν τῆς ψυχῆς καθάρσεων πάντα συνδῆσαν ὅσα ἄλλο τι καθαίρει. Τὸν γὰρ περὶ τὴν διάνοιαν καθαρμὸν ἀπὸ τῶν ἄλλων ἐπικεχείρηκεν ἀφορίσασθαι τὰ νῦν, εἴ γε ὅπερ βούλεται μανθάνομεν.

ΘΕΑΙ. Ἀλλὰ μεμάθηκα, καὶ συγχωρῶ δύο μὲν εἴδη καθάρσεως, ἓν δὲ τὸ περὶ τὴν ψυχὴν εἶδος εἶναι, τοῦ περὶ τὸ σῶμα χωρὶς ὄν.

ΞΕ. Πάντων κάλλιστα. Καί μοι τὸ μετὰ τοῦτο ἐπάκουε πειρώμενος αὖ τὸ λεχθὲν διχῇ τέμνειν. d

ΘΕΑΙ. Καθ' ὁποῖ' ἂν ὑφηγῇ πειράσομαί σοι συντέμνειν.

ΞΕ. Πονηρίαν ἕτερον ἀρετῆς ἐν ψυχῇ λέγομέν τι;

ΘΕΑΙ. Πῶς γὰρ οὔ;

ΞΕ. Καὶ μὴν καθαρμός γ' ἦν τὸ λείπειν μὲν θάτερον, ἐκβάλλειν δὲ ὅσον ἂν ᾖ πού τι φλαῦρον.

ΘΕΑΙ. Ἦν γὰρ οὖν.

ΞΕ. Καὶ ψυχῆς ἄρα, καθ' ὅσον ἂν εὑρίσκωμεν κακίας ἀφαίρεσίν τινα, καθαρμὸν αὐτὸν λέγοντες ἐν μέλει φθεγξόμεθα.

ΘΕΑΙ. Καὶ μάλα γε.

ΞΕ. Δύο μὲν εἴδη κακίας περὶ ψυχὴν ῥητέον.

ΘΕΑΙ. Ποῖα;

ΞΕ. Τὸ μὲν οἷον νόσον ἐν σώματι, τὸ δ' οἷον αἶσχος 228 a
ἐγγιγνόμενον.

ΘΕΑΙ. Οὐκ ἔμαθον.

b 8 εἰλήχασι W : -φασι BTY || **c** 3 τὸν : τὸ W || **c** 9 ἐπάκουε πειρώμενος : ἐπακολούθει πειρωμένῳ Badham || **d** 1 διχῇ om. Y || **d** 2 καθ' ὁποῖ' ἂν Coisl. 155 : καθ' ὅπῃ ἂν Y καθόποι ἂν B καθόποί ἂν T καθ' ὁποίαν W || ὑφηγῇ : ἀφ- Y || **d** 3 ἀρετῆς : ἄρ' τῆς B || **d** 5 γ' W : om. BTY || λείπειν Heindorf : λιπεῖν codd. καταλεί- Olympiodorus || **d** 12 δύο μὲν... 230 **e** 3 εὐδαίμονα εἶναι habet Stob. *Anthol.* lib. II cap. XXXI 129 (vol. II p. 250-254 Wachsmuth) || **d** 12 μὲν : μὴν Heindorf.

L'ÉTRANGER. — C'est peut-être que tu ne reconnais pas l'identité de la maladie et de la discorde ?

THÉÉTÈTE. — A cela encore je ne sais que répondre.

L'ÉTRANGER. — Verrais-tu donc, en la discorde, autre chose que ceci : en ce que la nature apparenta, je ne sais quelle corruption née d'une rupture d'accord[1] ?

THÉÉTÈTE. — Pas autre chose.

L'ÉTRANGER. — Mais, dans la laideur, vois-tu autre chose que l'absence de mesure, qui transporte partout sa difformité générique ?

b THÉÉTÈTE. — Rien d'autre.

L'ÉTRANGER. — Eh bien, dans l'âme, ne voyons-nous pas qu'opinions et désirs, courage et plaisirs, raison et peines sont, chez les méchants, en mutuel et général désaccord ?

THÉÉTÈTE. — Très nettement.

L'ÉTRANGER. — Il y a pourtant, entre tout cela, une parenté originelle inévitable.

THÉÉTÈTE. — Sans contredit.

L'ÉTRANGER. — Si donc nous disons que la méchanceté est une discorde et une maladie de l'âme, nous tiendrons un langage correct.

THÉÉTÈTE. — Absolument correct.

c L'ÉTRANGER. — Eh bien, toute chose qui participe du mouvement, lorsque se posant un but, s'efforçant de l'atteindre, dans chacun de ses élans elle dévie et manque le but, dirons-nous qu'elle doit de tels échecs à la symétrie qu'il y a entre elle et lui, ou bien, tout au contraire, à leur asymétrie ?

THÉÉTÈTE. — Evidemment à leur asymétrie.

L'ÉTRANGER. — Mais pour l'âme, nous le savons, et pour toute âme, toute ignorance est involontaire.

THÉÉTÈTE. — Tout à fait involontaire.

L'ÉTRANGER. — Or, ignorer, c'est précisément le fait d'une
d âme qui s'élance vers la vérité et, dans cet élan même vers la raison, dévie[2] : ce n'est rien autre chose qu'une déraison.

1. J'ai essayé de rendre le jeu de Platon sur διαφορᾶς διαφθοράν. Les dialogues scolaires cherchent naturellement les formules qui frappent.

2. Comparer, entre autres étymologies du *Cratyle*, celle du mot *comprendre* (συνιέναι, aller avec) : c'est le mouvement de l'âme se modelant sur le mouvement des choses (412 a).

ΞΕ. Νόσον ἴσως καὶ στάσιν οὐ ταὐτὸν νενόμικας;

ΘΕΑΙ. Οὐδ' αὖ πρὸς τοῦτο ἔχω τί χρή με ἀποκρίνασθαι.

ΞΕ. Πότερον ἄλλο τι στάσιν ἡγούμενος ἢ τὴν τοῦ φύσει συγγενοῦς ἔκ τινος διαφορᾶς διαφθοράν;

ΘΕΑΙ. Οὐδέν.

ΞΕ. Ἀλλ' αἶσχος ἄλλο τι πλὴν τὸ τῆς ἀμετρίας πανταχοῦ δυσειδὲς ὂν γένος;

ΘΕΑΙ. Οὐδαμῶς ἄλλο. b

ΞΕ. Τί δέ; ἐν ψυχῇ δόξας ἐπιθυμίαις καὶ θυμὸν ἡδοναῖς καὶ λόγον λύπαις καὶ πάντα ἀλλήλοις ταῦτα τῶν φλαύρως ἐχόντων οὐκ ᾐσθήμεθα διαφερόμενα;

ΘΕΑΙ. Καὶ σφόδρα γε.

ΞΕ. Συγγενῆ γε μὴν ἐξ ἀνάγκης σύμπαντα γέγονεν.

ΘΕΑΙ. Πῶς γὰρ οὔ;

ΞΕ. Στάσιν ἄρα καὶ νόσον τῆς ψυχῆς πονηρίαν λέγοντες ὀρθῶς ἐροῦμεν.

ΘΕΑΙ. Ὀρθότατα μὲν οὖν.

ΞΕ. Τί δ'; ὅσα κινήσεως μετασχόντα καὶ σκοπόν τινα c
θέμενα πειρώμενα τούτου τυγχάνειν καθ' ἑκάστην ὁρμὴν παράφορα αὐτοῦ γίγνεται καὶ ἀποτυγχάνει, πότερον αὐτὰ φήσομεν ὑπὸ συμμετρίας τῆς πρὸς ἄλληλα ἢ τοὐναντίον ὑπὸ ἀμετρίας αὐτὰ πάσχειν;

ΘΕΑΙ. Δῆλον ὡς ὑπὸ ἀμετρίας.

ΞΕ. Ἀλλὰ μὴν ψυχήν γε ἴσμεν ἄκουσαν πᾶσαν πᾶν ἀγνοοῦσαν.

ΘΕΑΙ. Σφόδρα γε.

ΞΕ. Τό γε μὴν ἀγνοεῖν ἐστιν ἐπ' ἀλήθειαν ὁρμωμένης
ψυχῆς, παραφόρου συνέσεως γιγνομένης, οὐδὲν ἄλλο πλὴν d
παραφροσύνη.

228 a 5 τί : ὅτι W || a 7 διαφορᾶς διαφθοράν : -φθορᾶς -φοράν corr. Ven. 189 Galenus || a 10 ὄν BTW : ἓν ὂν Y Stob. ἐν ὂν t ἑνὸν Schleiermacher || b 2 ἐν : ἐν τῇ W || b 4 φλαύρως : φαύλως W[1] || c 1 ὅσα : ὅσ' ἂν Cobet || c 2 θέμενα : -ον Stob. || πειρώμενα TY Galenus Stob. : -μεθα W om. B || ante καθ' add. καὶ Stob. || c 3 γίγνεται Ven. 185 Galenus Stob. : -ηται BTYW || ἀποτυγχάνει : -ῃ T.

Théétète. — Absolument.

L'Étranger. — Nous devrons donc poser que l'âme insensée est laide et manque de mesure.

Théétète. — Il semble bien.

L'Étranger. — L'âme a donc, apparemment, ces deux genres de maux : l'un, que le vulgaire nomme la méchanceté, est manifestement, chez elle, une maladie.

Théétète. — Oui.

L'Étranger. — L'autre, il l'appelle ignorance, mais refuse d'avouer que ce mal, dans l'âme, soit, à lui seul, un vice.

e Théétète. — Oui, il faut l'admettre, bien que j'aie hésité à te croire tout à l'heure, il y a deux genres de vice dans l'âme : lâcheté, intempérance, injustice doivent toutes être regardées comme une maladie en nous [1] ; quant à cette affection multiple et diverse qu'est l'ignorance, c'est une laideur qu'il y faut voir.

L'Étranger. — N'a-t-on pas, pour le corps au moins, contre ces deux affections, trouvé deux arts ?

Théétète. — Lesquels ?

229 a L'Étranger. — Contre la laideur, la gymnastique ; contre la maladie, la médecine [2].

Théétète. — Apparemment.

L'Étranger. — Ainsi, contre la démesure, l'injustice et la lâcheté, la correction est, de toutes les techniques, celle qui s'apparente le mieux avec la Justice.

Théétète. — Vraisemblablement, si du moins nous voulons parler suivant l'humaine opinion.

L'Étranger. — Eh quoi, contre l'ignorance en son ensemble, y a-t-il un art plus approprié que l'enseignement ?

Théétète. — Aucun.

L'Étranger. — Voyons alors : l'enseignement ne forme-t-il

1. Comparer *Timée* (86 d-87 b) : dans presque tous les cas, on a tort de regarder l'intempérant comme un homme volontairement mauvais : c'est un malade. Son mal est, pour une part, hérité en même temps que son tempérament ; pour l'autre part, aggravé par une mauvaise éducation. S'il y a des responsables, ce sont plutôt les parents et les éducateurs. Au lieu de le blâmer, il faut le plaindre, et le traiter par une saine hygiène du corps et de l'esprit.

2. Cf. *Gorgias*, 464 b, et noter, avec Apelt (*ad loc.*) comment Platon construit ses définitions pour faire cadrer *correction* et *gymnastique*, *enseignement* et *médecine*.

ΘΕΑΙ. Πάνυ μὲν οὖν.

ΞΕ. Ψυχὴν ἄρα ἀνόητον αἰσχρὰν καὶ ἄμετρον θετέον.

ΘΕΑΙ. Ἔοικεν.

ΞΕ. Ἔστι δὴ δύο ταῦτα, ὡς φαίνεται, κακῶν ἐν αὐτῇ γένη, τὸ μὲν πονηρία καλούμενον ὑπὸ τῶν πολλῶν, νόσος αὐτῆς σαφέστατα ὄν.

ΘΕΑΙ. Ναί.

ΞΕ. Τὸ δέ γε ἄγνοιαν μὲν καλοῦσι, κακίαν δὲ αὐτὸ ἐν ψυχῇ μόνον γιγνόμενον οὐκ ἐθέλουσιν ὁμολογεῖν.

ΘΕΑΙ. Κομιδῇ συγχωρητέον, ὃ νυνδὴ λέξαντος ἠμφε- e
γνόησά σου, τὸ δύο εἶναι γένη κακίας ἐν ψυχῇ, καὶ δειλίαν μὲν καὶ ἀκολασίαν καὶ ἀδικίαν σύμπαντα ἡγητέον νόσον ἐν ἡμῖν, τὸ δὲ τῆς πολλῆς καὶ παντοδαπῆς ἀγνοίας πάθος αἶσχος θετέον.

ΞΕ. Οὐκοῦν ἐν σώματί γε περὶ δύο παθήματε τούτω δύο τέχνα τινὲ ἐγενέσθην ;

ΘΕΑΙ. Τίνε τούτω ;

ΞΕ. Περὶ μὲν αἶσχος γυμναστική, περὶ δὲ νόσον ἰατρική. 229 a

ΘΕΑΙ. Φαίνεσθον.

ΞΕ. Οὐκοῦν καὶ περὶ μὲν ὕβριν καὶ ἀδικίαν καὶ δειλίαν ἡ κολαστικὴ πέφυκε τεχνῶν μάλιστα δὴ πασῶν προσήκουσα Δίκῃ.

ΘΕΑΙ. Τὸ γοῦν εἰκός, ὡς εἰπεῖν κατὰ τὴν ἀνθρωπίνην δόξαν.

ΞΕ. Τί δέ ; περὶ σύμπασαν ἄγνοιαν μῶν ἄλλην τινὰ ἢ διδασκαλικὴν ὀρθότερον εἴποι τις ἄν ;

ΘΕΑΙ. Οὐδεμίαν.

ΞΕ. Φέρε δή· διδασκαλικῆς δὲ ἆρα ἓν μόνον γένος φατέον

d 6 δή : δὲ δή Y || **d** 11 οὐχ ἐθέλουσιν om. Y || **e** 1 ὃ : ὃν B || νυνδή : δὴ νῦν Stob. || ἠμφεγνόησά σου BY et W (sed α supra ή) : ἠμφεγνόησας ου T ἠμφι- οὐ Stobaei L ἀμφε- οὐ in marg. W || **e** 3 καὶ ἀδικίαν om. Y || νόσον : ὅσον T || **e** 6 ἐν σώματί γε BTY : ἔν γε σώματι Stob. ἔν γε τῷ σώματι W || τούτω : ταὐτὼ Stobaei L || **e** 7 ἐγενέσθην : γεν- W || **229 a** 2 φαίνεσθον : -εται Stob. || **a** 4 μάλιστα δή : δὴ μάλ- W μάλ- δ' ἡ B || **a** 5 Δίκῃ Cobet : δίκη codd. secl. Stallbaum.

b qu'un genre, ou faut-il y distinguer plusieurs genres, dont deux principaux ? Examine la question.

Théétète. — C'est ce que je fais.

L'étranger. — Voici, à mon avis, le moyen le plus rapide de la résoudre.

Théétète. — Lequel ?

L'étranger. — Voir si l'ignorance n'offrirait pas une ligne médiane de sectionnement[1]. Du fait que l'ignorance serait double, il est clair, en effet, que l'enseignement aurait lui-même, forcément, deux parties, répondant, une à une, à chacun des genres d'ignorance.

Théétète. — Eh bien, vois-tu poindre quelque solution du problème ?

c L'étranger. — Je crois, au moins, distinguer une forme spéciale d'ignorance, si grande et si rebelle qu'elle balance toutes les autres espèces.

Théétète. — Laquelle donc ?

L'étranger. — Ne point savoir et croire qu'on sait : c'est bien là, j'en ai peur, la cause de toutes les erreurs auxquelles notre pensée à tous est sujette[2].

Théétète. — C'est vrai.

L'étranger. — Et c'est précisément cette unique espèce d'ignorance que qualifie le nom d'ignare.

Théétète. — Parfaitement.

L'étranger. — Mais, à la partie de l'enseignement chargée de nous en délivrer, quel nom donner ?

d Théétète. — A mon avis, étranger, le reste est du ressort de l'enseignement des métiers ; mais l'enseignement dont tu parles, nous l'appelons, ici, l'éducation.

L'étranger. — Et c'est en effet son nom, Théétète, à peu près chez tous les Hellènes. Mais il nous faut encore examiner

1. Certaines images verbales : les « articulations naturelles » (*Phèdre*, 265 c), les « pailles » de l'objet (*Soph.* 268 a), comme toutes les images de chasse et de pêche, rendent cette logique vivante. D'autres, comme les sectionnements « en longueur et largeur » (*ib.*, 266 a), sont déjà visuelles et nous font comprendre que les figures de nos traités de Logique Formelle remontent au moins au temps de l'Académie. Cf. *Parménide*, p. 104, note 1.

2. Comparer *Apologie* 21 c/d, 23 a, 29 a, *Ménon* 84 a/c, *Banquet* 204 a, *Phèdre* 275 b, *Théét.* 210 e, etc., et Xénophon, *Mémorables*, IV, 2.

εἶναι ἢ πλείω, δύο δέ τινε αὐτῆς εἶναι μεγίστω ; σκόπει. b

ΘΕΑΙ. Σκοπῶ.

ΞΕ. Καί μοι δοκοῦμεν τῇδε ἂν πῃ τάχιστα εὑρεῖν.

ΘΕΑΙ. Πῇ ;

ΞΕ. Τὴν ἄγνοιαν ἰδόντες εἴ πῃ κατὰ μέσον αὐτῆς τομὴν ἔχει τινά. Διπλῆ γὰρ αὕτη γιγνομένη δῆλον ὅτι καὶ τὴν διδασκαλικὴν δύο ἀναγκάζει μόρια ἔχειν, ἓν ἐφ᾽ ἑνὶ τῶν αὐτῆς ἑκατέρῳ.

ΘΕΑΙ. Τί οὖν ; καταφανές πῄ σοι τὸ νῦν ζητούμενον ;

ΞΕ. Ἀγνοίας γοῦν μέγα τί μοι δοκῶ καὶ χαλεπὸν ἀφω- c
ρισμένον ὁρᾶν εἶδος, πᾶσι τοῖς ἄλλοις αὐτῆς ἀντίσταθμον μέρεσιν.

ΘΕΑΙ. Ποῖον δή ;

ΞΕ. Τὸ μὴ κατειδότα τι δοκεῖν εἰδέναι· δι᾽ οὗ κινδυνεύει πάντα ὅσα διανοίᾳ σφαλλόμεθα γίγνεσθαι πᾶσιν.

ΘΕΑΙ. Ἀληθῆ.

ΞΕ. Καὶ δὴ καὶ τούτῳ γε οἶμαι μόνῳ τῆς ἀγνοίας ἀμαθίαν τοὔνομα προσρηθῆναι.

ΘΕΑΙ. Πάνυ γε.

ΞΕ. Τί δὲ δὴ τῷ τῆς διδασκαλικῆς ἄρα μέρει τῷ τοῦτο ἀπαλλάττοντι λεκτέον ;

ΘΕΑΙ. Οἶμαι μὲν οὖν, ὦ ξένε, τὸ μὲν ἄλλο δημιουρ- d
γικὰς διδασκαλίας, τοῦτο δὲ ἐνθάδε γε παιδείαν δι᾽ ἡμῶν κεκλῆσθαι.

ΞΕ. Καὶ γὰρ σχεδόν, ὦ Θεαίτητε, ἐν πᾶσιν Ἕλλησιν. Ἀλλὰ γὰρ ἡμῖν ἔτι καὶ τοῦτο σκεπτέον, ἆρ᾽ ἄτομον

b 1 εἶναι om. Stob. || b 5 αὐτῆς edd. : αὐτῆς BTYW αὕτη Stob. b 7 ἑνὶ Y Stob. : ἑνὶ γένει BTW || c 1 γοῦν W : δ᾽ οὖν BTY τ᾽ οὖν Stobaei L || ἀφωρισμένον : ἀφοριζόμενον Stob. || c 2 αὐτῆς ἀντίσταθμον : αὐτόν -μοῦν Stob. || c 6 διανοίᾳ : δι᾽ ἀγνοίας Stobaei L || c 8 μόνῳ : μορίῳ Badham || c 9 ἀμαθίαν W Stob. : -ία BTY || c 11 τῷ ante τῆς om. Stob. || d 1 οὖν om. W Stob. || δημιουργικάς : -ική Stob. || d 2 δι᾽ : ὑφ᾽ W Stob. || d 5 ἡμῖν : ἐν ἡμῖν BW || σκεπτέον : ἐπι- Stob. || ἆρ᾽ ἄτομον W et in marg. t : εἰ ἄτ- BTY ἐξάτ- Stobaei L.

si nous avons là un tout désormais indivisible, ou bien s'il offre quelque division sur laquelle il vaille la peine de mettre des noms.

Théétète. — Il n'y a donc qu'à faire cet examen.

L'Étranger. — Je crois, au fait, trouver encore ici où pratiquer une coupure.

Théétète. — Où donc ?

L'Étranger. — Dans l'enseignement par le discours, l'un
e des chemins qui s'offrent est, semble-t-il, plus raboteux. Mais son second embranchement est mieux aplani.

Théétète. — Quels sont-ils, l'un et l'autre ?

L'Étranger. — Il y a d'abord la vieille manière de nos pères, celle qu'ils employaient de préférence avec leurs fils et que beaucoup emploient encore aujourd'hui quand ils les voient
230 a tomber en quelque faute : la gronderie y alterne avec le ton plus tendre de l'exhortation. En son ensemble, on pourrait très justement l'appeler admonestation.

Théétète. — C'est bien cela.

L'Étranger. — Quant à l'autre méthode, il semble que certains en soient venus, au contraire, après mûre réflexion, aux pensées suivantes : toute ignorance est involontaire, et celui qui se croit sage se refusera toujours à rien apprendre de ce en quoi il s'imagine habile ; aussi, pour tant de peine que se donne l'admonestation, cette forme d'éducation a-t-elle peu d'efficace [1].

Théétète. — Ils ont raison.

b L'Étranger. — Aussi, se proposant d'expulser une telle illusion, s'arment-ils contre elle d'une méthode nouvelle.

Théétète. — Laquelle donc ?

L'Étranger. — Ils posent, à leur homme, des questions auxquelles, croyant répondre quelque chose de valable, il ne répond cependant rien qui vaille ; puis, vérifiant aisément la vanité d'opinions aussi errantes, ils les rassemblent dans leur critique, les confrontent les unes avec les autres et, par cette confrontation, les démontrent, sur les mêmes objets, aux mêmes points de vue, sous les mêmes rapports, mutuellement contradictoires [2]. Ce que voyant, les interlocuteurs

1. Cf. *Notice*, p. 8, et *Protagoras*, 324 a-326 e.

2. C'est la méthode socratique, qu'on retrouvera partout dans les dialogues de Platon. Xénophon, *Mémorables*, IV, 2, § 15-21, en donne une illustration très développée.

ἤδη ἐστὶ πᾶν ἤ τινα ἔχον διαίρεσιν ἀξίαν ἐπωνυμίας.

ΘΕΑΙ. Οὐκοῦν χρὴ σκοπεῖν.

ΞΕ. Δοκεῖ τοίνυν μοι καὶ τοῦτο ἔτι πῃ σχίζεσθαι.

ΘΕΑΙ. Κατὰ τί;

ΞΕ. Τῆς ἐν τοῖς λόγοις διδασκαλικῆς ἡ μὲν τραχυτέρα τις ἔοικεν ὁδὸς εἶναι, τὸ δ' ἕτερον αὐτῆς μόριον λειότερον. e

ΘΕΑΙ. Τὸ ποῖον δὴ τούτων ἑκάτερον λέγομεν;

ΞΕ. Τὸ μὲν ἀρχαιοπρεπές τι πάτριον, ᾧ πρὸς τοὺς ὑεῖς μάλιστ' ἐχρῶντό τε καὶ ἔτι πολλοὶ χρῶνται τὰ νῦν, ὅταν αὐτοῖς ἐξαμαρτάνωσί τι, τὰ μὲν χαλεπαίνοντες, τὰ δὲ 230 a μαλθακωτέρως παραμυθούμενοι· τὸ δ' οὖν σύμπαν αὐτὸ ὀρθότατα εἴποι τις ἂν νουθετητικήν.

ΘΕΑΙ. Ἔστιν οὕτως.

ΞΕ. Τὸ δέ γε, εἴξασί τινες αὖ λόγον ἑαυτοῖς δόντες ἡγήσασθαι πᾶσαν ἀκούσιον ἀμαθίαν εἶναι, καὶ μαθεῖν οὐδέν ποτ' ἂν ἐθέλειν τὸν οἰόμενον εἶναι σοφὸν τούτων ὧν οἴοιτο πέρι δεινὸς εἶναι, μετὰ δὲ πολλοῦ πόνου τὸ νουθετητικὸν εἶδος τῆς παιδείας σμικρὸν ἀνύτειν.

ΘΕΑΙ. Ὀρθῶς γε νομίζοντες.

ΞΕ. Τῷ τοι ταύτης τῆς δόξης ἐπὶ ἐκβολὴν ἄλλῳ τρόπῳ b στέλλονται.

ΘΕΑΙ. Τίνι δή;

ΞΕ. Διερωτῶσιν ὧν ἂν οἴηταί τίς τι πέρι λέγειν λέγων μηδέν· εἶθ' ἅτε πλανωμένων τὰς δόξας ῥᾳδίως ἐξετάζουσι, καὶ συνάγοντες δὴ τοῖς λόγοις εἰς ταὐτὸν τιθέασι παρ' ἀλλήλας, τιθέντες δὲ ἐπιδεικνύουσιν αὐτὰς αὑταῖς ἅμα περὶ τῶν αὐτῶν πρὸς τὰ αὐτὰ κατὰ ταὐτὰ ἐναντίας. Οἱ δ'

d 6 ἐστιν ἤδη Stob. || ἔχον : -ει W Stob. || **d** 8 καὶ : κατὰ Hermann **e** 1 μόριον αὐτῆς W Stob. || **e** 2 λέγομεν W Stob. : -ωμεν BTY || **e** 3 τὸ μὲν om. Stobaei L || **230 a** 1 τι om. TY || **a** 5 ante εἴξασι add. ὡς corr. Ven. 189 || **a** 6 οὐδέν BW : οὐδὰν T οὐδὲ Y Stob. || **a** 7 ποτ' ἂν : τ' ἂν Stobaei L || εἶναι σοφὸν et mox ὧν om. Stobaei L || οἴοιτο : οἷοί τε Stobaei L || **b** 1 τῷ : καὶ γάρ TY || **b** 6 συνάγοντες : -ουσι Stob. || ταὐτόν τε Stob. || **b** 7 αὑταῖς Coisl. 155 : αὐταῖς TYW, Stobaei L αὐτοῖς B.

en conçoivent du mécontentement contre eux-mêmes et des
dispositions plus conciliantes envers autrui. Par un tel trai-
c tement, tout ce qu'ils avaient sur eux-mêmes d'opinions
orgueilleuses et cassantes leur est enlevé, ablation où l'audi-
teur trouve le plus grand charme, et le patient, le profit le
plus durable [1]. Un principe, en effet, mon jeune ami, inspire
ceux qui pratiquent cette méthode purgative, celui-là même
qui fait dire, aux médecins du corps, que, de la nourriture
qu'on lui fournit, le corps ne saurait tirer profit tant que les
obstacles internes ne seront évacués [2]. Ils se sont donc fait, à
d propos de l'âme, la même idée : elle ne tirera, de ce qu'on
lui peut ingérer de sciences, aucun bénéfice jusqu'à ce qu'on
l'ait soumise à la réfutation et que, par cette réfutation, lui
faisant honte d'elle-même, on l'ait débarrassée des opinions
qui ferment les voies à l'enseignement, amenée à l'état de
pureté manifeste et à croire savoir tout juste ce qu'elle sait,
mais pas davantage.

Théétète. — C'est, à coup sûr, la disposition la meilleure et la plus sensée.

L'Étranger. — Voilà donc autant de raisons pour nous,
Théétète, de déclarer que la réfutation est ce qu'il y a de plus
important et de plus efficace en fait de purification, et de
croire aussi que rester soustrait à cette épreuve, c'est, fût-on
e le Grand Roi, rester impurifié des plus grandes souillures et
garder inéducation et laideur en ces parties de soi-même où
la plus grande pureté, la plus parfaite beauté est requise de
qui veut posséder la véritable béatitude [3].

Théétète. — Absolument.

L'Étranger. — Eh bien, quel nom donnerons-nous à ceux
qui pratiquent cet art ? Car j'ai, moi, quelque crainte à les
231 a nommer sophistes.

Théétète. — Quelle crainte ?

L'Étranger. — De faire, aux sophistes, trop d'honneur.

Théétète. — Et pourtant il y a quelque similitude entre leur personnage et celui que nous venons de dire.

1. Comparer *Théét.* 168 a, 210 c ; *Apol.* 23 c.

2. Cf. *Gorgias*, 504 e/505 a, Hippocrate, *Aphorisme* 10, et Plutarque, *De sanitate tuenda praecepta*, 128 d/e.

3. Cf. *Gorgias* 458 a, 471 a (le cas d'Archélaos), *Apol.* 38 a.

δρῶντες ἑαυτοῖς μὲν χαλεπαίνουσι, πρὸς δὲ τοὺς ἄλλους
ἡμεροῦνται, καὶ τούτῳ δὴ τῷ τρόπῳ τῶν περὶ αὐτοὺς
μεγάλων καὶ σκληρῶν δοξῶν ἀπαλλάττονται πασῶν τε c
ἀπαλλαγῶν ἀκούειν τε ἡδίστην καὶ τῷ πάσχοντι βεβαιό-
τατα γιγνομένην. Νομίζοντες γάρ, ὦ παῖ φίλε, οἱ καθαί-
ροντες αὐτούς, ὥσπερ οἱ περὶ τὰ σώματα ἰατροὶ νενο-
μίκασι μὴ πρότερον ἂν τῆς προσφερομένης τροφῆς
ἀπολαύειν δύνασθαι σῶμα, πρὶν ἂν τὰ ἐμποδίζοντα ἐν
αὐτῷ τις ἐκβάλῃ, ταὐτὸν καὶ περὶ ψυχῆς διενοήθησαν
ἐκεῖνοι, μὴ πρότερον αὐτὴν ἕξειν τῶν προσφερομένων
μαθημάτων ὄνησιν, πρὶν ἂν ἐλέγχων τις τὸν ἐλεγχόμενον d
εἰς αἰσχύνην καταστήσας, τὰς τοῖς μαθήμασιν ἐμποδίους
δόξας ἐξελών, καθαρὸν ἀποφήνῃ καὶ ταῦτα ἡγρύμενον
ἅπερ οἶδεν εἰδέναι μόνα, πλείω δὲ μή.

ΘΕΑΙ. Βελτίστη γοῦν καὶ σωφρονεστάτη τῶν ἕξεων αὕτη.

ΞΕ. Διὰ ταῦτα δὴ πάντα ἡμῖν, ὦ Θεαίτητε, καὶ τὸν
ἔλεγχον λεκτέον ὡς ἄρα μεγίστη καὶ κυριωτάτη τῶν καθάρ-
σεών ἐστι, καὶ τὸν ἀνέλεγκτον αὖ νομιστέον, ἂν καὶ
τυγχάνῃ βασιλεὺς ὁ μέγας ὤν, τὰ μέγιστα ἀκάθαρτον ὄντα, e
ἀπαίδευτόν τε καὶ αἰσχρὸν γεγονέναι ταῦτα ἃ καθαρώτατον
καὶ κάλλιστον ἔπρεπε τὸν ὄντως ἐσόμενον εὐδαίμονα εἶναι.

ΘΕΑΙ. Παντάπασι μὲν οὖν.

ΞΕ. Τί δέ ; τοὺς ταύτῃ χρωμένους τῇ τέχνῃ τίνας
φήσομεν ; ἐγὼ μὲν γὰρ φοβοῦμαι σοφιστὰς φάναι. 231 a

ΘΕΑΙ. Τί δή ;

ΞΕ. Μὴ μεῖζον αὐτοῖς προσάπτωμεν γέρας.

ΘΕΑΙ. Ἀλλὰ μὴν προσέοικέ γε τοιούτῳ τινὶ τὰ νῦν εἰρημένα.

c 1 τε : om. Stob. τοι susp. Apelt || c 6 ἄν BT : om. YW, Stobaei L || ἐν αὐτῷ : ἐντός (ex ἐκτός corr.) Stobaei L || c 7 ἐκβάλῃ : -λλῃ ex λει Y -λλει W || d 5 γοῦν : οὖν Y || d 9 τὸν : τὸ T[1] || e 1 ὤν : ὄν B || 231 a 1 μὲν om. W || γὰρ om. Y || a 3 προσάπτωμεν TY : -πτομεν B -γωμεν W || a 4 γε W : om. BTY.

L'ÉTRANGER. — Comme entre chien et loup, en effet, comme entre la bête la plus sauvage et l'animal le plus apprivoisé. Or, pour se bien assurer, c'est, par-dessus tout, à l'égard des ressemblances qu'il se faut tenir en garde perpétuelle : c'est un genre, en effet, extrêmement glissant. Mais qu'ils soient
les mêmes, passe pour l'instant, car ce ne sera point minime
b conflit de termes qui s'élèvera, sitôt qu'ils observeront une
garde rigoureuse[1].

THÉÉTÈTE. — C'est, du moins, vraisemblable.

L'ÉTRANGER. — Posons donc, comme partie de l'art de trier, l'art de purifier. Dans ce dernier, séparons la portion qui a pour objet l'âme. Mettons-y à part l'art d'enseignement et, dans celui-ci, l'art d'éducation. Enfin, dans l'art d'éducation, le présent argument nous est venu montrer, d'aventure, s'exerçant autour d'un vain semblant de sagesse, une méthode de réfutation en laquelle nous n'avons point à voir autre chose que l'authentique et vraiment noble sophistique.

THÉÉTÈTE. — Appelons-la de ce nom. Mais me voici embar-
c rassé devant la multiplicité de ces aspects : comment, si je
veux donner formule véridique et assurée, dois-je réellement définir le sophiste ?

L'ÉTRANGER. — Ton embarras se conçoit. Mais le sien, il faut croire, est bien grand, à cette heure, à chercher quelque issue qui le dérobe à l'argumentation ; car le proverbe a raison : « ce n'est point chose facile que de les esquiver toutes ». C'est l'heure donc, et plus que jamais, de lui courir sus.

THÉÉTÈTE. — Bien parlé.

Récapitulation des définitions.

L'ÉTRANGER. — Arrêtons-nous donc d'abord pour reprendre haleine. Entre nous, durant cette pause, faisons notre
d compte. Voyons : sous combien d'aspects le sophiste nous
est-il apparu ? En premier lieu, je crois, nous avons trouvé qu'il est chasseur intéressé de jeunes gens riches[2].

THÉÉTÈTE. — Oui.

L'ÉTRANGER. — En second lieu, gros négociant dans les sciences à l'usage de l'âme.

1. Concession momentanée (cf. *infra* 231 e), *car* il y aura conflit de termes (ὅρος = *notion* et *frontière*) si les purificateurs *gardent* bien leur domaine.

2. Cf. Xén. (?), *Cynégétique*, 13, et notre *Notice*, p. 240.

ΞΕ. Καὶ γὰρ κυνὶ λύκος, ἀγριώτατον ἡμερωτάτῳ. Τὸν
δὲ ἀσφαλῆ δεῖ πάντων μάλιστα περὶ τὰς ὁμοιότητας ἀεὶ
ποιεῖσθαι τὴν φυλακήν· ὀλισθηρότατον γὰρ τὸ γένος.
Ὅμως δὲ ἔστωσαν· οὐ γὰρ περὶ σμικρῶν ὅρων τὴν ἀμφισ-
βήτησιν οἴομαι γενήσεσθαι τότε ὁπόταν ἱκανῶς φυλάτ- b
τωσιν.

ΘΕΑΙ. Οὔκουν τό γε εἰκός.

ΞΕ. Ἔστω δὴ διακριτικῆς τέχνης καθαρτική, καθαρ-
τικῆς δὲ τὸ περὶ ψυχὴν μέρος ἀφωρίσθω, τούτου δὲ
διδασκαλική, διδασκαλικῆς δὲ παιδευτική· τῆς δὲ παιδευ-
τικῆς ὁ περὶ τὴν μάταιον δοξοσοφίαν γιγνόμενος ἔλεγχος
ἐν τῷ νῦν λόγῳ παραφανέντι μηδὲν ἄλλ' ἡμῖν εἶναι λεγέσθω
πλὴν ἡ γένει γενναία σοφιστική.

ΘΕΑΙ. Λεγέσθω μέν· ἀπορῶ δὲ ἔγωγε ἤδη διὰ τὸ πολλὰ
πεφάνθαι, τί χρή ποτε ὡς ἀληθῆ λέγοντα καὶ διισχυριζό- c
μενον εἰπεῖν ὄντως εἶναι τὸν σοφιστήν.

ΞΕ. Εἰκότως γε σὺ ἀπορῶν. Ἀλλά τοι κἀκεῖνον ἡγεῖσθαι
χρὴ νῦν ἤδη σφόδρα ἀπορεῖν ὅπῃ ποτὲ ἔτι διαδύσεται τὸν
λόγον· ὀρθὴ γὰρ ἡ παροιμία, τὸ τὰς ἁπάσας μὴ ῥᾴδιον
εἶναι διαφεύγειν. Νῦν οὖν καὶ μάλιστα ἐπιθετέον αὐτῷ.

ΘΕΑΙ. Καλῶς λέγεις.

ΞΕ. Πρῶτον δὴ στάντες οἷον ἐξαναπνεύσωμεν, καὶ
πρὸς ἡμᾶς αὐτοὺς διαλογισώμεθα ἅμα ἀναπαυόμενοι, φέρε,
ὁπόσα ἡμῖν ὁ σοφιστὴς πέφανται. Δοκῶ μὲν γάρ, τὸ d
πρῶτον ηὑρέθη νέων καὶ πλουσίων ἔμμισθος θηρευτής.

ΘΕΑΙ. Ναί.

ΞΕ. Τὸ δέ γε δεύτερον ἔμπορός τις περὶ τὰ τῆς ψυχῆς
μαθήματα.

a 6 ἀγριώτατον : -τερον B || a 7 ἀεὶ om. Stob. (*Anthol.* II 24) || a 9 ἔστωσαν codd. : ἔστων Schanz ἴστω Burnet || ὅρων : ὁρῶν T || b 1 φυλάττωσιν recte codd. : -άττωμεν Schanz -αχθῶσιν Heindorf φωραθῶσιν Madvig φανῶσιν Richards || b 3 τό γε : τό τε W || b 10 τὸ : τὰ Y || d 1 γάρ W : γὰρ ἂν BTY γὰρ δή Schanz || d 2 καὶ secl. Cobet sed uide Xenoph. *Cyneg.* XIII, 9 πλουσίους καὶ νέους θηρῶνται.

THÉÉTÈTE. — Parfaitement.

L'ÉTRANGER. — Sous son troisième aspect et pour les dites sciences, n'est-ce pas comme détaillant qu'il s'est manifesté ?

THÉÉTÈTE. — Si, et le quatrième personnage qu'il nous montra fut celui de fabricant vendeur en ces mêmes sciences.

L'ÉTRANGER. — Ta mémoire est fidèle. Quant à son cinquième rôle, c'est moi qui essaierai de le remémorer. C'est,
e au fait, à l'art de la lutte qu'il se rattachait comme athlète en discours, et, pour sa part, il s'était réservé l'éristique[1].

THÉÉTÈTE. — C'est exact.

L'ÉTRANGER. — Son sixième aspect prêtait à discussion. Nous le lui avons pourtant reconnu en acceptant de dire que c'est lui qui purifie l'âme des opinions qui font obstacle aux sciences[2].

THÉÉTÈTE. — Parfaitement.

232 a L'ÉTRANGER. — Ne fais-tu pas cette réflexion, quand un homme nous apparaît doué de multiples savoirs, bien que le nom d'un seul art nous serve à le désigner, que c'est là une apparence où il n'y a rien de sain, et qu'elle ne s'impose, évidemment, à propos d'un art donné, que parce qu'on ne sait y trouver le centre où viennent s'unifier tous ces savoirs, et qu'on est ainsi réduit à mettre, sur qui les possède, plusieurs noms au lieu d'un seul ?

THÉÉTÈTE. — C'est bien là, probablement, l'explication la plus naturelle.

b L'ÉTRANGER. — A nous, au moins, de ne pas être assez paresseux pour laisser ainsi notre enquête à mi-chemin. Revenons plutôt d'abord à nos définitions du sophiste. L'une d'elles, en effet, m'a réellement paru le déceler le mieux.

THÉÉTÈTE. — Laquelle ?

L'ÉTRANGER. — Nous l'avons, je crois, appelé contradicteur.

THÉÉTÈTE. — Oui.

1. Cf. *supra* 225 a-226 a, et *Notice*, p. 5. Pour l'assimilation de la joute oratoire à la joute gymnastique, outre *Gorgias* (456 d), voir aussi *Philèbe* 41 b, *Thééthète* 167 e, et surtout le début de l'*Euthydème*. Ce dialogue est, d'ailleurs, l'illustration la plus vivante du rôle éristique des sophistes.

2. Cf. *supra* 231 b, et *Crat.* 396 e, où Socrate, après s'être servi, en se jouant, d'une science étymologique empruntée, compte s'adresser, pour s'en purifier, « à ceux qui savent accomplir ces purifications, soit à un prêtre, soit à un sophiste ».

ΘΕΑΙ. Πάνυ γε.

ΞΕ. Τρίτον δὲ ἆρα οὐ περὶ αὐτὰ ταῦτα κάπηλος ἀνεφάνη ;

ΘΕΑΙ. Ναί, καὶ τέταρτόν γε αὐτοπώλης περὶ τὰ μαθήματα ἡμῖν ⟨ἦν⟩.

ΞΕ. Ὀρθῶς ἐμνημόνευσας. Πέμπτον δ᾽ ἐγὼ πειράσομαι μνημονεύειν· τῆς γὰρ ἀγωνιστικῆς περὶ λόγους ἦν τις e
ἀθλητής, τὴν ἐριστικὴν τέχνην ἀφωρισμένος.

ΘΕΑΙ. Ἦν γὰρ οὖν.

ΞΕ. Τό γε μὴν ἕκτον ἀμφισβητήσιμον μέν, ὅμως δ᾽ ἔθεμεν αὐτῷ συγχωρήσαντες δοξῶν ἐμποδίων μαθήμασιν περὶ ψυχὴν καθαρτὴν αὐτὸν εἶναι.

ΘΕΑΙ. Παντάπασι μὲν οὖν.

ΞΕ. Ἆρ᾽ οὖν ἐννοεῖς, ὅταν ἐπιστήμων τις πολλῶν φαί- 232 a
νηται, μιᾶς δὲ τέχνης ὀνόματι προσαγορεύηται, τὸ φάντασμα τοῦτο ὡς οὐκ ἔσθ᾽ ὑγιές, ἀλλὰ δῆλον ὡς ὁ πάσχων αὐτὸ πρός τινα τέχνην οὐ δύναται κατιδεῖν ἐκεῖνο αὐτῆς εἰς ὃ πάντα τὰ μαθήματα ταῦτα βλέπει, διὸ καὶ πολλοῖς ὀνόμασιν ἀνθ᾽ ἑνὸς τὸν ἔχοντα αὐτὰ προσαγορεύει ;

ΘΕΑΙ. Κινδυνεύει τοῦτο ταύτῃ πῃ μάλιστα πεφυκέναι.

ΞΕ. Μὴ τοίνυν ἡμεῖς γε αὐτὸ ἐν τῇ ζητήσει δι᾽ ἀργίαν b
πάσχωμεν, ἀλλ᾽ ἀναλάβωμεν πρῶτον τῶν περὶ τὸν σοφιστὴν εἰρημένων. Ἓν γάρ τί μοι μάλιστα κατεφάνη αὐτὸν μηνῦον.

ΘΕΑΙ. Τὸ ποῖον ;

ΞΕ. Ἀντιλογικὸν αὐτὸν ἔφαμεν εἶναί που.

ΘΕΑΙ. Ναί.

d 7 αὐτὰ W : ταὐτὰ BT ταυτὰ Y || **d** 8 post ἀνεφάνη add. εἶναι W || **d** 10 ἦν add. Heindorf || **e** 1 γὰρ ἀγωνιστικῆς : παραγω- B || **e** 4-5 δ᾽ ἔθεμεν : δὲ θέμεν T -θῶμεν Y || μαθήμασιν : μάθησιν B || **e** 6 καθαρτὴν T : καθάρτην YWt sine accentu B || **232 a** 2 φάντασμα : φάσμα W || **b** 1 τῇ om. W || **b** 2 πρῶτον : ἓν πρῶτον Heindorf πρῶτόν τί corr. Paris. 1808 || **b** 3 κατεφάνη μάλιστα W || αὐτὸν : αὐτὸ TY || **b** 6 ἔφαμεν : φαμὲν Y.

L'ÉTRANGER. — Eh bien, n'en suit-il point qu'aux autres il enseigne le même art ?

THÉÉTÈTE. — Comment ne pas le conclure ?

L'ÉTRANGER. — Examinons donc sur quelles matières ces gens prétendent former des contradicteurs. Cet examen, voici, à peu près, comment nous l'entreprendrons. Voyons, sur celles
c des choses divines qui restent cachées aux regards vulgaires, donnent-ils une telle compétence ?

THÉÉTÈTE. — On prétend au moins qu'ils la donnent.

L'ÉTRANGER. — Et sur tout ce qu'offrent de visible la terre, le ciel, et leurs phénomènes ?

THÉÉTÈTE. — Bien sûr.

L'ÉTRANGER. — Mais, dans les réunions de caractère privé, sur toute question générale de devenir ou d'être, nous les voyons, n'est-ce pas, habiles eux-mêmes à contredire et communiquant aux autres leur propre capacité ?

THÉÉTÈTE. — Absolument.

d L'ÉTRANGER. — Maintenant, sur les lois et tout l'ensemble des choses politiques, est-ce qu'ils ne s'engagent pas à former de bons disputeurs ?

THÉÉTÈTE. — Ils n'auraient, l'on peut dire, personne à suivre leurs entretiens s'ils ne prenaient cet engagement[1].

L'ÉTRANGER. — Quant à la dispute sur l'ensemble des arts et sur chacun en particulier, les arguments qu'il y faut tenir pour contredire chaque praticien en sa spécialité même sont connus, je puis dire, de tout le monde, couchés qu'ils sont par écrit sous les yeux de qui les veut apprendre.

THÉÉTÈTE. — C'est des écrits de Protagoras, ce semble, que
e tu veux parler, sur la palestre et sur les autres arts[2].

L'ÉTRANGER. — Et de ceux de beaucoup d'autres encore, mon cher ami. Mais, au fait, le propre de cet art de contradiction n'est-il pas, ce semble, essentiellement, une aptitude toujours prête à disputer sur quelque matière que ce soit[3] ?

1. Pour les promesses des sophistes, cf. *Gorgias*, 456 b/c.

2. Cf. Diog. Laert. IX, 8, 55, H. Gomperz, *Sophistik u. Rhetorik*, p. 132, et Th. Gomperz, *Les Penseurs de la Grèce*, I, p. 493.

3. Ainsi les sophistes de l'*Euthydème* sont toujours prêts à réfuter tout ce qu'on pourra dire (272 a/b). Le Thomas Diafoirus de notre *Malade Imaginaire* s'est, lui aussi, rendu redoutable dans les luttes de l'école : « il ne s'y passe point d'acte où il n'aille argumenter à outrances pour la proposition contraire ».

ΞΕ. Τί δ'; οὐ καὶ τῶν ἄλλων αὐτοῦ τούτου διδάσκαλον γίγνεσθαι;

ΘΕΑΙ. Τί μήν;

ΞΕ. Σκοπῶμεν δή, περὶ τίνος ἄρα καί φασιν οἱ τοιοῦτοι ποιεῖν ἀντιλογικούς. Ἡ δὲ σκέψις ἡμῖν ἐξ ἀρχῆς ἔστω τῇδέ πῃ. Φέρε, περὶ τῶν θείων, ὅσ' ἀφανῆ τοῖς πολλοῖς, c
ἆρ' ἱκανοὺς ποιοῦσι τοῦτο δρᾶν;

ΘΕΑΙ. Λέγεται γοῦν δὴ περὶ αὐτῶν ταῦτα.

ΞΕ. Τί δ' ὅσα φανερὰ γῆς τε καὶ οὐρανοῦ καὶ τῶν περὶ τὰ τοιαῦτα;

ΘΕΑΙ. Τί γάρ;

ΞΕ. Ἀλλὰ μὴν ἔν γε ταῖς ἰδίαις συνουσίαις, ὁπόταν γενέσεώς τε καὶ οὐσίας πέρι κατὰ πάντων λέγηταί τι, σύνισμεν ὡς αὐτοί τε ἀντειπεῖν δεινοὶ τούς τε ἄλλους ὅτι ποιοῦσιν ἅπερ αὐτοὶ δυνατούς;

ΘΕΑΙ. Παντάπασί γε.

ΞΕ. Τί δ' αὖ περὶ νόμων καὶ συμπάντων τῶν πολιτικῶν, d
ἆρ' οὐχ ὑπισχνοῦνται ποιεῖν ἀμφισβητητικούς;

ΘΕΑΙ. Οὐδεὶς γὰρ ἂν αὐτοῖς ὡς ἔπος εἰπεῖν διελέγετο μὴ τοῦτο ὑπισχνουμένοις.

ΞΕ. Τά γε μὴν περὶ πασῶν τε καὶ κατὰ μίαν ἑκάστην τέχνην, ἃ δεῖ πρὸς ἕκαστον αὐτὸν τὸν δημιουργὸν ἀντειπεῖν, δεδημοσιωμένα που καταβέβληται γεγραμμένα τῷ βουλομένῳ μαθεῖν.

ΘΕΑΙ. Τὰ Πρωταγόρειά μοι φαίνῃ περί τε πάλης καὶ τῶν ἄλλων τεχνῶν εἰρηκέναι. e

ΞΕ. Καὶ πολλῶν γε, ὦ μακάριε, ἑτέρων. Ἀτὰρ δὴ τὸ τῆς ἀντιλογικῆς τέχνης ἆρ' οὐκ ἐν κεφαλαίῳ περὶ πάντων πρὸς ἀμφισβήτησιν ἱκανή τις δύναμις ἔοικ' εἶναι;

b 8 τούτου om. Y || c 3 γοῦν W : οὖν BTY || c 8 οὐσίας : οἰκίας T || c 9 τε post αὐτοί : γε Y || δεινοὶ : δυνατοὶ W || ὅτι secl. Cobet || d 1 τῶν om. W || d 2 ἀμφισβητητικούς : -βητικούς TY || d 3 αὐτοῖς post εἰπεῖν transp. W || d 6 αὐτόν : αὐτὸ B || d 7 που om. B || d 9 τε : τῆς Y || e 2 γε om. Y.

Théétète. — Il apparaît, au moins, qu'à peu près aucune matière ne lui échappe.

L'étranger. — Mais, toi, par les dieux, mon jeune ami, crois-tu cela possible ? Peut-être qu'en effet, vous, les jeunes, vous voyez cela d'une vue plus pénétrante, et nous, d'une vue plus émoussée.

233 a Théétète. — Quoi, cela ? A quoi penses-tu, au juste ? Je ne vois pas encore clairement quelle question tu poses là.

L'étranger. — S'il est possible qu'un homme sache tout.

Théétète. — Nous serions, à ce compte, étranger, une race de bienheureux.

L'étranger. — Comment donc alors, contredisant celui qui sait, celui qui ne sait pas pourrait-il jamais dire quelque chose de sain[1] ?

Théétète. — D'aucune manière.

L'étranger. — Qu'est-ce donc qui peut donner à la sophistique cette prestigieuse puissance ?

Théétète. — Laquelle ?

Les arts d'illusion : la mimétique.

b L'étranger. — Comment peuvent bien s'y prendre ces hommes pour réussir à faire accroire à la jeunesse qu'eux seuls, sur tous sujets, sont plus savants que tout le monde ? La chose est claire, en effet : si, comme contradicteurs, ils n'avaient raison ou ne paraissaient, à cette jeunesse, avoir raison ; si, alors même, leur habileté de disputeurs n'ajoutait encore quelque lustre à leur sagesse, ce serait le cas de dire avec toi qu'on ne viendrait guère volontiers leur donner de l'argent pour se former à ces deux arts[2].

Théétète. — Assurément.

L'étranger. — Or, au fait, on y vient de bon gré ?

Théétète. — De fort bon gré.

c L'étranger. — C'est qu'ils semblent, j'imagine, posséder un savoir personnel sur tous les sujets où ils contredisent.

Théétète. — Inévitablement.

L'étranger. — Or ils le font à propos de tout, selon nous ?

1. Comparer *Gorgias* 459 a/c : le rhéteur n'a pas besoin d'un *savoir*, mais seulement d'un *savoir dire*, et, devant ceux qui ne savent pas, lui, qui ne sait pas, sera plus persuasif que, par exemple, le médecin, qui sait.

2. Cf. *supra* 232 d, et, pour une tournure analogue, *Théét.* 179 a.

ΘΕΑΙ. Φαίνεται γοῦν δὴ σχεδὸν οὐδὲν ὑπολιπεῖν.

ΞΕ. Σὺ δὴ πρὸς θεῶν, ὦ παῖ, δυνατὸν ἡγῇ τοῦτο ; τάχα γὰρ ἂν ὑμεῖς μὲν ὀξύτερον οἱ νέοι πρὸς αὐτὸ βλέποιτε, ἡμεῖς δὲ ἀμβλύτερον.

ΘΕΑΙ. Τὸ ποῖον, καὶ πρὸς τί μάλιστα λέγεις ; οὐ γάρ 233 a
που κατανοῶ τὸ νῦν ἐρωτώμενον.

ΞΕ. Εἰ πάντα ἐπίστασθαί τινα ἀνθρώπων ἐστὶ δυνατόν.

ΘΕΑΙ. Μακάριον μεντἂν ἡμῶν, ὦ ξένε, ἦν τὸ γένος.

ΞΕ. Πῶς οὖν ἄν ποτέ τις πρός γε τὸν ἐπιστάμενον αὐτὸς ἀνεπιστήμων ὢν δύναιτ' ἂν ὑγιές τι λέγων ἀντειπεῖν ;

ΘΕΑΙ. Οὐδαμῶς.

ΞΕ. Τί ποτ' οὖν ἂν εἴη τὸ τῆς σοφιστικῆς δυνάμεως θαῦμα ;

ΘΕΑΙ. Τοῦ δὴ πέρι ;

ΞΕ. Καθ' ὅντινα τρόπον ποτὲ δυνατοὶ τοῖς νέοις δόξαν b
παρασκευάζειν ὡς εἰσὶ πάντα πάντων αὐτοὶ σοφώτατοι. Δῆλον γὰρ ὡς εἰ μήτε ἀντέλεγον ὀρθῶς μήτε ἐκείνοις ἐφαίνοντο, φαινόμενοί τε εἰ μηδὲν αὖ μᾶλλον ἐδόκουν διὰ τὴν ἀμφισβήτησιν εἶναι φρόνιμοι, τὸ σὸν δὴ τοῦτο, σχολῇ ποτ' ἂν αὐτοῖς τις χρήματα διδοὺς ἤθελεν ἂν τούτων αὐτῶν μαθητὴς γίγνεσθαι.

ΘΕΑΙ. Σχολῇ μεντἄν.

ΞΕ. Νῦν δέ γ' ἐθέλουσιν ;

ΘΕΑΙ. Καὶ μάλα.

ΞΕ. Δοκοῦσι γὰρ οἶμαι πρὸς ταῦτα ἐπιστημόνως ἔχειν c
αὐτοὶ πρὸς ἅπερ ἀντιλέγουσιν.

ΘΕΑΙ. Πῶς γὰρ οὔ ;

ΞΕ. Δρῶσι δέ γε τοῦτο πρὸς ἅπαντα, φαμέν ;

e 5 δὴ om. BT || ὑπολιπεῖν : ὑπολει- Y[1] || **e** 6 σὺ δή... **233 a** 4 γένος habet Stob. *Anthol.* lib. III cap. 1, 184 (vol. III, p. 131 Hense) || **e** 6 δή : δὲ δή W || **e** 7 ἂν om. Stob. || αὐτὸ : -όν Y -ῷ Heindorf || **233 a** 2 που : πω Stob. || **a** 8 τὸ om. 1Y || **b** 1 δυνατοί : -οῖς W[1] ut uidetur || τοῖς om. W || **b** 4 ante μηδὲν add. μὴ B || αὖ om. W || **b** 5 τὸ σόν t : τόσον BTYW || **b** 6 τις : τί Y.

THÉÉTÈTE. — Oui.

L'ÉTRANGER. — Ils font donc, à leurs disciples, l'effet d'être omniscients [1].

THÉÉTÈTE. — Comment donc !

L'ÉTRANGER. — Sans l'être, en fait ; car l'être est impossible, nous l'avons vu.

THÉÉTÈTE. — Comment ne serait-ce pas impossible ?

L'ÉTRANGER. — C'est donc, nous le voyons, un faux semblant de science universelle, ce n'en est point la réalité que le sophiste possède.

d THÉÉTÈTE. — Absolument, et la formule risque bien d'être la plus juste qu'on puisse trouver au sujet de ces gens-là.

L'ÉTRANGER. — Prenons maintenant, à leur propos, un exemple plus clair.

THÉÉTÈTE. — Lequel donc ?

L'ÉTRANGER. — Celui-ci. Essaie de me suivre bien attentivement pour me répondre.

THÉÉTÈTE. — A quoi ?

L'ÉTRANGER. — Celui qui affirmerait qu'il sait, non point dire ni contredire, mais produire et faire, par un art unique,
e toutes choses absolument....

THÉÉTÈTE. — Qu'entends-tu par toutes choses ?

L'ÉTRANGER. — C'est le principe même de notre explication qui, tout de suite, t'échappe, puisque, à mon « toutes choses absolument », tu as l'air de rien comprendre.

THÉÉTÈTE. — Rien du tout, en effet.

L'ÉTRANGER. — Or mon « toutes choses » veut dire et toi et moi et, outre nous, tout le reste, les animaux comme les arbres.

THÉÉTÈTE. — Que dis-tu là ?

L'ÉTRANGER. — Celui qui se ferait fort de produire et moi et toi et tout le reste de ce qui pousse....

THÉÉTÈTE. — De quelle production veux-tu parler là ? Car
234 a ce n'est point à un cultivateur que tu penses, puisque ton homme produit jusqu'à des vivants.

L'ÉTRANGER. — Parfaitement, et la mer avec cela, et la terre et le ciel et les dieux et tout le reste [2]. Qui plus est,

1. Cf. *Notice*, p. 271, et tout l'exposé de *Rép*. 596 a-605 b sur la mimétique.

2. « Cet artisan dont je parle n'est pas seulement capable de faire toutes sortes de meubles, mais il produit encore tout ce qui pousse de

ΘΕΑΙ. Ναί.

ΞΕ. Πάντα ἄρα σοφοὶ τοῖς μαθηταῖς φαίνονται.

ΘΕΑΙ. Τί μήν ;

ΞΕ. Οὐκ ὄντες γε· ἀδύνατον γὰρ τοῦτό γε ἐφάνη.

ΘΕΑΙ. Πῶς γὰρ οὐκ ἀδύνατον ;

ΞΕ. Δοξαστικὴν ἄρα τινὰ περὶ πάντων ἐπιστήμην ὁ σοφιστὴς ἡμῖν ἀλλ' οὐκ ἀλήθειαν ἔχων ἀναπέφανται.

ΘΕΑΙ. Παντάπασι μὲν οὖν, καὶ κινδυνεύει γε τὸ νῦν d
εἰρημένον ὀρθότατα περὶ αὐτῶν εἰρῆσθαι.

ΞΕ. Λάβωμεν τοίνυν σαφέστερόν τι παράδειγμα περὶ τούτων.

ΘΕΑΙ. Τὸ ποῖον δή ;

ΞΕ. Τόδε. Καί μοι πειρῶ προσέχων τὸν νοῦν εὖ μάλα ἀποκρίνασθαι.

ΘΕΑΙ. Τὸ ποῖον ;

ΞΕ. Εἴ τις φαίη μὴ λέγειν μηδ' ἀντιλέγειν, ἀλλὰ ποιεῖν καὶ δρᾶν μιᾷ τέχνῃ συνάπαντα ἐπίστασθαι πράγματα —

ΘΕΑΙ. Πῶς πάντα εἶπες ; e

ΞΕ. Τὴν ἀρχὴν τοῦ ῥηθέντος σύ γ' ἡμῖν εὐθὺς ἀγνοεῖς· τὰ γὰρ σύμπαντα, ὡς ἔοικας, οὐ μανθάνεις.

ΘΕΑΙ. Οὐ γὰρ οὖν.

ΞΕ. Λέγω τοίνυν σὲ καὶ ἐμὲ τῶν πάντων καὶ πρὸς ἡμῖν τἆλλα ζῷα καὶ δένδρα.

ΘΕΑΙ. Πῶς λέγεις ;

ΞΕ. Εἴ τις ἐμὲ καὶ σὲ καὶ τἆλλα φυτὰ πάντα ποιήσειν φαίη —

ΘΕΑΙ. Τίνα δὴ λέγων τὴν ποίησιν ; οὐ γὰρ δὴ γεωργόν 234a
γε ἐρεῖς τινα· καὶ γὰρ ζῴων αὐτὸν εἶπες ποιητήν.

ΞΕ. Φημί, καὶ πρός γε θαλάττης καὶ γῆς καὶ οὐρανοῦ καὶ θεῶν καὶ τῶν ἄλλων συμπάντων· καὶ τοίνυν καὶ ταχὺ

e 1 εἶπες : -ας (sed ε supra lin.) W || e 4 οὖν : οὔ W || e 5 καὶ ἐμὲ : χαμὲ W || e 8 ποιήσειν : ποίησιν BT || **234 a** 2 γὰρ : γὰρ δὴ καὶ W || a 3 καὶ γῆς W : om. BTY || a 4 καὶ τοίνυν : καίτοι εὖ Badham.

en un tournemain produisant l'une ou l'autre de ces créations, c'est pour une somme minime qu'il les livre.

Théétète. — C'est d'une chose dite par jeu que tu parles là.

L'Étranger. — Eh quoi? Quand on affirme qu'on sait tout et qu'on enseignera tout à autrui pour presque rien et presque en un rien de temps, ne faut-il pas penser que ce n'est que par jeu?

Théétète. — Si, je crois, totalement.

b L'Étranger. — Or connais-tu, du jeu, une forme ou plus savante ou plus gracieuse que la mimétique?

Théétète. — Aucune, car elle est bien complexe, cette forme que tu mentionnes là, comme l'unité à laquelle tu ramènes tout le reste; c'est presque la plus diverse qui soit.

L'Étranger. — Ainsi l'homme qui se donne comme capable, par un art unique, de tout produire, nous savons, en somme, qu'il ne fabriquera que des imitations et des homonymes des réalités. Fort de sa technique de peintre, il pourra, exhibant de loin ses dessins aux plus innocents parmi les jeunes garçons, leur donner l'illusion que, tout ce qu'il veut faire, il est parfaitement à même d'en créer la réalité vraie.

c Théétète. — Sans aucun doute.

L'Étranger. — Eh bien, ne faut-il pas nous attendre à ce que la parole comporte, elle aussi, une technique, à l'aide de laquelle on pourra, aux jeunes qu'une longue distance sépare encore de la vérité des choses, verser par les oreilles les paroles ensorcelantes, présenter, de toutes choses, des fictions parlées, et donner ainsi l'illusion que ce qu'ils entendent est vrai et que celui qui parle sait tout mieux que personne [1]?

d Théétète. — Pourquoi n'y aurait-il pas aussi une technique de cette sorte?

L'Étranger. — Pour le plus grand nombre de ceux qui entendirent, à cet âge, de tels discours, n'est-il pas inévitable, Théétète, qu'une suite suffisante d'années s'écoulant, l'avancement en âge, les choses abordées de près, les épreuves qui les

la terre, il fabrique tous les vivants, y compris lui-même, et, outre cela, fabrique et la terre, et le ciel, et les dieux, et tout ce qu'il y a dans le ciel, et tout ce qu'il y a sous terre, dans l'Hadès. » (*Rép.* 596 c).

1. Cf., pour la mimétique-jeu, *Rép.* 602 b; pour les dessins montrés de loin, *Rép.* 598 b/c; pour l'ensorcellement par la parole, 598 d.

ποιήσας αὐτῶν ἕκαστα πάνυ σμικροῦ νομίσματος ἀποδίδοται.

ΘΕΑΙ. Παιδιὰν λέγεις τινά.

ΞΕ. Τί δέ ; τὴν τοῦ λέγοντος ὅτι πάντα οἶδε καὶ ταῦτα ἕτερον ἂν διδάξειεν ὀλίγου καὶ ἐν ὀλίγῳ χρόνῳ, μῶν οὐ παιδιὰν νομιστέον ;

ΘΕΑΙ. Πάντως που.

ΞΕ. Παιδιᾶς δὲ ἔχεις ἢ τι τεχνικώτερον ἢ καὶ χαριέσ- b
τερον εἶδος ἢ τὸ μιμητικόν ;

ΘΕΑΙ. Οὐδαμῶς· πάμπολυ γὰρ εἴρηκας εἶδος εἰς ἓν πάντα συλλαβὼν καὶ σχεδὸν ποικιλώτατον.

ΞΕ. Οὐκοῦν τόν γ' ὑπισχνούμενον δυνατὸν εἶναι μιᾷ τέχνῃ πάντα ποιεῖν γιγνώσκομέν που τοῦτο, ὅτι μιμήματα καὶ ὁμώνυμα τῶν ὄντων ἀπεργαζόμενος τῇ γραφικῇ τέχνῃ δυνατὸς ἔσται τοὺς ἀνοήτους τῶν νέων παίδων, πόρρωθεν τὰ γεγραμμένα ἐπιδεικνύς, λανθάνειν ὡς ὅτιπερ ἂν βουληθῇ δρᾶν, τοῦτο ἱκανώτατος ὢν ἀποτελεῖν ἔργῳ.

ΘΕΑΙ. Πῶς γὰρ οὔ ; c

ΞΕ. Τί δὲ δή ; περὶ τοὺς λόγους ἆρ' οὐ προσδοκῶμεν εἶναί τινα ἄλλην τέχνην, ᾗ ⟨π⟩ου δυνατὸν αὖ τυγχάνει τοὺς νέους καὶ ἔτι πόρρω τῶν πραγμάτων τῆς ἀληθείας ἀφεστῶτας διὰ τῶν ὤτων τοῖς λόγοις γοητεύειν, δεικνύντας εἴδωλα λεγόμενα περὶ πάντων, ὥστε ποιεῖν ἀληθῆ δοκεῖν λέγεσθαι καὶ τὸν λέγοντα δὴ σοφώτατον πάντων ἅπαντ' εἶναι ;

ΘΕΑΙ. Τί γὰρ οὐκ ἂν εἴη ἄλλη τις τοιαύτη τέχνη ; d

ΞΕ. Τοὺς πολλοὺς οὖν, ὦ Θεαίτητε, τῶν τότε ἀκουόντων ἆρ' οὐκ ἀνάγκη χρόνου τε ἐπελθόντος αὐτοῖς ἱκανοῦ καὶ προϊούσης ἡλικίας τοῖς τε οὖσι προσπίπτοντας ἐγγύθεν

a 8 τὴν : τὸ Schanz || **b** 1 ἤ bis om. W || **b** 6 τοῦτο : -ον Paris. 1814 || **c** 3 τέχνην τινα ἄλλην W || ᾗ Schleiermacher : ἤ YW ἡ B ἥ T || που scripsi : οὐ codd. αὖ Burnet secl. Heindorf Schleiermacher || αὖ : ὂν Burnet || τυγχάνει Heindorf : -ειν codd. || **c** 5 ὤτων : ὄντων Y || **c** 6 δοκεῖν : -εῖ Y || **c** 7 πάντων : ἁ- W || **d** 1 τοιαύτη τις ἄλλη W || **d** 2 οὖν : γοῦν Y || ὦ om. B || **d** 4 τοῖς τε οὖσι om. T[1].

contraignent au clair contact des réalités ne leur fassent changer les opinions reçues alors, trouver petit ce qui leur avait paru grand, difficile ce qui semblait facile, si bien que
e les simulacres que transportaient les mots s'évanouiront devant les réalités vivantes ?

Théétète. — Oui, du moins autant qu'à mon âge on en peut juger. Mais je pense que, moi, je suis encore de ceux qu'une longue distance sépare [1].

L'Étranger. — C'est pourquoi, justement, nous tous qui sommes ici nous efforcerons et, dès cette heure, nous efforçons de te faire avancer le plus près possible en t'épargnant les épreuves [2]. Pour en revenir au sophiste, dis-moi : est-il dès
235 a maintenant clair que c'est un magicien, qui ne sait qu'imiter les réalités, ou gardons-nous encore quelque velléité de croire que, de tous les sujets où il paraît capable de contredire, il a, de fait et réellement, la science ?

Théétète. — Et comment hésiter encore, étranger ? Il est dès maintenant assez clair, d'après ce qui précède, que sa place est parmi ceux qui participent du jeu.

L'Étranger. — C'est donc comme magicien et comme imitateur qu'il le faut poser.

Théétète. — Sans aucun doute.

b L'Étranger. — Allons, à nous maintenant de ne plus relâcher la bête. La voilà, en effet, assez bien enveloppée dans les mailles où le raisonnement sait arrêter ces gibiers-là. Aussi le nôtre ne s'esquivera plus, de ceci, au moins.

Théétète. — De quoi ?

L'Étranger. — D'avoir à se ranger dans le genre des faiseurs de prestiges.

Théétète. — Pour moi, sur ce point-là, je suis de ton avis.

1. C.-à-d. « sépare de la vérité des choses », cf. *supra* 234 c.

2. Pour les changements d'opinion produits par l'avancement en âge, comparer *Lois*, 888 ab, et noter la chaleur du ton, l'amour intellectuel qui anime l'éducateur. Les épreuves que celui-ci veut épargner au jeune homme sont les désillusions que décrit le *Phédon* : comme la confiance inexpérimentée engendre la misanthropie, ainsi la foi aux raisonnements, non éclairée par une bonne formation logique, engendre la misologie et le scepticisme. Les « antilogiques » font métier de ce scepticisme ; les âmes droites en souffrent et finissent par renoncer à la science (89 d-90 d).

καὶ διὰ παθημάτων ἀναγκαζομένους ἐναργῶς ἐφάπτεσθαι
τῶν ὄντων, μεταβάλλειν τὰς τότε γενομένας δόξας, ὥστε
σμικρὰ μὲν φαίνεσθαι τὰ μεγάλα, χαλεπὰ δὲ τὰ ῥᾴδια,
καὶ πάντα πάντῃ ἀνατετράφθαι τὰ ἐν τοῖς λόγοις φαν- e
τάσματα ὑπὸ τῶν ἐν ταῖς πράξεσιν ἔργων παραγενομένων ;

ΘΕΑΙ. Ὡς γοῦν ἐμοὶ τηλικῷδε ὄντι κρῖναι. Οἶμαι δὲ
καὶ ἐμὲ τῶν ἔτι πόρρωθεν ἀφεστηκότων εἶναι.

ΞΕ. Τοιγαροῦν ἡμεῖς σε οἵδε πάντες πειρασόμεθα καὶ
νῦν πειρώμεθα ὡς ἐγγύτατα ἄνευ τῶν παθημάτων προσά-
γειν. Περὶ δ' οὖν τοῦ σοφιστοῦ τόδε μοι λέγε· πότερον ἤδη
τοῦτο σαφές, ὅτι τῶν γοήτων ἐστί τις, μιμητὴς ὢν τῶν 235 a
ὄντων, ἢ διστάζομεν ἔτι μὴ περὶ ὅσωνπερ ἀντιλέγειν δοκεῖ
δυνατὸς εἶναι, περὶ τοσούτων καὶ τὰς ἐπιστήμας ἀληθῶς
ἔχων τυγχάνει ;

ΘΕΑΙ. Καὶ πῶς ἄν, ὦ ξένε ; ἀλλὰ σχεδὸν ἤδη σαφὲς
ἐκ τῶν εἰρημένων, ὅτι τῶν τῆς παιδιᾶς μετεχόντων ἐστί
τις [μερῶν] εἷς.

ΞΕ. Γόητα μὲν δὴ καὶ μιμητὴν ἄρα θετέον αὐτόν τινα.

ΘΕΑΙ. Πῶς γὰρ οὐ θετέον ;

ΞΕ. Ἄγε δή, νῦν ἡμέτερον ἔργον ἤδη τὸν θῆρα μηκέτ'
ἀνεῖναι· σχεδὸν γὰρ αὐτὸν περιειλήφαμεν ἐν ἀμφιβληστρικῷ b
τινι τῶν ἐν τοῖς λόγοις περὶ τὰ τοιαῦτα ὀργάνων, ὥστε
οὐκέτ' ἐκφεύξεται τόδε γε.

ΘΕΑΙ. Τὸ ποῖον ;

ΞΕ. Τὸ μὴ οὐ τοῦ γένους εἶναι τοῦ τῶν θαυματοποιῶν
τις εἷς.

ΘΕΑΙ. Κἀμοὶ τοῦτό γε οὕτω περὶ αὐτοῦ συνδοκεῖ.

e 3 κρῖναι : secl. Ast κρίνειν W || **e** 4 καὶ ἐμὲ : κἀμὲ W || **e** 6 πειρώμεθα secl. Schanz || ἐγγύτατα : -υτάτω Y || **235 a** 4 τυγχάνει : -ων Y -ῃ Heindorf || **a** 6 παιδιᾶς : -είας Y || **a** 7 μερῶν secl. Heusde : μέρος Heindorf μυρίων Apelt || εἷς W : εἰς BTY hospiti dantes || **a** 8 αὐτόν om. B || **a** 10 νῦν : νῦν γὰρ W || **b** 3 οὐκέτ' W : οὐκ ἔτι B οὐκ TY || **b** 4 τό om. BT[1] || **b** 5 οὐ : ἐκ Y || τοῦ τῶν : τούτων B || **b** 6 εἷς : εἶ Y || **b** 7 κἀμοὶ : καὶ ἐμοὶ W.

L'ÉTRANGER. — Voilà donc qui est décidé : diviser au plus vite l'art qui fabrique les images et, descendant dans ce repaire, si, dès l'abord, le sophiste nous fait tête, le saisir confor-
c mément à l'édit royal et le livrer au souverain, en déclarant notre capture[1]. Que si, dans les parties successives de la mimétique, il trouve quelque gîte où s'enfoncer, le suivre pied à pied, divisant sans répit chaque portion qui l'abrite, jusqu'à ce qu'il soit pris. Aucun moyen que ni lui ni quelque autre espèce que ce soit se puisse jamais vanter d'esquiver une poursuite aussi méthodiquement conduite dans le détail et l'ensemble.

THÉÉTÈTE. — C'est parfaitement dit ; voilà comme il faut nous y prendre.

d L'ÉTRANGER. — En poursuivant la division de la manière que nous avons fait jusqu'ici, je crois apercevoir deux formes de la mimétique ; quant à l'aspect précis que nous cherchons, en laquelle de ces deux formes le pourrons-nous trouver, c'est ce que je ne me sens pas encore capable de découvrir.

THÉÉTÈTE. — En tout cas, veuille d'abord nommer et distinguer les deux formes dont tu parles.

L'ÉTRANGER. — Le premier art que je distingue en la mimétique est l'art de copier. Or on copie le plus fidèlement quand, pour parfaire son imitation, on emprunte au modèle
e ses rapports exacts de longueur, largeur et profondeur, et revêt en outre chaque partie des couleurs qui lui conviennent.

THÉÉTÈTE. — Eh quoi ? Est-ce que tous ceux qui imitent n'essaient pas d'en faire autant ?

L'ÉTRANGER. — Pas ceux du moins qui ont à modeler ou à peindre quelque œuvre de grande envergure. S'ils reproduisaient, en effet, ces beautés avec leurs véritables proportions, tu sais que les parties supérieures nous apparaîtraient trop

1. Ainsi d'après le récit du *Ménexène* (240 a/c), et des *Lois* (698 c/d), Datis reçut, de Darius, l'ordre de ramener prisonniers les Erétriens et les Athéniens ; et ses soldats firent la chaîne, de montagne en montagne, jusqu'à la mer, sur tout le territoire Erétrien, « pour pouvoir annoncer au Grand Roi que personne ne leur avait échappé ». Comparer Hérodote, VI, 31. 94 et suiv. Cela n'empêche point, quoi qu'en dise Apelt, que Campbell puisse deviner juste en supposant un jeu sur βασιλικὸς λόγος (édit royal, Raison Souveraine) : images de guerre, images de chasse et termes de logique s'entremêlent ici comme dans tout le dialogue.

ΞΕ. Δέδοκται τοίνυν ὅτι τάχιστα διαιρεῖν τὴν εἰδωλο-
ποιικὴν τέχνην, καὶ καταβάντας εἰς αὐτήν, ἐὰν μὲν ἡμᾶς
εὐθὺς ὁ σοφιστὴς ὑπομείνῃ, συλλαβεῖν αὐτὸν κατὰ τὰ
ἐπεσταλμένα ὑπὸ τοῦ βασιλικοῦ λόγου, κἀκείνῳ παραδόντας c
ἀποφῆναι τὴν ἄγραν· ἐὰν δ' ἄρα κατὰ μέρη τῆς μιμητικῆς
δύηταί πῃ, συνακολουθεῖν αὐτῷ διαιροῦντας ἀεὶ τὴν ὑπο-
δεχομένην αὐτὸν μοῖραν, ἕωσπερ ἂν ληφθῇ. Πάντως οὔτε
οὗτος οὔτε ἄλλο γένος οὐδὲν μή ποτε ἐκφυγὸν ἐπεύξηται
τὴν τῶν οὕτω δυναμένων μετιέναι καθ' ἕκαστά τε καὶ ἐπὶ
πάντα μέθοδον.

ΘΕΑΙ. Λέγεις εὖ, καὶ ταῦτα ταύτῃ ποιητέον.

ΞΕ. Κατὰ δὴ τὸν παρεληλυθότα τρόπον τῆς διαιρέσεως
ἔγωγέ μοι καὶ νῦν φαίνομαι δύο καθορᾶν εἴδη τῆς μιμητι- d
κῆς· τὴν δὲ ζητουμένην ἰδέαν, ἐν ὁποτέρῳ ποθ' ἡμῖν
οὖσα τυγχάνει, καταμαθεῖν οὐδέπω μοι δοκῶ νῦν δυνατὸς
εἶναι.

ΘΕΑΙ. Σὺ δ' ἀλλ' εἰπὲ πρῶτον καὶ δίελε ἡμῖν τίνε τὼ δύο λέγεις.

ΞΕ. Μίαν μὲν τὴν εἰκαστικὴν ὁρῶν ἐν αὐτῇ τέχνην.
Ἔστι δ' αὕτη μάλιστα ὁπόταν κατὰ τὰς τοῦ παραδείγμα-
τος συμμετρίας τις ἐν μήκει καὶ πλάτει καὶ βάθει, καὶ
πρὸς τούτοις ἔτι χρώματα ἀποδιδοὺς τὰ προσήκοντα ἑκά- e
στοις, τὴν τοῦ μιμήματος γένεσιν ἀπεργάζηται.

ΘΕΑΙ. Τί δ'; οὐ πάντες οἱ μιμούμενοί τι τοῦτ' ἐπιχειροῦσι δρᾶν;

ΞΕ. Οὔκουν ὅσοι γε τῶν μεγάλων πού τι πλάττουσιν ἔργων ἢ γράφουσιν. Εἰ γὰρ ἀποδιδοῖεν τὴν τῶν καλῶν ἀληθινὴν συμμετρίαν, οἶσθ' ὅτι σμικρότερα μὲν τοῦ δέοντος

b 8 δέδοκται corr. supra lin. W : δέδειχ- BTYW || εἰδωλοποιικὴν : -ποιητικὴν Y || **c** 2 κατὰ : κατὰ τὰ Heindorf || **c** 9 κατὰ δὴ... 236 **c** 7 φανταστικήν habet Stob. *Anthol.* lib. IV cap. XVIII, 7 (vol. IV p. 412 Hense) || **d** 1 εἴδη : ἤδη W || **d** 2 ἐν om. Y || ποτὲ οὖσα ἡμῖν W || **d** 3 νῦν δοκῶ μοι W || **d** 5 πρῶτον post. δίελε transp. W || τίνε om. Stob. || **d** 7 ὁρῶν : -ῶ W || **d** 9 καὶ βάθει καὶ πλάτει W || **e** 1 ἑκάστοις YWt Stob. : -αις BT || **e** 6 καλῶν : κώλων Badham.

a petites, et les parties inférieures, trop grandes, puisque nous voyons les unes de près, et les autres, de loin [1].

Théétète. — Parfaitement.

L'Étranger. — Est-ce que, donnant congé à la vérité, les artistes, en fait, ne sacrifient pas les proportions exactes pour y substituer, dans leurs figures, les proportions qui feront illusion?

Théétète. — Parfaitement.

L'Étranger. — Alors, le premier de ces produits, n'est-il pas juste, puisqu'il est fidèlement copié sur l'objet, de l'appeler une copie?

Théétète. — Si.

b L'Étranger. — Et cette partie de la mimétique ne doit-elle pas s'appeler, du nom que nous lui avons précédemment donné, l'art de copier?

Théétète. — C'est juste.

L'Étranger. — Mais quoi? Ce qui, à des spectateurs défavorablement placés, paraît copier le beau, mais qui, pour des regards capables d'embrasser pleinement de si vastes proportions, perdrait cette prétendue fidélité de copie, comment l'appeler? Ce qui simule ainsi la copie qu'il n'est point, ne sera-ce pas un simulacre?

Théétète. — Comment donc!

L'Étranger. — Or n'est-ce pas là une part très large et de
c la peinture et de la mimétique en son ensemble?

Théétète. — Sans contredit.

L'Étranger. — Mais, pour l'art qui fabrique un simulacre au lieu d'une copie, art du simulacre ne serait-il pas une appellation très correcte?

Théétète. — Tout à fait correcte.

L'Étranger. — Voilà donc les deux formes que j'annonçais dans l'art qui fabrique les images : l'art de la copie; l'art du simulacre.

1. Cf. *Philèbe,* 41 c/42 a, et surtout *Rép.* 602 b/d. Pour montrer la distance qu'il y a entre les arts d'imitation et la vérité, on énumère les illusions de la vue : erreurs sur la grandeur quand la distance varie, sur la forme courbe ou droite des objets plongés dans l'eau, sur l'impression de creux ou de relief variant avec l'éclairement. « C'est cette faiblesse de notre nature qui donne, à la peinture en perspective, comme à l'art des faiseurs de prodiges et à toutes ces inventions artificieuses, leur pouvoir magique. » Cf. *Phédon,* 69 b, *Rép.* 523 b, *Parm.* 165 c, *Théét.* 208 e, *Critias* 107 c, *Lois* 663 c.

τὰ ἄνω, μείζω δὲ τὰ κάτω φαίνοιτ᾽ ἂν διὰ τὸ τὰ μὲν πόρρωθεν, τὰ δ᾽ ἐγγύθεν ὑφ᾽ ἡμῶν ὁρᾶσθαι. a

ΘΕΑΙ. Πάνυ μὲν οὖν.

ΞΕ. Ἆρ᾽ οὖν οὐ χαίρειν τὸ ἀληθὲς ἐάσαντες οἱ δημιουργοὶ νῦν οὐ τὰς οὔσας συμμετρίας ἀλλὰ τὰς δοξούσας εἶναι καλὰς τοῖς εἰδώλοις ἐναπεργάζονται ;

ΘΕΑΙ. Πάνυ μὲν οὖν.

ΞΕ. Τὸ μὲν ἄρα ἕτερον οὐ δίκαιον, εἰκός γε ὄν, εἰκόνα καλεῖν ;

ΘΕΑΙ. Ναί.

ΞΕ. Καὶ τῆς γε μιμητικῆς τὸ ἐπὶ τούτῳ μέρος κλητέον b
ὅπερ εἴπομεν ἐν τῷ πρόσθεν, εἰκαστικήν ;

ΘΕΑΙ. Κλητέον.

ΞΕ. Τί δέ ; τὸ φαινόμενον μὲν διὰ τὴν οὐκ ἐκ καλοῦ θέαν ἐοικέναι τῷ καλῷ, δύναμιν δὲ εἴ τις λάβοι τὰ τηλικαῦτα ἱκανῶς ὁρᾶν, μηδ᾽ εἰκὸς ᾧ φησιν ἐοικέναι, τί καλοῦμεν ; ἆρ᾽ οὐκ, ἐπείπερ φαίνεται μέν, ἔοικε δὲ οὔ, φάντασμα ;

ΘΕΑΙ. Τί μήν ;

ΞΕ. Οὐκοῦν πάμπολυ καὶ κατὰ τὴν ζωγραφίαν τοῦτο τὸ
μέρος ἐστὶ καὶ κατὰ σύμπασαν μιμητικήν ; c

ΘΕΑΙ. Πῶς δ᾽ οὔ ;

ΞΕ. Τὴν δὴ φάντασμα ἀλλ᾽ οὐκ εἰκόνα ἀπεργαζομένην τέχνην ἆρ᾽ οὐ φανταστικὴν ὀρθότατ᾽ ἂν προσαγορεύοιμεν ;

ΘΕΑΙ. Πολύ γε.

ΞΕ. Τούτω τοίνυν τὼ δύο ἔλεγον εἴδη τῆς εἰδωλοποιικῆς, εἰκαστικὴν καὶ φανταστικήν.

236 a 3 πάνυ μὲν οὖν TY Stob. : δοκεῖ μοι πάνυ μὲν οὖν W om. B || **a** 5 νῦν : οἱ νῦν Heindorf || δοξούσας : -άσας W² Stobaei A || **a** 6 ἐναπεργάζονται : ἀπερ- Y || **a** 7 πάνυ... **a** 9 καλεῖν in marg. restituit W² || πάνυ μὲν οὖν : παντάπασί γε W¹ || **a** 8 τὸ μὲν ἄρα : ἆρ᾽ οὖν τὸ μὲν W¹ || οὐ om. W¹ Stob. || εἰκός γε ὄν : εἰκαστικὸν W¹ || εἰκόνα om. W¹ || **b** 1 τούτῳ : τοῦτο Stob. || **b** 4 οὐκ ἐκ : ἐκ Y τοῦ Stobaei A || **b** 6 ᾧ : ὅ W¹ ᾧ Stobaei M ᾗ Stobaei A || **b** 7 ἔοικε : ἐοικέναι Y || **c** 1 ante σύμπασαν add. τὴν Y || **c** 3 φάντασμα : φαντάσματα BT || **c** 4 ἂν om. Stob. || **c** 5 πολύ : πάνυ W || **c** 6 τούτω : τοῦτο Stob. || τὼ om. Stob. || εἰδωλοποιικῆς : -ποιητικῆς Y.

Théétète. — C'est cela.

L'Étranger. — Quant au problème qui me laissait alors perplexe, de savoir dans lequel de ces arts loger le sophiste, je n'arrive pas encore à en apercevoir clairement la solution.
d C'est un vrai prodige que cet homme, et le saisir à fond est bien difficile, puisque, cette fois encore, le voilà bel et bien réfugié dans une forme dont le mystère est inextricable.

Théétète. — Il semble bien.

L'Étranger. — Est-ce la conscience de la difficulté qui te dicte cet assentissement, ou serait-ce emporté par le courant de l'argumentation et l'entraînement de l'habitude que tu joins si promptement ton affirmation à la mienne ?

Théétète. — Que veux-tu dire ? A quel propos cette question ?

L'Étranger. — C'est que nous voilà réellement, bienheureux jeune homme, devant une question extrêmement diffi-
e cile ; car paraître et sembler sans être, dire quelque chose sans pourtant dire vrai, ce sont là formules qui, toutes, sont grosses d'embarras, aujourd'hui comme hier et comme toujours. Quelle formule, en effet, trouver pour dire ou penser que le faux est réel, sans que, à la proférer, on reste enchevêtré dans la contradiction, la question est vraiment,
237 a Théétète, d'une difficulté extrême.

Théétète. — Pourquoi donc ?

Le problème de l'erreur et la question du non-être.

L'Étranger. — L'audace d'une pareille assertion est qu'elle suppose être le non-être : point de fausseté possible, en effet, sans cette condition [1]. Or le grand Parménide, mon enfant, aux enfants que nous étions alors, l'attesta sans trêve ni répit, en prose comme en vers [2] :

1. C'est que, dit Fénelon (*Existence de Dieu*, 2e partie, 13), « le mensonge est un néant, et le néant n'est point objet de la pensée. On ne peut penser qu'à l'être et à ce qui est vrai, car l'être et la vérité sont la même chose, » et, plus loin (23), « l'être ne peut convenir qu'à ce qui est vrai, car ce qui est entièrement faux n'est rien ; et ce qui est faux en partie n'existe aussi qu'en partie. » Cf. *Cratyle*, 429 d, *Euthydème*, 184 a-187 a, *Théét.*, 188 d.

2. « En prose comme en vers » veut dire « de toutes façons », ou bien encore « dans ses leçons comme dans son poème ».

ΘΕΑΙ. Ὀρθῶς.

ΞΕ. Ὃ δέ γε καὶ τότ' ἠμφεγνόουν, ἐν ποτέρᾳ τὸν σοφιστὴν θετέον, οὐδὲ νῦν πω δύναμαι θεάσασθαι σαφῶς,
ἀλλ' ὄντως θαυμαστὸς ἀνὴρ καὶ κατιδεῖν παγχάλεπος, ἐπεὶ d
καὶ νῦν μάλα εὖ καὶ κομψῶς εἰς ἄπορον εἶδος διερευνήσασθαι καταπέφευγεν.

ΘΕΑΙ. Ἔοικεν.

ΞΕ. Ἆρ' οὖν αὐτὸ γιγνώσκων σύμφης, ἤ σε οἷον ῥύμη τις ὑπὸ τοῦ λόγου συνειθισμένον συνεπεσπάσατο πρὸς τὸ ταχὺ συμφῆσαι;

ΘΕΑΙ. Πῶς καὶ πρὸς τί τοῦτο εἴρηκας;

ΞΕ. Ὄντως, ὦ μακάριε, ἐσμὲν ἐν παντάπασι χαλεπῇ
σκέψει. Τὸ γὰρ φαίνεσθαι τοῦτο καὶ τὸ δοκεῖν, εἶναι δὲ e
μή, καὶ τὸ λέγειν μὲν ἄττα, ἀληθῆ δὲ μή, πάντα ταῦτά ἐστι μεστὰ ἀπορίας ἀεὶ ἐν τῷ πρόσθεν χρόνῳ καὶ νῦν
Ὅπως γὰρ εἰπόντα χρὴ ψευδῆ λέγειν ἢ δοξάζειν ὄντως εἶναι, καὶ τοῦτο φθεγξάμενον ἐναντιολογίᾳ μὴ συνέχεσθαι,
παντάπασιν, ὦ Θεαίτητε, χαλεπόν. 237 a

ΘΕΑΙ. Τί δή;

ΞΕ. Τετόλμηκεν ὁ λόγος οὗτος ὑποθέσθαι τὸ μὴ ὂν εἶναι· ψεῦδος γὰρ οὐκ ἂν ἄλλως ἐγίγνετο ὄν. Παρμενίδης δὲ ὁ μέγας, ὦ παῖ, παισὶν ἡμῖν οὖσιν ἀρχόμενός τε καὶ διὰ τέλους τοῦτο ἀπεμαρτύρατο, πεζῇ τε ὧδε ἑκάστοτε λέγων καὶ μετὰ μέτρων —

c 9 τότ' : τοῦτ' TY || ἠμφηγνόουν (et α supra ἡ) W || ἐν ποτέρᾳ Ven. 8 Ven. 184 : ποτερα B πότερα TYW || c 10 θεάσασθαι : βεβαιῶ- W et in marg. t (an θεάσασθαι βεβαίως? Burnet) || d 1 θαυμαστὸς : -ῶς B cum uitii nota in marg. || ἀνὴρ Bekker : ἁ- codd. || παγχάλεπος : -ον Y || d 6 συνεπεσπάσατο YW et ex ras. t : νῦν ἐπ- BT || τὸ om. Y || d 8 τί (sed ί ex ras.) W : ὅτι BTY || e 2 ἀληθῆ : -ὲς Y || e 3 μεστὰ om. B || e 5 ἐναντιολογίᾳ T : -ία B -ίαν Y ἐν ἀντιλογία W || 237 a 4 ἐγίγνετο : γίγνοιτο W || a 5 ἡμῖν W : μὲν BTY || τε Heindorf : γε W δὲ BTY || a 6 τοῦτο : ταῦτ' W || πεζῇ : παίζει TY.

« Non, jamais tu ne plieras de force les non-êtres à être ;
De cette route de recherche écarte plutôt ta pensée »[1].

b De lui donc nous en vient le témoignage. Mais l'aveu le plus clair en serait livré par l'assertion elle-même, si peu qu'on la mît à l'épreuve[2]. C'est là, par conséquent, ce qu'il nous faut voir tout d'abord, si tu n'y as point d'objection.

Théétète. — Mon avis, à moi, sera ce que tu le voudras. Quant à la discussion, veille à la meilleure manière de la conduire, et va devant : sur la route choisie, je te suivrai.

L'Étranger. — Eh bien, commençons. Dis-moi : ce qui absolument n'est point, avons-nous cette audace de le proférer en quelque façon ?

Théétète. — Pourquoi pas ?

L'Étranger. — Sans donc aucun esprit de dispute ni de jeu, supposons que, la question sérieusement pesée, quelqu'un de
c ceux qui nous écoutent eût charge de dire à quel objet se doit appliquer ce nom de « non-être » ; quelle application pensons-nous qu'il en ferait, à quel objet et comment qualifié, soit en sa propre pensée, soit dans l'explication qu'il en devrait fournir ?

Théétète. — Ta question est difficile et, je dirais presque, pour un esprit comme le mien, totalement insoluble.

L'Étranger. — Une chose est sûre, en tout cas : à quelque être que ce soit, le non-être ne se peut attribuer.

Théétète. — Comment le pourrait-il ?

L'Étranger. — Or, si on ne peut l'attribuer à l'être, l'attribuer au « quelque » serait faire une attribution tout aussi incorrecte[3].

Théétète. — Pourquoi donc ?

1. Cf. Diels, *Fragmente der Vorsokratiker*, frg[t] 7. Ces vers sont cités aussi par Aristote, *Métaph.* 1089 a, 2 et suiv.

2. Il s'agit ici de l'épreuve judiciaire ou de la question : l'assertion ou thèse à examiner est traitée comme un accusé, Parménide témoigne contre elle. Mais Socrate a montré, dans le *Gorgias* (471 e-472 d), que les témoignages et les autorités, si imposantes qu'elles soient, ne sont point des démonstrations.

3. Impossible d'attribuer le non-être *à quelque être* ; car *a*) il ne peut s'attribuer à l'être, cela va de soi, *b*) il ne peut, non plus, s'attribuer à *quelque*. Ainsi Platon prouve sa proposition en la décomposant.

Οὐ γὰρ μή ποτε τοῦτο δαμῇ, φησίν, εἶναι μὴ ἐόντα·
ἀλλὰ σὺ τῆσδ' ἀφ' ὁδοῦ διζήμενος εἶργε νόημα.

Παρ' ἐκείνου τε οὖν μαρτυρεῖται, καὶ μάλιστά γε δὴ πάντων b
ὁ λόγος αὐτὸς ἂν δηλώσειε μέτρια βασανισθείς. Τοῦτο οὖν αὐτὸ πρῶτον θεασώμεθα, εἰ μή τί σοι διαφέρει.

ΘΕΑΙ. Τὸ μὲν ἐμὸν ὅπῃ βούλει τίθεσο, τὸν δὲ λόγον ᾗ βέλτιστα διέξεισι σκοπῶν αὐτός τε ἴθι κἀμὲ κατὰ ταύτην τὴν ὁδὸν ἄγε.

ΞΕ. Ἀλλὰ χρὴ δρᾶν ταῦτα. Καί μοι λέγε· τὸ μηδαμῶς ὂν τολμῶμέν που φθέγγεσθαι;

ΘΕΑΙ. Πῶς γὰρ οὔ;

ΞΕ. Μὴ τοίνυν ἔριδος ἕνεκα μηδὲ παιδιᾶς, ἀλλ' εἰ
σπουδῇ δέοι συννοήσαντά τινα ἀποφήνασθαι τῶν ἀκροατῶν c
ποῖ χρὴ τοὔνομ' ἐπιφέρειν τοῦτο, τὸ μὴ ὄν, τί δοκοῦμεν ἂν εἰς τί καὶ ἐπὶ ποῖον αὐτόν τε καταχρήσασθαι καὶ τῷ πυνθανομένῳ δεικνύναι;

ΘΕΑΙ. Χαλεπὸν ἤρου καὶ σχεδὸν εἰπεῖν οἵῳ γε ἐμοὶ παντάπασιν ἄπορον.

ΞΕ. Ἀλλ' οὖν τοῦτό γε δῆλον, ὅτι τῶν ὄντων ἐπί ⟨τι⟩ τὸ μὴ ὂν οὐκ οἰστέον.

ΘΕΑΙ. Πῶς γὰρ ἄν;

ΞΕ. Οὐκοῦν ἐπείπερ οὐκ ἐπὶ τὸ ὄν, οὐδ' ἐπὶ τὸ τὶ φέρων ὀρθῶς ἄν τις φέροι.

ΘΕΑΙ. Πῶς δή;

a 8 τοῦτο δαμῇ Simplicius : τοῦτ' οὐδαμῇ BT τοῦτ' οὐδαμῇ Y τοῦτ' οὐ δαμῇ W || ἐόντα Arist. *Met.* 1089 a, 4 (et W infra 258 d) : ὄντα BTY et hic W || **a** 9 ἀφ' ὁδοῦ : ἀφοδου W || διζήμενος codd. (sed διζήσιος infra 258 d) || **b** 2 αὐτός : οὗτος BT || **b** 3 θεασώμεθα πρῶτον W || διαφέρει : -οι W || **b** 5 κατὰ ταύτην : καταυτὴν W || **b** 6 τὴν om. Y || ἄγε τὴν ὁδόν W || **b 8** φθέγγεσθαι : -ξασθαι W || **b** 10 ἕνεκα : εἵ- W || ἀλλ' εἰ σπουδῇ Bekker : ἄλλης που δὴ B ἀλλὴ σπουδῇ T ἀλλὰ σπουδῇ Y ἀλλ' ἢ σπουδῇ W || **c** 1 ἀποφήνασθαι YWt : ἀποκρί- BT || **c** 2 ποῖ : πῆ Y || τί Winckelmann : τι B ὅτι TYW || **c** 7 τι add. corr. Paris. 1808 : om. BTYW || **c** 10 φέρων : -ον W.

d L'ÉTRANGER. — Il est clair encore pour nous, j'imagine, que ce vocable « quelque », c'est à de l'être que toutes nos expressions l'appliquent. Le formuler tout seul, en effet, comme nu, dépouillé de tout ce qui a l'être, c'est impossible, n'est-il pas vrai ?

THÉÉTÈTE. — Impossible.

L'ÉTRANGER. — A prendre la question de ce biais, tu diras donc avec moi que, inévitablement, dire « quelque », c'est dire, pour le moins, « quelque un » ?

THÉÉTÈTE. — Oui.

L'ÉTRANGER. — Car, tu l'accorderas, ce « quelque » veut, précisément, dire « un », et « quelques » veut dire ou bien deux ou bien plusieurs.

THÉÉTÈTE. — Comment ne pas l'accorder ?

e L'ÉTRANGER. — Et qui ne dit quelque chose, inévitablement, ce semble, et absolument, ne dit rien[1].

THÉÉTÈTE. — Inévitablement.

L'ÉTRANGER. — Ne faut-il pas retirer même cette concession, que ce soit là dire, à savoir rien dire ? Ne faut-il pas affirmer, au contraire, que ce n'est même pas dire que s'évertuer à énoncer le non-être[2] ?

THÉÉTÈTE. — Voilà au moins qui mettrait fin aux difficultés de la question.

238 a L'ÉTRANGER. — N'enfle point trop la voix encore : il en reste, bienheureux jeune homme, et la difficulté qui reste est la plus grande et la première de toutes. C'est, en effet, dans le principe même qu'elle réside.

THÉÉTÈTE. — Que veux-tu dire ? Explique-toi sans tergiverser.

L'ÉTRANGER. — A l'être, je crois, peut venir s'accoler quelque autre être.

THÉÉTÈTE. — Sans aucun doute.

L'ÉTRANGER. — Mais que quelque être s'accole jamais à du non-être, affirmerons-nous cela possible ?

1. Pour des raisonnements analogues sur *quelque, un, être*, cf. *Rép.* 478 b, *Théét.* 188 e-189 a.

2. Cf. Malebranche, *Entretien d'un philosophe chrétien avec un philosophe chinois* : « Apercevoir rien et ne rien apercevoir, c'est la même chose... Penser à rien et ne point penser, c'est la même chose », et Bergson, *L'Évolution créatrice*, 4e éd., p. 298-307.

ΞΕ. Καὶ τοῦτο ἡμῖν που φανερόν, ὡς καὶ τὸ « τὶ » d
τοῦτο τὸ ῥῆμα ἐπ' ὄντι λέγομεν ἑκάστοτε· μόνον γὰρ αὐτὸ λέγειν, ὥσπερ γυμνὸν καὶ ἀπηρημωμένον ἀπὸ τῶν ὄντων ἁπάντων, ἀδύνατον· ἦ γάρ ;

ΘΕΑΙ. Ἀδύνατον.

ΞΕ. Ἆρα τῇδε σκοπῶν σύμφης, ὡς ἀνάγκη τόν τι λέγοντα ἕν γέ τι λέγειν ;

ΘΕΑΙ. Οὕτως.

ΞΕ. Ἑνὸς γὰρ δὴ τό γε « τὶ » φήσεις σημεῖον εἶναι, τὸ δὲ « τινὲ » δυοῖν, τὸ δὲ « τινὲς » πολλῶν.

ΘΕΑΙ. Πῶς γὰρ οὔ ;

ΞΕ. Τὸν δὲ δὴ μή τι λέγοντα ἀναγκαιότατον, ὡς ἔοικε, e
παντάπασι μηδὲν λέγειν.

ΘΕΑΙ. Ἀναγκαιότατον μὲν οὖν.

ΞΕ. Ἆρ' οὖν οὐδὲ τοῦτο συγχωρητέον, τὸ τὸν τοιοῦτον λέγειν μέν [τι], λέγειν μέντοι μηδέν, ἀλλ' οὐδὲ λέγειν φατέον, ὅς γ' ἂν ἐπιχειρῇ μὴ ὂν φθέγγεσθαι ;

ΘΕΑΙ. Τέλος γοῦν ἂν ἀπορίας ὁ λόγος ἔχοι.

ΞΕ. Μήπω μέγ' εἴπῃς· ἔτι γάρ, ὦ μακάριε, ἔστι, καὶ 238 a
ταῦτά γε τῶν ἀποριῶν ἡ μεγίστη καὶ πρώτη. Περὶ γὰρ αὐτὴν αὐτοῦ τὴν ἀρχὴν οὖσα τυγχάνει.

ΘΕΑΙ. Πῶς φῄς ; λέγε καὶ μηδὲν ἀποκνήσῃς.

ΞΕ. Τῷ μὲν ὄντι που προσγένοιτ' ἄν τι τῶν ὄντων ἕτερον.

ΘΕΑΙ. Πῶς γὰρ οὔ ;

ΞΕ. Μὴ ὄντι δέ τι τῶν ὄντων ἆρά ποτε προσγίγνεσθαι φήσομεν δυνατὸν εἶναι ;

d 2 τοῦτο τὸ ῥῆμα Y coniecerat Heindorf : τοῦ ῥήματος B τοῦτο ῥῆμα T ῥῆμα W τοῦτο Schanz || ἐπ' ὄντι edd. : εποντι B ἐπὶ ὄντι T ἐπ' ὄν τι YW || λέγομεν : λεγόμενον Y || γὰρ om. TY || **d** 9 γε om. W || **e** 4 τὸν τὸ B || **e** 5 μέν om. BW || τι secl. Schleiermacher || μέντοι : μέν τί Y || ἀλλ' : ἀλλ' ἢ W || **e** 6 γ' B : δ' W om. TY || μὴ ὂν : μηδὲν W || **e** 7 ἂν : δὴ W || ἔχοι : -ει Y post ἀπορίας transp. TY || **238 a** 1 ἔτι : ἔστι TY || καὶ : κατὰ Heindorf e Ficino || **a** 2 γε delendum susp. Schanz || **a** 7 ὄντι δέ τι Coisl. 155 : ὂν δέ τι BW ὄντι δὲ TY || ποτε om. B || **a** 8 φήσομεν προσγίγνεσθαι W.

Théétète. — Comment l'affirmer ?

L'Étranger. — Or, d'après nous, le nombre, en son ensemble, c'est de l'être.

b Théétète. — S'il y a quelque chose qui ait droit à ce titre, c'est lui.

L'Étranger. — Evitons donc jusqu'à la tentative de transporter sur le non-être quoi que ce soit du nombre, pluralité ou unité.

Théétète. — Nous aurions tort, en tout cas, de l'essayer, à ce qu'il paraît : le raisonnement nous l'interdit.

L'Étranger. — Comment alors énoncer de bouche ou même, seulement, concevoir par la pensée les non-êtres ou le non-être sans faire emploi du nombre ?

Théétète. — Explique-toi.

c L'Étranger. — Quand nous parlons des non-êtres, n'essayons-nous point là d'appliquer le nombre plural ?

Théétète. — Indubitablement.

L'Étranger. — Et, parlant du non-être, d'appliquer, cette fois, l'unité ?

Théétète. — Très manifestement.

L'Étranger. — Or il n'est ni juste ni correct, affirmons-nous, de vouloir assembler être et non-être.

Théétète. — C'est la vérité même.

L'Étranger. — Comprends-tu alors qu'on ne saurait légitimement ni prononcer, ni dire, ni penser le non-être en lui-même ; qu'il est, au contraire, impensable, ineffable, imprononçable, inexprimable ?[1]

Théétète. — Absolument.

d L'Étranger. — Me serais-je donc trompé tout à l'heure en disant que j'allais énoncer la plus grande des difficultés qui le concernent ?

Théétète. — Eh quoi ? Est-ce qu'une plus grave encore nous reste à formuler ?

L'Étranger. — Eh quoi, étonnant jeune homme, ne devines-tu pas, au seul énoncé des phrases précédentes, en quelle difficulté le non-être met celui même qui le réfute, si bien

1. « Le pur néant ne saurait être l'objet de l'intelligence ; on ne le conçoit point, on n'en a point d'idée, il ne peut se présenter à l'esprit » (Fénelon, *Traité de l'Existence de Dieu*). Cf. *Parm.*, 164 a, et Gorgias, *De la Nature* (apud Sextum Empiricum, *adv. math.*, VII, 80).

ΘΕΑΙ. Καὶ πῶς ;

ΞΕ. Ἀριθμὸν δὴ τὸν σύμπαντα τῶν ὄντων τίθεμεν.

ΘΕΑΙ. Εἴπερ γε καὶ ἄλλο τι θετέον ὡς ὄν. b

ΞΕ. Μὴ τοίνυν μηδ᾽ ἐπιχειρῶμεν ἀριθμοῦ μήτε πλῆθος μήτε ἓν πρὸς τὸ μὴ ὂν προσφέρειν.

ΘΕΑΙ. Οὔκουν ἂν ὀρθῶς γε, ὡς ἔοικεν, ἐπιχειροῖμεν, ὥς φησιν ὁ λόγος.

ΞΕ. Πῶς οὖν ἂν ἢ διὰ τοῦ στόματος φθέγξαιτο ἄν τις ἢ καὶ τῇ διανοίᾳ τὸ παράπαν λάβοι τὰ μὴ ὄντα ἢ τὸ μὴ ὂν χωρὶς ἀριθμοῦ ;

ΘΕΑΙ. Λέγε πῇ ;

ΞΕ. Μὴ ὄντα μὲν ἐπειδὰν λέγωμεν, ἆρα οὐ πλῆθος ἐπι- c
χειροῦμεν ἀριθμοῦ προστιθέναι ;

ΘΕΑΙ. Τί μήν ;

ΞΕ. Μὴ ὂν δέ, ἆρα οὐ τὸ ἓν αὖ ;

ΘΕΑΙ. Σαφέστατά γε.

ΞΕ. Καὶ μὴν οὔτε δίκαιόν γε οὔτε ὀρθόν φαμεν ὂν ἐπιχειρεῖν μὴ ὄντι προσαρμόττειν.

ΘΕΑΙ. Λέγεις ἀληθέστατα.

ΞΕ. Συννοεῖς οὖν ὡς οὔτε φθέγξασθαι δυνατὸν ὀρθῶς οὔτ᾽ εἰπεῖν οὔτε διανοηθῆναι τὸ μὴ ὂν αὐτὸ καθ᾽ αὑτό, ἀλλ᾽ ἔστιν ἀδιανόητόν τε καὶ ἄρρητον καὶ ἄφθεγκτον καὶ ἄλογον ;

ΘΕΑΙ. Παντάπασι μὲν οὖν.

ΞΕ. Ἆρ᾽ οὖν ἐψευσάμην ἄρτι λέγων τὴν μεγίστην ἀπο- d
ρίαν ἐρεῖν αὐτοῦ πέρι ;

ΘΕΑΙ. Τί δέ ; ἔτι μείζω τινὰ λέγειν ἄλλην ἔχομεν ;

ΞΕ. Τί δέ, ὦ θαυμάσιε ; οὐκ ἐννοεῖς αὐτοῖς τοῖς λεχθεῖσιν ὅτι καὶ τὸν ἐλέγχοντα εἰς ἀπορίαν καθίστησι τὸ μὴ

b 3 ἓν B : τὸ ἓν W τὸ ὂν TY || **b** 4 ἐπιχειροῖμεν : -ῶμεν W || **b** 6 ἂν ante τις om. W || **b** 9 πῇ : ὅπῃ Y || **c** 1 ἀριθμοῦ ἐπιχειροῦμεν TY || **c** 6 ὂν om. B || **d** 3 τί δέ ...ἔχομεν in marg. Paris. 1811 : hospiti tribuunt Winckelmann auctore Hermann Schanz Burnet τόδε — BTY τὸ δὲ — W || **d** 4 τί δέ BY : τί δαὶ T τί δ᾽ W τίνα δὴ Winckelmann et al. Theaeteto tribuentes || ante αὐτοῖς add. ἐν W.

qu'essayer de le réfuter, c'est s'engager en d'inévitables contradictions ?

Théétète. — Que dis-tu là ? Explique-toi plus clairement.

L'étranger. — Ce n'est point en moi qu'il faut chercher ce
e surplus de clarté. Moi qui ai posé comme principe que le non-être ne doit participer ni à l'unité ni à la pluralité, tout à l'heure et maintenant encore, en cela même je l'ai dit un ; car je dis « le non-être ». Tu comprends certainement.

Théétète. — Oui.

L'étranger. — Qui plus est, l'instant d'auparavant, j'affirmais qu'il est, lui, imprononçable, ineffable et inexprimable. Tu suis ?

Théétète. — Je suis. Comment ne pas suivre ?

L'étranger. — M'essayer à lui appliquer ce « est », n'était-ce
239 a pas contredire mes propositions antérieures ?

Théétète. — Apparemment.

L'étranger. — Eh quoi ? le lui appliquer, n'était-ce pas m'adresser, en lui, à une unité ?

Théétète. — Si.

L'étranger. — Et puis, en le disant inexprimable, ineffable, imprononçable, c'est comme unité que je l'exprimais.

Théétète. — Comment ne pas l'avouer ?

L'étranger. — Or il est interdit, nous l'affirmons, à qui veut parler en stricte rigueur, de *le* définir, soit comme un, soit comme multiple, et même, absolument, de parler de *lui* ; car c'est, ici encore, la forme d'unité que cette appellation lui appliquerait[1].

Théétète. — Absolument.

b L'étranger. — A quoi bon, alors, parler de moi plus longtemps ? Pour trouver que je suis battu, maintenant comme toujours, dans cette argumentation contre le non-être ? Ce n'est donc point en mon parler, comme je le disais, qu'il

1. Si on parle du non-être en disant, de *lui*, qu'*il est inexprimable*, etc., tous les mots d'une telle phrase seront au singulier. Condillac dira, un peu autrement : « Pour parler d'une chose, il faut lui avoir donné un nom, ou pouvoir la désigner par plusieurs mots équivalents ; et pour lui donner un nom, ou pour la désigner par plusieurs mots, il faut qu'elle existe ou que nous puissions la regarder comme existante ; car ce qui n'existerait ni dans la nature, ni dans notre manière de concevoir, ne saurait être l'objet de notre esprit. Le néant même prend une sorte d'existence lorsque nous en parlons » (*Grammaire*, I, 12).

ὂν οὕτως, ὥστε, ὁπόταν αὐτὸ ἐπιχειρῇ τις ἐλέγχειν, ἐναν-
τία αὐτὸν αὑτῷ περὶ ἐκεῖνο ἀναγκάζεσθαι λέγειν ;
ΘΕΑΙ. Πῶς φῄς ; εἰπὲ ἔτι σαφέστερον.
ΞΕ. Οὐδὲν δεῖ τὸ σαφέστερον ἐν ἐμοὶ σκοπεῖν. Ἐγὼ μὲν
γὰρ ὑποθέμενος οὔτε ἑνὸς οὔτε τῶν πολλῶν τὸ μὴ ὂν δεῖν e
μετέχειν, ἄρτι τε καὶ νῦν οὕτως ἓν αὐτὸ εἴρηκα· τὸ μὴ ὂν
γὰρ φημί. Συνίῃς τοι.
ΘΕΑΙ. Ναί.
ΞΕ. Καὶ μὴν αὖ καὶ σμικρὸν ἔμπροσθεν ἄφθεγκτόν τε
αὐτὸ καὶ ἄρρητον καὶ ἄλογον ἔφην εἶναι. Συνέπῃ ;
ΘΕΑΙ. Συνέπομαι. Πῶς γὰρ οὔ ;
ΞΕ. Οὐκοῦν τό γε εἶναι προσάπτειν πειρώμενος ἐναντία
τοῖς πρόσθεν ἔλεγον ; 239 a
ΘΕΑΙ. Φαίνῃ.
ΞΕ. Τί δέ ; τοῦτο προσάπτων οὐχ ὡς ἑνὶ διελεγόμην ;
ΘΕΑΙ. Ναί.
ΞΕ. Καὶ μὴν ἄλογόν γε λέγων καὶ ἄρρητον καὶ ἄφθεγ-
κτον ὥς γε πρὸς ἓν τὸν λόγον ἐποιούμην.
ΘΕΑΙ. Πῶς δ' οὔ ;
ΞΕ. Φαμὲν δέ γε δεῖν, εἴπερ ὀρθῶς τις λέξει, μήτε ὡς
ἓν μήτε ὡς πολλὰ διορίζειν αὐτό, μηδὲ τὸ παράπαν αὐτὸ
καλεῖν· ἑνὸς γὰρ εἴδει καὶ κατὰ ταύτην ἂν τὴν πρόσρησιν
προσαγορεύοιτο.
ΘΕΑΙ. Παντάπασί γε.
ΞΕ. Τὸν μὲν τοίνυν ἐμέ γ' ἔτι τις ἂν λέγοι ; καὶ γὰρ b
πάλαι καὶ τὰ νῦν ἡττημένον ἂν εὕροι περὶ τὸν τοῦ μὴ
ὄντος ἔλεγχον. Ὥστε ἐν ἔμοιγε λέγοντι, καθάπερ εἶπον,

d 7 αὑτῷ TY : αὐτῷ W αὐτὸ B || **e** 3 τοι : τι Y || **e** 7 συνέπομαι. Πῶς γὰρ οὔ ; TYW : ξυνέπομαί πως B || **239 a** 1 ἔλεγον : λόγον B || **a** 3 προσάπτων : -άγων TY || ἑνὶ BW et in marg. T : ἓν TY ἓν ὂν Heindorf || **a** 5 γε : τε B || **a** 8 τις : τι W || **a** 10 ἑνὸς γὰρ BW : ἕν τε γὰρ T ἔν τε γὰρ Y ἐν ἑνὸς γὰρ Winckelmann ἕν τι γὰρ Heindorf || εἴδει : ἔδει W ἤδη Heindorf || **b** 1 ἐμέ γ' ἔτι τις Hermann : -γε ἔτι- TY ἐμέ τε τι τίς B ἐμὲ ἔτι τί τις W ἐμέ γε ἔτι τί τις uett. edd. cum Ven. 8 et Ven. 184 || **b** 2 ἂν εὕροι : ἄνευροι B εὕροι ἂν Y.

nous faut chercher les règles du bien parler au sujet du non-être. Mais, allons : désormais, cherchons-les en toi.

THÉÉTÈTE. — Que veux-tu dire ?

L'ÉTRANGER. — En avant, donc ! Sois bel et brave, toi qui es jeune. Bande toutes tes forces et, sans accoler au non-être, ni l'être, ni l'unité, ni la pluralité numérique, essaie de proférer une énonciation correcte à son sujet.

c THÉÉTÈTE. — Grande serait ma témérité et bien extravagante mon entreprise, si j'entreprenais là où je t'ai vu subir un tel échec.

L'ÉTRANGER. — Eh bien, si bon te semble, qu'il ne soit plus question ni de toi, ni de moi. Mais, jusqu'à ce que nous ayons trouvé quelqu'un qui soit de force pour cet exploit, jusque-là disons que, le plus astucieusement du monde, le sophiste s'est enfoncé dans un refuge inextricable[1].

THÉÉTÈTE. — Il en a tout à fait l'air.

L'ÉTRANGER. — Par conséquent, si nous affirmons qu'il possède un art de simulacre, user de telles formules sera

d lui rendre aisée la riposte. Facilement il retournera nos formules contre nous, et, quand nous l'appellerons faiseur d'images, nous demandera ce que, au bout du compte, nous appelons image. Il nous faut donc chercher, Théétète, ce qu'on pourra bien répondre à ce gaillard.

THÉÉTÈTE. — Nous répondrons évidemment par les images des eaux et des miroirs, les images peintes ou gravées et toutes autres choses de la sorte[2].

e L'ÉTRANGER. — Il est clair, Théétète, que tu n'as jamais vu de sophiste.

THÉÉTÈTE. — Pourquoi ?

L'ÉTRANGER. — Il t'aura l'air d'un homme qui ferme les yeux ou qui n'a point d'yeux du tout.

THÉÉTÈTE. — Comment cela ?

1. Cf. *supra*, 236 d. Là, c'était une *forme*, ici, c'est un *refuge* inextricable. L'idée logique et l'image, tirée de la chasse, s'entremêlent continuellement.

2. Les énumérations analogues sont fréquentes dans la *République* : 510 a (les ombres, les images des eaux et des miroirs, etc.) — 515 a (les images sculptées dans la pierre ou le bois) — 598 a et suiv. (les images peintes). La faute de Théétète est de donner une telle énumération pour une définition. Comparer *Théét.* 146 e, et *Ménon* 72 a.

μὴ σκοπῶμεν τὴν ὀρθολογίαν περὶ τὸ μὴ ὄν, ἀλλ' εἶα δὴ νῦν ἐν σοὶ σκεψώμεθα.

ΘΕΑΙ. Πῶς φῄς ;

ΞΕ. Ἴθι ἡμῖν εὖ καὶ γενναίως, ἅτε νέος ὤν, ὅτι μάλιστα δύνασαι συντείνας πειράθητι, μήτε οὐσίαν μήτε τὸ ἓν μήτε πλῆθος ἀριθμοῦ προστιθεὶς τῷ μὴ ὄντι, κατὰ τὸ ὀρθὸν φθέγξασθαί τι περὶ αὐτοῦ.

ΘΕΑΙ. Πολλή μεντἄν με καὶ ἄτοπος ἔχοι προθυμία c
τῆς ἐπιχειρήσεως, εἰ σὲ τοιαῦθ' ὁρῶν πάσχοντα αὐτὸς ἐπιχειροίην.

ΞΕ. Ἀλλ' εἰ δοκεῖ, σὲ μὲν καὶ ἐμὲ χαίρειν ἐῶμεν· ἕως δ' ἂν τινι δυναμένῳ δρᾶν τοῦτο ἐντυγχάνωμεν, μέχρι τούτου λέγωμεν ὡς παντὸς μᾶλλον πανούργως εἰς ἄπορον ὁ σοφιστὴς τόπον καταδέδυκεν.

ΘΕΑΙ. Καὶ μάλα δὴ φαίνεται.

ΞΕ. Τοιγαροῦν εἴ τινα φήσομεν αὐτὸν ἔχειν φανταστικὴν τέχνην, ῥᾳδίως ἐκ ταύτης τῆς χρείας τῶν λόγων ἀντι- d
λαμβανόμενος ἡμῶν εἰς τοὐναντίον ἀποστρέψει τοὺς λόγους, ὅταν εἰδωλοποιὸν αὐτὸν καλῶμεν, ἀνερωτῶν τί ποτε τὸ παράπαν εἴδωλον λέγομεν. Σκοπεῖν οὖν, ὦ Θεαίτητε, χρὴ τί τις τῷ νεανίᾳ πρὸς τὸ ἐρωτώμενον ἀποκρινεῖται.

ΘΕΑΙ. Δῆλον ὅτι φήσομεν τά τε ἐν τοῖς ὕδασι καὶ κατόπτροις εἴδωλα, ἔτι καὶ τὰ γεγραμμένα καὶ τὰ τετυπωμένα καὶ τἆλλα ὅσα που τοιαῦτ' ἔσθ' ἕτερα.

ΞΕ. Φανερός, ὦ Θεαίτητε, εἶ σοφιστὴν οὐχ ἑωρακώς. e

ΘΕΑΙ. Τί δή ;

ΞΕ. Δόξει σοι μύειν ἢ παντάπασιν οὐκ ἔχειν ὄμματα.

ΘΕΑΙ. Πῶς ;

b 4 εἶα Ven. 184 : ἔα BTYW || **b** 8 τὸ om. W || **b** 9 τὸ ὀρθὸν : τὸν ὀρθὸν λόγον TY || **c** 1 ἔχοι : -ει W || **c** 2 ὁρῶν τοιαῦτα W || **c** 6 λέγωμεν : -ομεν W || πανούργως : -ος B || **d** 1 χρείας τῶν λόγων : -τὸν λόγον B χειᾶς τοῦ λόγου Madvig || **d** 2 ἀποστρέψει YT² : ἀποτρ- BTW || **d** 3 ποτε B : om. TYW || **d** 4 χρή, ὦ θεαίτητε W || **d** 7 ἔτι : om. W ἔτι δὲ Heindorf || **e** 1 εἶ, ὦ θεαίτητε W || **e** 3 ὄμματα : ὀνόμ- Y.

L'Étranger. — Quand tu lui répondras en ce sens, si tu viens à lui parler de ce qui se forme dans les miroirs ou de ce que les mains façonnent, il se rira de tes exemples, faits pour un homme qui voit. Lui feindra d'ignorer miroirs, eaux et
240 a vue même, et ce qu'il te demandera, c'est uniquement ce qu'on doit tirer de ces exemples.

Théétète. — Quoi donc ?

L'Étranger. — Ce qu'il y a de commun entre tous ces objets, que tu dis multiples et que tu honores cependant d'un nom unique, à savoir du nom d'image, que tu étends comme une unité sur eux tous [1]. Parle maintenant, et, sans céder d'un pas, repousse l'adversaire.

Théétète. — Quelle définition donnerions-nous donc de l'image, étranger, autre que de l'appeler un second objet pareil copié sur le vrai ?

L'Étranger. — Ton « second objet pareil » veut-il dire
b un objet vrai, ou que veux-tu dire avec ce « pareil » ?

Théétète. — Point du tout un vrai, bien sûr, mais un qui ressemble [2].

L'Étranger. — Mais, par le vrai, tu entends « un être réel » ?

Théétète. — Oui certes.

L'Étranger. — Eh quoi ? Par le non-vrai, tu entends le contraire du vrai ?

Théétète. — Comment donc !

L'Étranger. — Ce qui ressemble est donc pour toi un irréel non-être, puisque tu l'affirmes non-vrai.

Théétète. — Il a quelque être, pourtant.

L'Étranger. — Pas un vrai être, en tout cas, d'après toi.

Théétète. — Assurément non ; encore qu'il ait réel être de ressemblance.

L'Étranger. — Ainsi donc, ce que nous appelons ressemblance est réellement un irréel non-être ?

1. Ces formules sur l'essence commune qu'atteint la définition se retrouvent partout dans Platon. Cf., en particulier, *Ménon* 74 d-75 a, *Phèdre* 265 d/e, *Théétète* 148 d.

2. Cf. *Cratyle* 432 b/d, où l'on montre que l'image, pour être image, ne doit pas reproduire absolument tous les caractères de l'objet, sans quoi elle serait le double exact de l'objet. Pour les formules, cf. *Rép.* 596 d/e : l'objet que nous présente le miroir « apparaît, mais n'est point » ; le lit que peint l'artiste « n'est point un vrai lit, mais un lit apparent ».

ΞΕ. Τὴν ἀπόκρισιν ὅταν οὕτως αὐτῷ διδῷς, ἐὰν ἐν κατόπτροις ἢ πλάσμασι λέγῃς τι, καταγελάσεταί σου τῶν λόγων, ὅταν ὡς βλέποντι λέγῃς αὐτῷ, προσποιούμενος οὔτε κά-
τοπτρα οὔτε ὕδατα γιγνώσκειν οὔτε τὸ παράπαν ὄψιν, τὸ 240 a
δ' ἐκ τῶν λόγων ἐρωτήσει σε μόνον.

ΘΕΑΙ. Ποῖον ;

ΞΕ. Τὸ διὰ πάντων τούτων ἃ πολλὰ εἰπὼν ἠξίωσας ἑνὶ προσειπεῖν ὀνόματι φθεγξάμενος εἴδωλον ἐπὶ πᾶσιν ὡς ἓν ὄν. Λέγε οὖν καὶ ἀμύνου μηδὲν ὑποχωρῶν τὸν ἄνδρα.

ΘΕΑΙ. Τί δῆτα, ὦ ξένε, εἴδωλον ἂν φαῖμεν εἶναι πλήν γε τὸ πρὸς τἀληθινὸν ἀφωμοιωμένον ἕτερον τοιοῦτον ;

ΞΕ. Ἕτερον δὲ λέγεις τοιοῦτον ἀληθινόν, ἢ ἐπὶ τίνι τὸ
τοιοῦτον εἶπες ; b

ΘΕΑΙ. Οὐδαμῶς ἀληθινόν γε, ἀλλ' ἐοικὸς μέν.

ΞΕ. Ἆρα τὸ ἀληθινὸν ὄντως ὂν λέγων ;

ΘΕΑΙ. Οὕτως.

ΞΕ. Τί δέ ; τὸ μὴ ἀληθινὸν ἆρ' ἐναντίον ἀληθοῦς ;

ΘΕΑΙ. Τί μήν ;

ΞΕ. Οὐκ ὄντως οὐκ ὂν ἄρα λέγεις τὸ ἐοικός, εἴπερ αὐτό γε μὴ ἀληθινὸν ἐρεῖς.

ΘΕΑΙ. Ἀλλ' ἔστι γε μήν πως.

ΞΕ. Οὔκουν ἀληθῶς γε, φῄς.

ΘΕΑΙ. Οὐ γὰρ οὖν· πλήν γ' εἰκὼν ὄντως.

ΞΕ. Οὐκ ὂν ἄρα οὐκ ὄντως ἐστὶν ὄντως ἣν λέγομεν εἰκόνα ;

e 5 ἐὰν secl. Heindorf ἐὰν... e 6 λέγῃς τι secl. Cobet. || e 7 ὅταν... αὐτῷ secl. Cobet || βλέποντι : -πων τι TY || **240 a** 1 τὸ ante παράπαν om. Y || **a** 2 λόγων : ἔργων W || **b** 1 εἶπες : -ας W || **b** 7 οὐκ ὄντως οὐκ ὂν W et sic legit Proclus *in Parm.* 744,34 816,19-21 Damascius II 293,18 : οὐκ ὄντων οὐκόν B οὐκ ὂν TY || **b** 9 πως Hermann : πῶς ; codd. praecedentia hospiti tribuentes || **b** 10 οὔκουν W : οὐκοῦν TY οὐκόν B || γε φῄς Steph. : γε φῇς TY γ' ἔφην BW || **b** 12 οὐκ ὂν W : οὐκόν B οὐκοῦν TY malit Ritter || οὐκ ὄντως BTYW Campbell : οὐκ ὄντος t οὐκ <ὂν> ὄντως Ritter ὄντως Badham Schanz Burnet ὄντως ὄντως Wilamowitz || ante ἐστὶν add. ον (uoluit ὂν) supra lin. altera manu Y || ὄντως ἣν : ὄντος ἣν t Steph. Wilamowitz.

c THÉÉTÈTE. — J'ai bien peur que ce soit d'un tel entrelacement que l'être s'enlace au non-être, de la façon la plus bizarre.

L'ÉTRANGER. — Bizarre, assurément. Tu vois, à tout le moins, que, maintenant encore, par un tel entrecroisement, notre sophiste aux cent têtes nous a contraints de reconnaître, malgré nous, que le non-être est en quelque façon.

THÉÉTÈTE. — Je le vois trop bien.

L'ÉTRANGER. — Eh bien, que dire maintenant de son art ? Comment pourrons-nous le définir si nous voulons rester d'accord avec nous-mêmes ?

THÉÉTÈTE. — Que veux-tu dire et que crains-tu donc ?

d L'ÉTRANGER. — Quand, lui donnant pour domaine le simulacre et, pour œuvre, la tromperie, nous affirmerons que son art est un art d'illusion[1], dirons-nous alors que notre âme se forme des opinions fausses, par l'effet de son art ? Sinon, que pourrons-nous bien dire ?

THÉÉTÈTE. — Cela même. Que pourrions-nous dire d'autre ?

L'ÉTRANGER. — L'opinion fausse, sera-ce, maintenant, celle qui conçoit le contraire de ce qui est, ou quoi ?

THÉÉTÈTE. — Le contraire de ce qui est.

L'ÉTRANGER. — Ce sont donc, selon toi, des non-êtres que conçoit l'opinion fausse[2] ?

THÉÉTÈTE. — Nécessairement.

e L'ÉTRANGER. — Cela veut-il dire qu'elle conçoit ces non-êtres comme n'étant pas, ou qu'elle conçoit comme étant en quelque façon ce qui n'est d'aucune façon ?

THÉÉTÈTE. — Qu'elle conçoit les non-êtres comme étant en quelque façon ; il le faut bien, si l'on veut que l'erreur soit possible, si peu que ce soit.

L'ÉTRANGER. — Eh quoi ? Ne concevra-t-elle point aussi comme n'étant absolument pas ce qui est absolument ?

THÉÉTÈTE. — Si.

1. Cf. *supra* 239 d, et, pour « la sophistique, art d'illusion », Xén. *Cynég.* XIII, 4 et 15.

2. La formule « penser ou dire faux, c'est penser ou dire ce qui n'est pas » était une formule courante (*Rép.* 389 c, 413 a). Mais les sophistes qui niaient la possibilité de l'erreur (cf. Isocrate, *Hélène*, 208 a) niaient aussi qu'on pût penser ou dire le non-être (*Euthyd.* 284 a/c, *Crat.* 385 b/c), et Platon lui-même l'a nié dans les arguments dialectiques de la *République* (478 b/c) et du *Théétète* (188 d-189 b). Cf. *Notice* du *Théétète,* p. 141, note 3.

ΘΕΑΙ. Κινδυνεύει τοιαύτην τινὰ πεπλέχθαι συμπλοκὴν c
τὸ μὴ ὂν τῷ ὄντι, καὶ μάλα ἄτοπον.

ΞΕ. Πῶς γὰρ οὐκ ἄτοπον ; Ὁρᾷς γοῦν ὅτι καὶ νῦν διὰ τῆς ἐπαλλάξεως ταύτης ὁ πολυκέφαλος σοφιστὴς ἠνάγκακεν ἡμᾶς τὸ μὴ ὂν οὐχ ἑκόντας ὁμολογεῖν εἶναί πως.

ΘΕΑΙ. Ὁρῶ καὶ μάλα.

ΞΕ. Τί δὲ δή ; τὴν τέχνην αὐτοῦ τίνα ἀφορίσαντες ἡμῖν αὐτοῖς συμφωνεῖν οἷοί τε ἐσόμεθα ;

ΘΕΑΙ. Πῇ καὶ τὸ ποῖόν τι φοβούμενος οὕτω λέγεις ;

ΞΕ. Ὅταν περὶ τὸ φάντασμα αὐτὸν ἀπατᾶν φῶμεν καὶ d
τὴν τέχνην εἶναί τινα ἀπατητικὴν αὐτοῦ, τότε πότερον ψευδῆ δοξάζειν τὴν ψυχὴν ἡμῶν φήσομεν ὑπὸ τῆς ἐκείνου τέχνης, ἢ τί ποτ᾽ ἐροῦμεν ;

ΘΕΑΙ. Τοῦτο· τί γὰρ ἂν ἄλλο εἴπαιμεν ;

ΞΕ. Ψευδὴς δ᾽ αὖ δόξα ἔσται τἀναντία τοῖς οὖσι δοξάζουσα, ἢ πῶς ;

ΘΕΑΙ. Τἀναντία.

ΞΕ. Λέγεις ἄρα τὰ μὴ ὄντα δοξάζειν τὴν ψευδῆ δόξαν ;

ΘΕΑΙ. Ἀνάγκη.

ΞΕ. Πότερον μὴ εἶναι τὰ μὴ ὄντα δοξάζουσαν, ἢ πως e
εἶναι τὰ μηδαμῶς ὄντα ;

ΘΕΑΙ. Εἶναί πως τὰ μὴ ὄντα δεῖ γε, εἴπερ ψεύσεταί ποτέ τίς τι καὶ κατὰ βραχύ.

ΞΕ. Τί δ᾽ ; οὐ καὶ μηδαμῶς εἶναι τὰ πάντως ὄντα δοξάζεται ;

ΘΕΑΙ. Ναί.

c 3 ὁρᾷς... 241 **a** 2 γένοιτο habet Stob. *Anthol.* lib. III cap. xii, 23 (vol. III, p. 449-450 Hense) || **c** 3 ὁρᾷς γοῦν : ὁρᾷς οὖν in marg. b om. B || **c** 4 ἐπαλλάξεως : ἐπάλξεως Stob. || ἠνάγκακεν : -ασεν Stob. || **c** 5 οὐκ ἑκόντας : οὐκ ἔχο- Stob. || **c** 6 καὶ om. Y || **c** 7 ἀφορίσαντες : -ζοντες W Stob. || **d** 1 φάντασμα : φάσμα B || ἀπατᾶν : -ντᾶν YW || **d** 2 πότερον : -α W πρότερον Y || **d** 8 ante τἀναντία add. οὕτως· Stob. || **d** 9 τὰ om. Stob. || δοξάζειν τὰ μὴ ὄντα W || **e** 1 πως : πῶς λέγεις Stob. || **e** 3 δεῖ γε : λέγε Stob. δή γε Heindorf || **e** 4 τι : om. T punctis notauit Y.

L'ÉTRANGER. — Et cela encore sera fausseté ?

THÉÉTÈTE. — Cela encore.

L'ÉTRANGER. — Le discours, à ce compte, sera, lui aussi, j'imagine, réputé faux pour la même raison, à savoir pour
241 a dire, des êtres, qu'ils ne sont pas, ou, des non-êtres, qu'ils sont ?[1]

THÉÉTÈTE. — Pour quelle autre raison pourrait-il être faux ?

L'ÉTRANGER. — Je n'en vois guère d'autre. Mais celle-là, le sophiste la rejettera. Le moyen, en effet, de la faire accepter par un homme de bon sens, quand il a été antérieurement convenu que c'est là une chose imprononçable, ineffable, inexprimable, impensable[2] ? Comprenons-nous, Théétète, ce que le sophiste peut dire ?

THÉÉTÈTE. — Comment ne pas comprendre qu'il nous accusera de dire maintenant le contraire de ce que nous disions alors, nous qui avons l'audace d'affirmer qu'il y a fausseté dans les opinions comme dans les discours ? Cela même, en
b effet, nous contraint d'assembler l'être au non-être en maintes formules, alors que nous venions de convenir que c'est là l'impossibilité la plus absolue.

L'ÉTRANGER. — Ton souvenir est exact. Mais voici l'heure de nous demander que faire au sujet du sophiste ; car, à le prétendre mieux scruter si nous lui assignons comme art celui des faiseurs d'impostures et des magiciens, tu vois comme les objections et les difficultés s'accumulent à plaisir.

THÉÉTÈTE. — Je le vois trop bien.

L'ÉTRANGER. — Or ce n'en est qu'une minime partie que
c nous avons passée en revue : leur nombre n'a, pour ainsi dire, point de fin.

THÉÉTÈTE. — Impossible alors, ce semble, de nous saisir du sophiste, s'il en est ainsi.

1. Comparer Aristote, *Métaph.* 1011 b, 25 et suiv.

2. Le texte des manuscrits donnerait, après « impensable », les mots « celle qui a été convenue avant celle-ci, τὰ πρὸ τούτων ὁμολογηθέντα ». Le texte de Madvig, supprimant « imprononçable..., impensable », donnerait : « quand a été antérieurement convenue la chose convenue avant celle-ci ». J'ai préféré supprimer τὰ πρὸ τούτων ὁμολογηθέντα ; c'est une glose explicative du composé προδιωμολογημένα. Le sujet est ταῦτα. Platon fait allusion à 238 c, et c'est là aussi que renvoie la réponse de Théétète.

ΞΕ. Καὶ τοῦτο δὴ ψεῦδος;

ΘΕΑΙ. Καὶ τοῦτο.

ΞΕ. Καὶ λόγος οἶμαι ψευδὴς οὕτω κατὰ ταὐτὰ νομισθήσεται τά τε ὄντα λέγων μὴ εἶναι καὶ τὰ μὴ ὄντα εἶναι. 241 a

ΘΕΑΙ. Πῶς γὰρ ἂν ἄλλως τοιοῦτος γένοιτο;

ΞΕ. Σχεδὸν οὐδαμῶς· ἀλλὰ ταῦτα ὁ σοφιστὴς οὐ φήσει. Ἢ τίς μηχανὴ συγχωρεῖν τινα τῶν εὖ φρονούντων, ὅταν ἄφθεγκτα καὶ ἄρρητα καὶ ἄλογα καὶ ἀδιανόητα προδιωμολογημένα ᾖ [τὰ πρὸ τούτων ὁμολογηθέντα]; Μανθάνομεν, ὦ Θεαίτητε, ἃ λέγει;

ΘΕΑΙ. Πῶς γὰρ οὐ μανθάνομεν ὅτι τἀναντία φήσει λέγειν ἡμᾶς τοῖς νυνδή, ψευδῆ τολμήσαντας εἰπεῖν ὡς ἔστιν ἐν δόξαις τε καὶ κατὰ λόγους; τῷ γὰρ μὴ ὄντι τὸ ὂν b προσάπτειν ἡμᾶς πολλάκις ἀναγκάζεσθαι, διομολογησαμένους νυνδὴ τοῦτο εἶναι πάντων ἀδυνατώτατον.

ΞΕ. Ὀρθῶς ἀπεμνημόνευσας. Ἀλλ' ὥρα δὴ βουλεύεσθαι τί χρὴ δρᾶν τοῦ σοφιστοῦ πέρι· τὰς γὰρ ἀντιλήψεις καὶ ἀπορίας, ἐὰν αὐτὸν διερευνῶμεν ἐν τῇ τῶν ψευδουργῶν καὶ γοήτων τέχνῃ τιθέντες, ὁρᾷς ὡς εὔποροι καὶ πολλαί.

ΘΕΑΙ. Καὶ μάλα.

ΞΕ. Μικρὸν μέρος τοίνυν αὐτῶν διεληλύθαμεν, οὐσῶν ὡς ἔπος εἰπεῖν ἀπεράντων. c

ΘΕΑΙ. Ἀδύνατόν γ' ἄν, ὡς ἔοικεν, εἴη τὸν σοφιστὴν ἑλεῖν, εἰ ταῦτα οὕτως ἔχει.

e 10 ταὐτὰ Stob. : ταῦτα TY ταῦτα ταῦτα B ταυτὰ ταῦτα W || **241 a 2** ἄλλως W Stob. : -ος BTY || **a 3** οὐ om. W || **a 4** ᾖ om. W || **a 5** ἄφθεγκτα καὶ ἄρρητα καὶ ἄλογα καὶ ἀδιανόητα secl. Madvig || προδιωμολογημένα : προσ- BW || **a 6** τὰ πρὸ τούτων ὁμολογηθέντα seclusi || **a 7** ἃ : ὃν Y || λέγει Paris. 1812 : -εις BTYW || **a 8** φήσει : φησὶν (et ει supra ὶν) post λέγειν transp. W || **b 3** τοῦτο εἶναι W : που τοῦτο εἶναι BT που εἶναι τοῦτο Y || **b 4** ὥρα W : ὅρα BTY malit Burnet || βουλεύεσθαι : -σασθαι TY secl. Burnet || **b 6-7** τῶν γοήτων καὶ ψευδουργῶν τιθέντες τέχνῃ W || εὔποροι : ἄπ- Heusde || **c 2** γ' ἄν Burnet : γὰρ BTY ἄρ' W γὰρ ἂν corr. Paris. 1808 γάρ uel τἄρ' Campbell || εἴη : ἂν εἴη Campbell || **c 3** εἰ : ἐν Y[1] || ἔχει : -η supra lin. Y.

L'ÉTRANGER. — Eh quoi ? Aurions-nous, à cette heure, perdu courage au point de nous dérober ?

THÉÉTÈTE. — Je n'en suis, certes, point d'avis, pour peu que nous ayons chance de mettre la main sur notre homme.

L'ÉTRANGER. — Ainsi je puis compter sur ton indulgence et, comme tu viens de le dire, tu te contenteras du peu que nous pourrons gagner, n'importe où, sur une thèse d'une telle vigueur ?

THÉÉTÈTE. — Comment pourrais-tu en douter ?

d L'ÉTRANGER. — Je te ferai donc encore une prière plus instante.

THÉÉTÈTE. — Laquelle ?

L'ÉTRANGER. — De ne me point regarder comme un parricide.

Réfutation de la thèse parménidienne.

THÉÉTÈTE. — Que veux-tu dire ?

L'ÉTRANGER. — C'est qu'il nous faudra nécessairement, pour nous défendre, mettre à la question la thèse de notre père Parménide et, de force, établir que le non-être est, sous un certain rapport, et que l'être, à son tour, en quelque façon, n'est pas.

THÉÉTÈTE. — C'est là, évidemment, qu'il nous faut porter le fort du débat.

L'ÉTRANGER. — Comment ne serait-ce pas évident et, comme on dit, évident même pour un aveugle ? Tant que ne
e sera faite ni cette réfutation ni cette démonstration, on ne pourra guère parler de discours faux ni d'opinions fausses, ni d'images, de copies, d'imitations ou de simulacres, pas plus que d'aucun des arts qui s'en occupent, sans s'empêtrer inévitablement en des contradictions ridicules.

THÉÉTÈTE. — C'est très vrai.

242 a L'ÉTRANGER. — Voilà pourquoi, précisément, le moment est venu, ou de s'attaquer à la thèse paternelle, ou de lui céder le champ sans retour, au cas où, devant le premier parti, quelque scrupule nous retiendrait.

THÉÉTÈTE. — Mais, quant à cela, que rien absolument ne nous retienne.

L'ÉTRANGER. — Pour la troisième fois, en ce cas, j'aurai à te demander une légère faveur.

THÉÉTÈTE. — Tu n'as qu'à parler.

ΞΕ. Τί οὖν ; ἀποστησόμεθα νῦν μαλθακισθέντες ;

ΘΕΑΙ. Οὔκουν ἔγωγέ φημι δεῖν, εἰ καὶ κατὰ σμικρὸν οἷοί τ᾽ ἐπιλαβέσθαι πῃ τἀνδρός ἐσμεν.

ΞΕ. Ἕξεις οὖν συγγνώμην καὶ καθάπερ νῦν εἶπες ἀγαπήσεις ἐάν πῃ καὶ κατὰ βραχὺ παρασπασώμεθα οὕτως ἰσχυροῦ λόγου ;

ΘΕΑΙ. Πῶς γὰρ οὐχ ἕξω ;

ΞΕ. Τόδε τοίνυν ἔτι μᾶλλον παραιτοῦμαί σε. d

ΘΕΑΙ. Τὸ ποῖον ;

ΞΕ. Μή με οἷον πατραλοίαν ὑπολάβῃς γίγνεσθαί τινα.

ΘΕΑΙ. Τί δή ;

ΞΕ. Τὸν τοῦ πατρὸς Παρμενίδου λόγον ἀναγκαῖον ἡμῖν ἀμυνομένοις ἔσται βασανίζειν, καὶ βιάζεσθαι τό τε μὴ ὂν ὡς ἔστι κατά τι καὶ τὸ ὂν αὖ πάλιν ὡς οὐκ ἔστι πῃ.

ΘΕΑΙ. Φαίνεται τὸ τοιοῦτον διαμαχετέον ἐν τοῖς λόγοις.

ΞΕ. Πῶς γὰρ οὐ φαίνεται καὶ τὸ λεγόμενον δὴ τοῦτο τυφλῷ ; τούτων γὰρ μήτ᾽ ἐλεγχθέντων μήτε ὁμολογηθέντων e
σχολῇ ποτέ τις οἷός τε ἔσται περὶ λόγων ψευδῶν λέγων ἢ δόξης, εἴτε εἰδώλων εἴτε εἰκόνων εἴτε μιμημάτων εἴτε φαντασμάτων αὐτῶν, ἢ καὶ περὶ τεχνῶν τῶν ὅσαι περὶ ταῦτά εἰσι, μὴ καταγέλαστος εἶναι τὰ ἐναντία ἀναγκαζόμενος αὐτῷ λέγειν.

ΘΕΑΙ. Ἀληθέστατα.

ΞΕ. Διὰ ταῦτα μέντοι τολμητέον ἐπιτίθεσθαι τῷ πα- 242 a
τρικῷ λόγῳ νῦν, ἢ τὸ παράπαν ἐατέον, εἰ τοῦτό τις εἴργει δρᾶν ὄκνος.

ΘΕΑΙ. Ἀλλ᾽ ἡμᾶς τοῦτό γε μηδὲν μηδαμῇ εἴρξῃ.

ΞΕ. Τρίτον τοίνυν ἔτι σε σμικρόν τι παραιτήσομαι.

ΘΕΑΙ. Λέγε μόνον.

c 4 post οὖν add. οὕτως W || **c** 5 δεῖν om. Y || **c** 7 εἶπες νῦν W || **c** 8 πῃ : πῄ τι Badham || **d** 8 τὸ.. λόγοις secl. Hermann || **e** 1 μήτε ἐλεγχθέντων TY : μητελεγχ- B μήτε λεγχ- W || **e** 5 τὰ ἐναντία : τά γ᾽ ἐν- Burnet τὰ μὲν ἄντι B || **242 a** 2 νῦν om. TY.

L'Étranger. — J'ai avoué, je crois, tout à l'heure, d'une façon expresse, qu'une telle réfutation a toujours dépassé mes forces et les dépasse assurément encore.

Théétète. — Tu l'as avoué.

L'Étranger. — J'ai donc peur que ce que j'ai dit ne te donne occasion de me regarder comme un détraqué, qui se
b retourne bout pour bout, à volonté. Or, au fait, c'est bien pour te faire plaisir que nous nous déciderons à réfuter la thèse, si nous la réfutons.

Théétète. — Compte bien que, moi du moins, je ne trouverai jamais que tu passes la mesure si tu te lances en cette réfutation et cette démonstration. S'il n'est que de cela, va donc de l'avant sans rien craindre.

L'Étranger. — Eh bien, allons, par quel début entamer une si périlleuse argumentation ? A mon avis, voici, mon jeune ami, le chemin qui s'impose à nous.

Les théories antiques de l'être. Les doctrines pluralistes.

Théétète. — Lequel ?

L'Étranger. — Sur ce qui paraît actuellement clair, porter d'abord notre examen, de peur que, n'en ayant encore
c qu'une vue trop trouble par endroits, nous ne nous y mettions trop facilement d'accord comme en affaire bel et bien jugée.

Théétète. — Formule plus clairement ce que tu veux dire.

L'Étranger. — C'est sans y chercher trop de façons qu'à mon avis Parménide nous entretint, lui, et quiconque avec lui se lança dans cette entreprise de déterminer combien il y a d'êtres, et quels ils sont.

Théétète. — Comment ?

L'Étranger. — Ils m'ont l'air de nous conter des mythes, chacun le sien, comme on ferait à des enfants. D'après l'un, il y a trois êtres, qui tantôt s'entreguerroient les uns ou les autres
d en quelque façon, tantôt, devenant amis, nous font assister à leurs épousailles, enfantements, nourrissements de rejetons. Un autre s'arrête à deux : humide et sec, ou chaud et froid, qu'il fait cohabiter et marie en due forme[1]. Chez nous, la gent Eléatique, issue de Xénophane et de plus haut

1. Comparer Isocrate disant, des *anciens sophistes* : « Pour l'un, il y a une infinité d'êtres ; pour *Empédocle,* quatre, parmi lesquels règnent la Haine et l'Amitié ; pour *Ion,* seulement trois ; pour

ΞΕ. Εἰπόν που νυνδὴ λέγων ὡς πρὸς τὸν περὶ ταῦτ᾽ ἔλεγχον ἀεί τε ἀπειρηκὼς ἐγὼ τυγχάνω καὶ δὴ καὶ τὰ νῦν.

ΘΕΑΙ. Εἶπες.

ΞΕ. Φοβοῦμαι δὴ τὰ εἰρημένα, μή ποτε διὰ ταῦτά σοι
μανικὸς εἶναι δόξω παρὰ πόδα μεταβαλὼν ἐμαυτὸν ἄνω
καὶ κάτω. Σὴν γὰρ δὴ χάριν ἐλέγχειν τὸν λόγον ἐπιθησό- b
μεθα, ἐάνπερ ἐλέγχωμεν.

ΘΕΑΙ. Ὡς τοίνυν ἔμοιγε μηδαμῇ δόξων μηδὲν πλημμελεῖν, ἂν ἐπὶ τὸν ἔλεγχον τοῦτον καὶ τὴν ἀπόδειξιν ἴῃς, θαρρῶν ἴθι τούτου γε ἕνεκα.

ΞΕ. Φέρε δή, τίνα ἀρχήν τις ἂν ἄρξαιτο παρακινδυνευτικοῦ λόγου ; δοκῶ μὲν γὰρ τήνδ᾽, ὦ παῖ, τὴν ὁδὸν ἀναγκαιοτάτην ἡμῖν εἶναι τρέπεσθαι.

ΘΕΑΙ. Ποίαν δή ;

ΞΕ. Τὰ δοκοῦντα νῦν ἐναργῶς ἔχειν ἐπισκέψασθαι
πρῶτον μή πῃ τεταραγμένοι μὲν ὦμεν περὶ ταῦτα, ῥᾳδίως c
δ᾽ ἀλλήλοις ὁμολογῶμεν ὡς εὐκρινῶς ἔχοντες.

ΘΕΑΙ. Λέγε σαφέστερον ὃ λέγεις.

ΞΕ. Εὐκόλως μοι δοκεῖ Παρμενίδης ἡμῖν διειλέχθαι καὶ πᾶς ὅστις πώποτε ἐπὶ κρίσιν ὥρμησε τοῦ τὰ ὄντα διορίσασθαι πόσα τε καὶ ποῖά ἐστιν.

ΘΕΑΙ. Πῇ ;

ΞΕ. Μῦθόν τινα ἕκαστος φαίνεταί μοι διηγεῖσθαι
παισὶν ὡς οὖσιν ἡμῖν, ὁ μὲν ὡς τρία τὰ ὄντα, πολεμεῖ δὲ
ἀλλήλοις ἐνίοτε αὐτῶν ἄττα πῃ, τοτὲ δὲ καὶ φίλα γιγνό- d
μενα γάμους τε καὶ τόκους καὶ τροφὰς τῶν ἐκγόνων
παρέχεται· δύο δὲ ἕτερος εἰπών, ὑγρὸν καὶ ξηρὸν ἢ θερμὸν
καὶ ψυχρόν, συνοικίζει τε αὐτὰ καὶ ἐκδίδωσι· τὸ δὲ παρ᾽

a 7 που νυνδὴ : νῦν δή που B || **a** 9 εἶπες : -ας W[1] || **b** 3 μηδὲν : μηδὲ Y || **b** 7 δοκῶ μὲν : δοκῶμεν W || **b** 10 ἐναργῶς : ἀργῶς Y || **c** 1 μὲν ὦμεν W : μένωμεν BTY || **c** 2 δ᾽ om. TY || **c** 4 εὐκόλως.,. 243 **a** 4 ἐπιτιμᾶν habet Eus. *Praep. Euang.* XIV, 4,725 || **c** 4 δοκεῖ μοι W || **c** 5 post ὅστις add. ἡμῖν Eus. || ἐπὶ κρίσιν... **c** 8 ἕκαστος in marg. habet Y || **d** 1 ἄττα πῃ : ἀγάπῃ B || καὶ om. TY || **d** 3 ὑγρόν τε καὶ W || **d** 4 ψυχρὸν καὶ θερμόν W.

encore, ne voit qu'unité dans ce qu'on nomme le Tout et poursuit en ce sens l'exposé de ses mythes. Postérieurement, certaines Muses d'Ionie et de Sicile ont réfléchi que le
e plus sûr est d'entrelacer les deux thèses et de dire : l'être est à la fois un et plusieurs, la haine comme l'amitié font sa cohésion. Son désaccord même est un éternel accord : ainsi disent, parmi ces Muses, les voix les plus soutenues[1]. Les voix plus molles ont relâché l'éternelle rigueur de cette loi : dans l'alternance qu'elles prêchent, tantôt le Tout est un par l'amitié qu'y maintient Aphrodite, tantôt il est plusieurs et à
243 a soi-même hostile sous l'action de je ne sais quel discord[2]. En tout cela, quels dirent vrai, quels dirent faux ? Prononcer est difficile et ce serait détonner que de vouloir, sur des hommes que défend leur gloire et leur antiquité, exercer de si grosses critiques. Mais voici ce que nous pouvons déclarer sans insolence.

Théétète. — Quoi ?

L'Étranger. — Ceci : ils ont trop négligé d'abaisser leurs regards sur la foule que nous sommes[3] ; car c'est sans se mettre en peine si nous les pouvons suivre en leurs développements ou si nous traînons en arrière, qu'ils vont, chacun poussant
b à bout sa thèse.

Théétète. — Que veux-tu dire ?

L'Étranger. — Quand l'un d'eux élève la voix pour dire que l'être est, fut, devient multiple ou unique ou double ; quand un autre raconte le mélange du chaud au froid, après avoir posé le principe des dissociations et associations ; par les dieux, Théétète, comprends-tu quelque chose à ce qu'ils disent l'un ou l'autre ? Pour moi, dans un âge plus jeune, à toutes fois qu'on énonçait l'objet qui présentement nous embarrasse,

Alcméon, rien que deux ; pour *Parménide* et *Mélissos*, un ; pour *Gorgias*, absolument aucun » (*Or.* XV, 268, cité par méprise sous *Or.* X, 3, dans *Parménide*, *Notice*, p. 11), et Xénophon rappelant, dans une phrase, les oppositions historiques un et multiple, mouvement et repos, devenir absolu et permanence absolue (*Mémorables* I, 1, 14). De cette matière à *doxographies* banales, Platon fait son *Parménide*, son *Théétète* et son *Sophiste*.

1. « Ils ne comprennent pas comment son désaccord est concorde. » Héraclite, fragt 51.

2. Empédocle, *de la Nature*, frgt 17, vers 7 et 8, et *passim* (Diels, *Vorsokratiker*, I³, p. 229 et suiv.).

3. Aristote, *Métaph.* 1000 a, 8-22, transpose directement ces passages.

ἡμῖν Ἐλεατικὸν ἔθνος, ἀπὸ Ξενοφάνους τε καὶ ἔτι
πρόσθεν ἀρξάμενον, ὡς ἑνὸς ὄντος τῶν πάντων καλου-
μένων οὕτω διεξέρχεται τοῖς μύθοις. Ἰάδες δὲ καὶ Σικελαί
τινες ὕστερον Μοῦσαι συνενόησαν ὅτι συμπλέκειν ἀσφα-
λέστατον ἀμφότερα καὶ λέγειν ὡς τὸ ὂν πολλά τε καὶ ἕν e
ἐστιν, ἔχθρᾳ δὲ καὶ φιλίᾳ συνέχεται. Διαφερόμενον γὰρ
ἀεὶ συμφέρεται, φασὶν αἱ συντονώτεραι τῶν Μουσῶν· αἱ
δὲ μαλακώτεραι τὸ μὲν ἀεὶ ταῦτα οὕτως ἔχειν ἐχάλασαν,
ἐν μέρει δὲ τοτὲ μὲν ἓν εἶναί φασι τὸ πᾶν καὶ φίλον ὑπ᾽
Ἀφροδίτης, τοτὲ δὲ πολλὰ καὶ πολέμιον αὐτὸ αὑτῷ διὰ 243 a
νεῖκός τι. Ταῦτα δὲ πάντα εἰ μὲν ἀληθῶς τις ἢ μὴ τούτων
εἴρηκε, χαλεπὸν καὶ πλημμελὲς οὕτω μεγάλα κλεινοῖς καὶ
παλαιοῖς ἀνδράσιν ἐπιτιμᾶν· ἐκεῖνο δὲ ἀνεπίφθονον ἀποφή-
νασθαι —

ΘΕΑΙ. Τὸ ποῖον ;

ΞΕ. Ὅτι λίαν τῶν πολλῶν ἡμῶν ὑπεριδόντες ὠλι-
γώρησαν· οὐδὲν γὰρ φροντίσαντες εἴτ᾽ ἐπακολουθοῦμεν
αὐτοῖς λέγουσιν εἴτε ἀπολειπόμεθα, περαίνουσι τὸ σφέ-
τερον αὐτῶν ἕκαστοι. b

ΘΕΑΙ. Πῶς λέγεις ;

ΞΕ. Ὅταν τις αὐτῶν φθέγξηται λέγων ὡς ἔστιν ἢ
γέγονεν ἢ γίγνεται πολλὰ ἢ ἓν ἢ δύο, καὶ θερμὸν αὖ ψυχρῷ
συγκεραννύμενον ἄλλος εἴπῃ, διακρίσεις καὶ συγκρίσεις
ὑποτιθείς, τούτων, ὦ Θεαίτητε, ἑκάστοτε σύ τι πρὸς θεῶν
συνίης ὅτι λέγουσιν ; ἐγὼ μὲν γὰρ ὅτε μὲν ἦν νεώτερος,
τοῦτό τε τὸ νῦν ἀπορούμενον ὁπότε τις εἴποι, τὸ μὴ ὄν,

d 5 ἡμῖν corr. Paris. 1808 Eus. : ἡμῶν BTYW || **d** 7 τοῖς μύθοις : τοὺς μύθους Theodoretus || Ἰάδες..... 243 **a** 2 νεῖκός τι habet Simpl. *in. Ar. Phys.* p. 50 (Diels) || σικελαί B Simpl. : -ικαί TYW Eus. || **d** 8 συνενόησαν : -νοήκασιν B || συμπλέκειν : ἐμ- W || ἀσφαλέστατον : -τερον Eus. || **e** 5 ἓν : ὂν B || **243 a** 1 δὲ : δὲ καὶ TY || αὑτῷ : αὑτῷ ante αὐτὸ transp. B || **a** 2 πάντα δὲ ταῦτα W || **a** 7 ὠλιγώρησαν : ὑπεχώ- W)sed corr. in marg.) || **b** 1 αὐτῶν : -οὶ Y || **b** 4 ἢ δύο ἢ ἓν Y || **b** 5 ἄλλος εἴπῃ Radermacher : ἄλλοθί πῃ codd. || **b** 8 τε : γε Hermann secl. Cobet || τὸ ante νῦν om. B || τὸ μὴ ὂν secl. Cobet.

le non-être, je m'imaginais l'entendre exactement. Et, maintenant, tu vois quel est encore, à son sujet, notre embarras.

c THÉÉTÈTE. — Je vois.

L'ÉTRANGER. — Or il se peut très bien que, par rapport à l'être, nous ayons l'âme pleine d'une égale confusion, et que nous, qui nous affirmons si parfaitement à l'aise en ce qui le concerne, qui prétendons comprendre ceux qui l'énoncent et ne rien entendre à l'autre terme, nous en soyons au même point en ce qui concerne l'un et l'autre.

THÉÉTÈTE. — Cela se peut.

L'ÉTRANGER. — Formulons donc la même réserve pour tous les termes dont nous venons de parler.

THÉÉTÈTE. — Volontiers.

L'ÉTRANGER. — Or, à la troupe qu'ils sont, nous éten-
d drons postérieurement l'examen, si bon te semble. Mais c'en est le plus grand, le chef, qu'il faut d'abord examiner [1].

THÉÉTÈTE. — Lequel veux-tu dire ? Evidemment, c'est pour l'être qu'avant tout s'impose, selon toi, ce devoir : de découvrir quelle signification ceux qui l'énoncent peuvent bien lui prêter ?

L'ÉTRANGER. — Tu as saisi ma pensée au bond, Théétète. Voici donc, selon moi, quelle méthode s'impose à notre recherche. Nous les supposerons présents en personne et leur adresserons ces questions : « Voyons, vous tous pour qui le Tout est le chaud et le froid ou quelque couple de cette sorte, que pouvez-vous bien mettre sous ce vocable que vous
e appliquez au couple, quand vous dites et que le couple et que chacun de ses termes « est » ? Par ce « est », que voulez-vous nous faire entendre ? Y verrons-nous un troisième terme ajouté aux deux autres et devrons-nous, selon vous, poser, comme Tout, trois et non plus deux ? Car il ne vous suffit point, j'imagine, d'appeler « être » l'un ou l'autre des deux pour dire que, à titre égal, l'un et l'autre « sont » ? On aurait là, à la rigueur, une double manière de faire que un soit, mais aucune manière de faire que deux soient. »

THÉÉTÈTE. — Tu dis vrai.

L'ÉTRANGER. — « Serait-ce donc le couple que vous entendez appeler être » ?

1. Depuis 242 c/d à 245 e, l'exposition même des doctrines et surtout leur discussion n'est faite qu'au point de vue quantitatif (πόσα, 245 c).

ἀκριβῶς ᾤμην συνιέναι. Νῦν δὲ ὁρᾷς ἵν' ἐσμὲν αὐτοῦ πέρι τῆς ἀπορίας.

ΘΕΑΙ. Ὁρῶ. c

ΞΕ. Τάχα τοίνυν ἴσως οὐχ ἧττον κατὰ τὸ ὂν ταὐτὸν τοῦτο πάθος εἰληφότες ἐν τῇ ψυχῇ περὶ μὲν τοῦτο εὐπορεῖν φαμεν καὶ μανθάνειν ὁπόταν τις αὐτὸ φθέγξηται, περὶ δὲ θάτερον οὔ, πρὸς ἀμφότερα ὁμοίως ἔχοντες.

ΘΕΑΙ. Ἴσως.

ΞΕ. Καὶ περὶ τῶν ἄλλων δὴ τῶν προειρημένων ἡμῖν ταὐτὸν τοῦτο εἰρήσθω.

ΘΕΑΙ. Πάνυ γε.

ΞΕ. Τῶν μὲν τοίνυν πολλῶν πέρι καὶ μετὰ τοῦτο σκεψό-
μεθ', ἂν δόξῃ, περὶ δὲ τοῦ μεγίστου τε καὶ ἀρχηγοῦ πρώτου d
νῦν σκεπτέον.

ΘΕΑΙ. Τίνος δὴ λέγεις; ἢ δῆλον ὅτι τὸ ὂν φῄς πρῶτον δεῖν διερευνήσασθαι τί ποθ' οἱ λέγοντες αὐτὸ δηλοῦν ἡγοῦνται;

ΞΕ. Κατὰ πόδα γε, ὦ Θεαίτητε, ὑπέλαβες. Λέγω γὰρ
δὴ ταύτῃ δεῖν ποιεῖσθαι τὴν μέθοδον ἡμᾶς, οἷον αὐτῶν
παρόντων ἀναπυνθανομένους ὧδε· « Φέρε, ὁπόσοι θερμὸν
καὶ ψυχρὸν ἤ τινε δύο τοιούτω τὰ πάντ' εἶναί φατε, τί
ποτε ἄρα τοῦτ' ἐπ' ἀμφοῖν φθέγγεσθε, λέγοντες ἄμφω καὶ e
ἑκάτερον εἶναι; τί τὸ εἶναι τοῦτο ὑπολάβωμεν ὑμῶν;
πότερον τρίτον παρὰ τὰ δύο ἐκεῖνα, καὶ τρία τὸ πᾶν ἀλλὰ μὴ δύο ἔτι καθ' ὑμᾶς τιθῶμεν; οὐ γάρ που τοῖν γε δυοῖν καλοῦντες θάτερον ὂν ἀμφότερα ὁμοίως εἶναι λέγετε· σχεδὸν γὰρ ἂν ἀμφοτέρως ἕν, ἀλλ' οὐ δύο εἴτην. »

ΘΕΑΙ. Ἀληθῆ λέγεις.

ΞΕ. « Ἀλλ' ἆρά γε τὰ ἄμφω βούλεσθε καλεῖν ὄν »;

b 10 τῆς secl. Cobet || **c** 2 ταὐτόν : ταὐτό Y || **c** 3 εὐπορεῖν : ἀ- Y || **c** 4 ὁπόταν : -τε B || **d** 1 τε om. Y || πρώτου νῦν : -ου δή B πρῶτον νῦν Coisl. 155 -ον δή Schanz || **d** 3 τὸ ὄν : ὂν Y || **d** 4 δεῖν : δεῖ Y¹W || **d** 6 πόδα : πολλά BT¹ || **d** 7 δή om. W || **e** 1 φθέγγεσθε : -αι BW || **e** 2 τοῦτο : τούτω B || ὑπολάβωμεν : -ομεν W || **e** 4 που : πω Y || **e** 5 λέγετε : -αι B || **e** 6 εἴτην : εἰ τὴν BT || **e** 8 γε W : om. BTY.

THÉÉTÈTE. — Possible.

244 a L'ÉTRANGER. — « Mais alors, amis », répliquerons-nous, « ce serait encore là, très manifestement, appeler un le deux [1] ».

THÉÉTÈTE. — Ta réplique est parfaitement juste.

L'ÉTRANGER. — « Puis donc que nous y avons échoué, à vous de nous faire voir clairement ce que vous entendez signifier par ce vocable « être ». Evidemment ce sont là choses qui vous sont depuis longtemps familières. Nous-mêmes, jusqu'ici, nous nous figurions les comprendre; à cette heure, nous voici dans l'embarras [2]. Commencez donc par nous instruire là-dessus pour éviter qu'imaginant comprendre ce que vous dites il ne nous arrive, en fait, tout le contraire. » Voilà quelles
b questions et quelles réclamations nous adresserons à ces gens et à tous autres qui disent que le Tout est plus qu'un. Y trouves-tu, mon fils, quelque fausse note ?

THÉÉTÈTE. — Pas la moindre.

Les doctrines unitaires.

L'ÉTRANGER. — Eh quoi ? de ceux qui disent que le Tout est un, ne ferons-nous pas tous nos efforts pour apprendre ce qu'ils peuvent bien entendre par l'être ?

THÉÉTÈTE. — Comment ne pas l'essayer ?

L'ÉTRANGER. — Demandons-leur donc réponse à cette question : « Vous affirmez, je crois, qu'il n'y a qu'un être ? » — « Nous l'affirmons, » telle sera, n'est-ce pas, leur réponse ?

THÉÉTÈTE. — Oui.

L'ÉTRANGER. — « Eh bien, sous le nom d'être, entendez-vous quelque chose ? »

THÉÉTÈTE. — Oui.

c L'ÉTRANGER. — « Est-ce la même chose que un, auquel cas, pour un seul et même objet, vous emploieriez deux noms, ou qu'est-ce d'autre ? »

THÉÉTÈTE. — Qu'auront-ils à répondre à cela, étranger ?

L'ÉTRANGER. — Evidemment, Théétète, pour qui pose cette

1. Les concepts sont traités comme des quantités. Si l'être (Z) est une dualité quelconque (A, B), ou bien 1) $Z \neq A + B$, l'être est quelque chose de plus que la dualité, cf. *infra* 250 a, — 2) $Z = A$, ou $Z = B$. Alors *A est*, ou bien *B est*, mais *la dualité* ($A + B$) *n'est pas*. — 3) $Z = A + B$. Alors *la dualité* (A et B) *est une unité* (Z).

2. « La question débattue autrefois, et maintenant, et toujours et jamais résolue : qu'est-ce que l'être ? » Aristote, *Métaph.* 1028 b, 2.

ΘΕΑΙ. Ἴσως.

ΞΕ. « Ἀλλ', ὦ φίλοι », φήσομεν, « κἂν οὕτω τὰ δύο 244 a
λέγοιτ' ἂν σαφέστατα ἕν ».

ΘΕΑΙ. Ὀρθότατα εἴρηκας.

ΞΕ. « Ἐπειδὴ τοίνυν ἡμεῖς ἠπορήκαμεν, ὑμεῖς αὐτὰ ἡμῖν ἐμφανίζετε ἱκανῶς, τί ποτε βούλεσθε σημαίνειν ὁπόταν ὂν φθέγγησθε. Δῆλον γὰρ ὡς ὑμεῖς μὲν ταῦτα πάλαι γιγνώσκετε, ἡμεῖς δὲ πρὸ τοῦ μὲν ᾠόμεθα, νῦν δ' ἠπορήκαμεν. Διδάσκετε οὖν πρῶτον τοῦτ' αὐτὸ ἡμᾶς, ἵνα μὴ δοξάζωμεν μανθάνειν μὲν τὰ λεγόμενα παρ' ὑμῶν, τὸ δὲ
τούτου γίγνηται πᾶν τοὐναντίον. » Ταῦτα δὴ λέγοντές τε b
καὶ ἀξιοῦντες παρά τε τούτων καὶ παρὰ τῶν ἄλλων ὅσοι πλεῖον ἑνὸς λέγουσι τὸ πᾶν εἶναι, μῶν, ὦ παῖ, τι πλημμελήσομεν ;

ΘΕΑΙ. Ἥκιστά γε.

ΞΕ. Τί δέ ; παρὰ τῶν ἓν τὸ πᾶν λεγόντων ἆρ' οὐ πευστέον εἰς δύναμιν τί ποτε λέγουσι τὸ ὄν ;

ΘΕΑΙ. Πῶς γὰρ οὔ ;

ΞΕ. Τόδε τοίνυν ἀποκρινέσθωσαν. « Ἕν πού φατε μόνον εἶναι » ; — « Φαμὲν γάρ », φήσουσιν. Ἦ γάρ ;

ΘΕΑΙ. Ναί.

ΞΕ. « Τί δέ ; ὂν καλεῖτέ τι » ;

ΘΕΑΙ. Ναί.

ΞΕ. « Πότερον ὅπερ ἕν, ἐπὶ τῷ αὐτῷ προσχρώμενοι c
δυοῖν ὀνόμασιν, ἢ πῶς » ;

ΘΕΑΙ. Τίς οὖν αὐτοῖς ἡ μετὰ τοῦτ', ὦ ξένε, ἀπόκρισις ;

ΞΕ. Δῆλον, ὦ Θεαίτητε, ὅτι τῷ ταύτην τὴν ὑπόθεσιν

244 a 1 κἂν : καὶ TY || **a** 2 λέγοιτ' : -ετε T -ετ' W || **a** 6 πάλαι om. Y || **a** 7 πρὸ τοῦ : προτοῦ Y || μὲν : lacuna cum punctis Y || ᾠόμεθα : ὤιμ- B || **a** 9 δοξάζωμεν : δόξωμεν W || **b** 1 τούτου : τοῦτο Y || **b** 6 τί δέ... 245 **e** 5 πλάνην habet Simpl. *in Phys.* p. 89-90 || **b** 9 ἀποκρινέσθωσαν : -άσθωσαν Simplicii Aldina || **b** 12 καλεῖτέ : -ταί B Simpl. || **c** 1 τῷ αὐτῷ : τὸ αὐτὸ W || **c** 5 τῷ : τὸ B.

hypothèse, la question présente, et, d'ailleurs, toute autre question que ce soit, n'est point ce qu'il y a de plus facile à résoudre [1].

THÉÉTÈTE. — Comment cela ?

L'ÉTRANGER. — Avouer qu'il y a deux noms quand on vient de poser un, et rien de plus, c'est quelque peu ridicule.

THÉÉTÈTE. — Comment ne le serait-ce ?

d L'ÉTRANGER. — Et puis, absolument parlant, laisser dire qu'il y a un nom, quel qu'il soit, sera déraisonnable.

THÉÉTÈTE. — En quoi ?

L'ÉTRANGER. — Qui pose le nom autre que la chose énonce, en somme, deux choses.

THÉÉTÈTE. — Oui.

L'ÉTRANGER. — En outre, poser le nom identique à la chose, c'est, ou bien, forcément, ne le dire nom de rien, ou bien, le disant nom de quelque chose, admettre cette conséquence : le nom ne sera nom que d'un nom et de rien d'autre.

THÉÉTÈTE. — Certainement.

L'ÉTRANGER. — Et l'Un, qui n'est, certes, unité que de lui seul, ne sera, lui-même, que l'unité d'un nom [2].

THÉÉTÈTE. — Nécessairement.

L'ÉTRANGER. — Mais que dire du Tout ? L'affirmeront-ils

e autre que l'Un qui est [3], ou identique à lui ?

THÉÉTÈTE. — Comment ne pas voir qu'ils l'affirmeront et l'affirment identique ?

L'ÉTRANGER. — Si donc il est Tout, comme le dit Parménide,

1. La doctrine unitaire est d'abord discutée sous la formule « unité de l'Être ». Si l'Être n'est qu'un, 1) on appelle Être ce qu'on appelle Un ; cela fait deux noms pour une seule chose, et l'on donne ainsi l'être à une dualité ; — 2) d'ailleurs accepter l'existence de quelque nom que ce soit est se contredire. Car *a*) si le nom est autre que la chose, c'est encore donner l'être à une dualité ; — *b*) si le nom est identique à la chose, la chose n'est, par là même, qu'un nom. Donc le nom ne recouvre réellement qu'un mot ; — *c*) le nom de l'Un étant identique à l'Un, cet Un absolu, dont l'unité n'est attribuable qu'à lui-même, ne sera que l'unité du mot « Un ».

2. « Qui n'est unité que de lui seul » traduit le texte de deux manuscrits (BW). Le texte des deux autres donne le même sens, mais, sous-entendant le mot « unité » (ἕν), il gâte le parallélisme des deux phrases.

3. Discussion de la doctrine unitaire sous la formule « unité du Tout ».

ὑποθεμένῳ πρὸς τὸ νῦν ἐρωτηθὲν καὶ πρὸς ἄλλο δὲ ὁτιοῦν οὐ πάντων ῥᾷστον ἀποκρίνασθαι.

ΘΕΑΙ. Πῶς ;

ΞΕ. Τό τε δύο ὀνόματα ὁμολογεῖν εἶναι μηδὲν θέμενον πλὴν ἓν καταγέλαστόν που.

ΘΕΑΙ. Πῶς δ' οὔ ;

ΞΕ. Καὶ τὸ παράπαν γε ἀποδέχεσθαί του λέγοντος ὡς ἔστιν ὄνομά τι, λόγον οὐκ ἂν ἔχον. d

ΘΕΑΙ. Πῇ ;

ΞΕ. Τιθείς τε τοὔνομα τοῦ πράγματος ἕτερον δύο λέγει πού τινε.

ΘΕΑΙ. Ναί.

ΞΕ. Καὶ μὴν ἂν ταὐτόν γε αὐτῷ τιθῇ τοὔνομα, ἢ μηδενὸς ὄνομα ἀναγκασθήσεται λέγειν, εἰ δέ τινος αὐτὸ φήσει, συμβήσεται τὸ ὄνομα ὀνόματος ὄνομα μόνον, ἄλλου δὲ οὐδενὸς ὄν.

ΘΕΑΙ. Οὕτως.

ΞΕ. Καὶ τὸ ἕν γε, ἑνὸς ἓν ὂν μόνον, καὶ τοῦ ὀνόματος αὐτὸ ἓν ὄν.

ΘΕΑΙ. Ἀνάγκη.

ΞΕ. Τί δέ ; τὸ ὅλον ἕτερον τοῦ ὄντος ἑνὸς ἢ ταὐτὸν φήσουσι τούτῳ ;

ΘΕΑΙ. Πῶς γὰρ οὐ φήσουσί τε καὶ φασίν ; e

ΞΕ. Εἰ τοίνυν ὅλον ἐστίν, ὥσπερ καὶ Παρμενίδης λέγει,

c 9 τε : δὲ T[1]Y || c 12 του Hermann : τοῦ codd. || d 1 οὐκ ἂν ἔχον : -ἔχοι Paris. 1808 ἔχου κἀνέχον B || d 3 λέγει δύο W || d 6 γε : τε Simpl. || d 7 ἀναγκασθήσεται ὄνομα W || d 8 φήσει : -η Y || ὀνόματος : τοῦ ὀν- W || d 11 ἓν [ἐν B] ὂν μόνον BW, Simplicii EF : ὂν μόνον TY, Simplicii D ἓν μόνον Madvig ἓν ὄνομα ὄν Campbell ὄνομα ὂν μόνον Zeller ὂν ὄνομα Steinhart ὄνομα ὂν tuebatur Wagner || τοῦ BW Simpl. : τοῦτο TY Schleiermacher οὐ τοῦ Ast || ὀνόματος : ὄντος ὀνόματος Steinhart ὄνομα ὄντος Ritter || d 12 αὐτὸ ἓν ὂν delendum ci. Campbell || αὐτό : αὖ τὸ Deussen οὐ τὸ Zeller δ' οὐ τὸ Badham || ἓν ὄν : ἓν μόνον Madvig ὂν ὄνομα Steinhart ὄνομα ὄν Wagner ἓν ὄνομα Ritter || d 15 φήσουσι τούτῳ : θή- τοῦτο B.

« De toutes parts semblable à la masse d'une sphère bien arrondie,
Du centre, en tous les sens, également puissant ; car plus grand
Ou moindre, il ne saurait l'être, en aucune part[1] »,

l'être qui est tel a milieu et extrémités et, de ce fait, en toute nécessité, a des parties. N'est-il pas vrai ?

THÉÉTÈTE. — Si donc.

245 a L'ÉTRANGER. — Or rien n'empêche ce qui est ainsi divisé d'avoir une unité à lui imposée par-dessus l'ensemble de ses parties, et, par là donc, d'être non seulement tout et total, mais aussi un[2].

THÉÉTÈTE. — Qui l'en empêcherait ?

L'ÉTRANGER. — Mais ce qui est ainsi affecté ne peut, n'est-ce pas, être lui-même l'Un en soi comme tel ?

THÉÉTÈTE. — Pourquoi ?

L'ÉTRANGER. — Parce que l'Un véritable, correctement défini, ne peut être qu'absolument indivisible.

THÉÉTÈTE. — Nécessairement.

b L'ÉTRANGER. — Et un Un ainsi constitué de multiples parties ne répondra point à cette définition[3].

THÉÉTÈTE. — Je comprends.

L'ÉTRANGER. — L'être ainsi affecté d'un caractère d'unité pourra-t-il donc être Un et Tout, ou nous faut-il absolument renoncer à dire que l'être est Tout ?

THÉÉTÈTE. — Le choix que tu proposes est difficile.

L'ÉTRANGER. — Ta remarque est, assurément, très vraie. Car l'être affecté de cette unité relative n'apparaîtra point identique à l'Un, et, du même coup, la totalité sera plus grande que un.

THÉÉTÈTE. — Oui.

1. Cf. Diels, *Vorsokratiker*, I[3], p. 156 (frg[t] 8, 43), et la *Notice* du *Parménide*, p. 14.

2. Cf. *Notice* du *Parménide*, p. 31/32. et voir la *Deuxième Hypothèse* : si l'Un est, toutes les attributions devront en être affirmées. Il sera un et multiple, aura des parties et sera un tout (145 a).

3. La démonstration procède ici *via negationis*, comme la *Première Hypothèse* du *Parménide*. « S'il est un, l'Un ne saurait donc avoir de parties et ne peut être un tout. » (*Parm.* 137 c). Cf. Fénelon, *Existence de Dieu*, II, ch. III (*Réfutation du Spinosisme*) : « un assemblage de parties réellement distinctes ne peut point être cette unité souveraine dont j'ai l'idée. »

Πάντοθεν εὐκύκλου σφαίρης ἐναλίγκιον ὄγκῳ,
μεσσόθεν ἰσοπαλὲς πάντῃ· τὸ γὰρ οὔτε τι μεῖζον
οὔτε τι βαιότερον πελέναι χρεόν ἐστι τῇ ἢ τῇ,

τοιοῦτόν γε ὂν τὸ ὂν μέσον τε καὶ ἔσχατα ἔχει, ταῦτα δὲ ἔχον πᾶσα ἀνάγκη μέρη ἔχειν· ἢ πῶς;

ΘΕΑΙ. Οὕτως.

ΞΕ. Ἀλλὰ μὴν τό γε μεμερισμένον πάθος μὲν τοῦ ἑνὸς 245 a
ἔχειν ἐπὶ τοῖς μέρεσι πᾶσιν οὐδὲν ἀποκωλύει, καὶ ταύτῃ δὴ πᾶν τε ὂν καὶ ὅλον ἓν εἶναι.

ΘΕΑΙ. Τί δ' οὔ;

ΞΕ. Τὸ δὲ πεπονθὸς ταῦτα ἆρ' οὐκ ἀδύνατον αὐτό γε τὸ ἓν αὐτὸ εἶναι;

ΘΕΑΙ. Πῶς;

ΞΕ. Ἀμερὲς δήπου δεῖ παντελῶς τό γε ἀληθῶς ἓν κατὰ τὸν ὀρθὸν λόγον εἰρῆσθαι.

ΘΕΑΙ. Δεῖ γὰρ οὖν.

ΞΕ. Τὸ δέ γε τοιοῦτον ἐκ πολλῶν μερῶν ὂν οὐ συμ- b
φωνήσει τῷ λόγῳ.

ΘΕΑΙ. Μανθάνω.

ΞΕ. Πότερον δὴ πάθος ἔχον τὸ ὂν τοῦ ἑνὸς οὕτως ἕν τε ἔσται καὶ ὅλον, ἢ παντάπασι μὴ λέγωμεν ὅλον εἶναι τὸ ὄν;

ΘΕΑΙ. Χαλεπὴν προβέβληκας αἵρεσιν.

ΞΕ. Ἀληθέστατα μέντοι λέγεις. Πεπονθός τε γὰρ τὸ ὂν ἕν εἶναί πως οὐ ταὐτὸν ὂν τῷ ἑνὶ φανεῖται, καὶ πλέονα δὴ τὰ πάντα ἑνὸς ἔσται.

ΘΕΑΙ. Ναί.

e 3 σφαίρης Simpl. : -ας [ῃ supra lin. T] BTYW || **e** 4 τι om. Y || **e** 5 πελέναι : πέλεν Y πέλαν W || χρεόν BT : -ών YW Simpl. || τῇ ἢ τῇ om. Y sed lacunam habet || **e** 7 ἔχον : -ων B, Simplicii D || πᾶσα : -αν T || **245 a** 2 πᾶσιν : ἅπ- W || **a** 5 ταῦτα : τοιαῦτα Y || **a** 6 ἕν : ἓν ὂν in marg. Y || **b** 2 λόγῳ Simplicii EF : ὅλῳ λόγῳ BW λόγῳ ὅλῳ TY Simplicii D || **b** 4 ὂν Schleiermacher : ὅλον BTYW Simpl. || **b** 9 φανεῖται Simpl. : φαίνεται BTYW || πλέονα : πλέον ἃ B.

c L'ÉTRANGER. — Or, supposons maintenant que l'être ne soit pas Tout, du fait de cette affection dont l'affecte l'Un, et que, d'autre part, en soi-même, le Tout soit ; il s'ensuivra que l'être se défaut à soi-même.

THÉÉTÈTE. — Parfaitement.

L'ÉTRANGER. — Et, suivant ce raisonnement, privé qu'il est de soi-même, l'être ne sera pas être.

THÉÉTÈTE. — C'est exact.

L'ÉTRANGER. — Ainsi la totalité devient, cette fois encore, plus grande que un, puisque l'être, d'une part, et, d'autre part, le Tout ont maintenant chacun leur nature distincte.

THÉÉTÈTE. — Oui.

L'ÉTRANGER. — Mais supposons que le Tout ne soit absolument pas : les mêmes conséquences s'ensuivent pour l'être qui,
d outre qu'il n'est pas être, ne peut même jamais le devenir.

THÉÉTÈTE. — Pourquoi ?

L'ÉTRANGER. — Rien n'est devenu sans être devenu tout entier. Affirmer réel, soit l'être, soit le devenir, est donc interdit à qui ne met pas l'Un et le Tout au rang des êtres.

THÉÉTÈTE. — En toute vraisemblance, il en est ainsi.

L'ÉTRANGER. — Bien plus, ce qui n'est pas Tout ne peut avoir aucune quantité ; car ce qui aura quelque quantité l'aura, nécessairement, tout entier, quelle qu'elle soit.

THÉÉTÈTE. — Assurément.

L'ÉTRANGER. — Aussi est-ce par myriades et myriades interminables que surgiront, en chaque cas, les difficultés pour
e qui définit l'être soit par quelque couple, soit par une stricte unité.

THÉÉTÈTE. — C'est ce que font présager celles qui, présentement, se laissent entrevoir. Elles s'enchaînent, en effet, sans cesse l'une à l'autre, et de plus en plus grand, de plus en plus inquiétant est le doute qu'elles projettent, à mesure, sur chaque solution émise.

Matérialistes et Amis des Formes.

L'ÉTRANGER. — Voilà donc, sur ces gens qui nous content le détail exact de l'être et du non-être, une revue qui n'est point complète ; mais, telle quelle, tenons-la pour suffisante. D'autres apportent, en leurs explications, des prétentions différentes ; il nous faut les observer à leur tour

ΞΕ. Καὶ μὴν ἐάν γε τὸ ὂν ᾖ μὴ ὅλον διὰ τὸ πεπονθέναι c
τὸ ὑπ' ἐκείνου πάθος, ᾖ δὲ αὐτὸ τὸ ὅλον, ἐνδεὲς τὸ ὂν
ἑαυτοῦ συμβαίνει.

ΘΕΑΙ. Πάνυ γε.

ΞΕ. Καὶ κατὰ τοῦτον δὴ τὸν λόγον ἑαυτοῦ στερόμενον οὐκ ὂν ἔσται τὸ ὄν.

ΘΕΑΙ. Οὕτως.

ΞΕ. Καὶ ἑνός γε αὖ πλείω τὰ πάντα γίγνεται, τοῦ τε ὄντος καὶ τοῦ ὅλου χωρὶς ἰδίαν ἑκατέρου φύσιν εἰληφότος.

ΘΕΑΙ. Ναί.

ΞΕ. Μὴ ὄντος δέ γε τὸ παράπαν τοῦ ὅλου, ταὐτά τε
ταῦτα ὑπάρχει τῷ ὄντι, καὶ πρὸς τῷ μὴ εἶναι μηδ' ἂν d
γενέσθαι ποτὲ ὄν.

ΘΕΑΙ. Τί δή ;

ΞΕ. Τὸ γενόμενον ἀεὶ γέγονεν ὅλον· ὥστε οὔτε οὐσίαν οὔτε γένεσιν ὡς οὖσαν δεῖ προσαγορεύειν τὸ ἓν ἢ τὸ ὅλον ἐν τοῖς οὖσι μὴ τιθέντα.

ΘΕΑΙ. Παντάπασιν ἔοικε ταῦθ' οὕτως ἔχειν.

ΞΕ. Καὶ μὴν οὐδ' ὁποσονοῦν τι δεῖ τὸ μὴ ὅλον εἶναι· ποσόν τι γὰρ ὄν, ὁπόσον ἂν ᾖ, τοσοῦτον ὅλον ἀναγκαῖον αὐτὸ εἶναι.

ΘΕΑΙ. Κομιδῇ γε.

ΞΕ. Καὶ τοίνυν ἄλλα μυρία ἀπεράντους ἀπορίας ἕκασ-
τον εἰληφὸς φανεῖται τῷ τὸ ὂν εἴτε δύο τινὲ εἴτε ἓν μόνον e
εἶναι λέγοντι.

ΘΕΑΙ. Δηλοῖ σχεδὸν καὶ τὰ νῦν ὑποφαίνοντα· συνάπτεται γὰρ ἕτερον ἐξ ἄλλου, μείζω καὶ χαλεπωτέραν φέρον περὶ τῶν ἔμπροσθεν ἀεὶ ῥηθέντων πλάνην.

ΞΕ. Τοὺς μὲν τοίνυν διακριβολογουμένους ὄντος τε

c 8 αὖ : οὐ Simpl. || **c** 11 ταὐτά : αὐτά Simpl. || **d** 1 πρὸς τῷ : -τὸ B || **d** 2 ὄν : τὸ ὄν Simpl. || **d** 5 γένεσιν ὡς : γενομένην οὔτε W Simpl. || τὸ ἓν ἢ secl. Bekker || **d** 10 αὐτὸ om. BT || **d** 12 ἄλλα μυρία : -ας -ας Paris. 1812 || **e** 1 φανεῖται : φαίνεται W || τὸ ὂν : ὂν B τὸ ἓν Y || **e** 3 ὑποφαίνοντα νῦν W || **e** 6 τοὺς μὲν... 246 **c** 5 ἀληθῆ habet Eus. *Praep. Euang.* XIV, 4, 724 d- 726 a || τε om. W.

pour constater, aux dépens de tous, que, pas plus de l'être
246 a que du non-être, ce n'est affaire aisée de dire ce qu'il est.

THÉÉTÈTE. — Venons-en donc maintenant à ceux-là.

L'ÉTRANGER. — Au fait, on a l'impression qu'il se livre entre eux comme un combat de géants, si ardente est leur dispute au sujet de l'existence[1].

THÉÉTÈTE. — Comment cela ?

L'ÉTRANGER. — Les uns essaient d'attirer sur la terre tout ce qui tient au ciel et à l'invisible, enserrant roches et chênes dans la seule étreinte de leurs mains. C'est, en effet, forts de tout ce qu'ils peuvent saisir de cette sorte qu'ils soutiennent en toute énergie que cela seul est qui offre résistance et contact ; ils définissent le corps et l'existence comme
b identiques, et, sitôt que d'autres prétendent attribuer l'être à quelque chose qui n'a point de corps, ils ne répondent que par le mépris et se refusent, après cela, à rien entendre.

THÉÉTÈTE. — De quels terribles hommes tu parles là ! Car j'en ai, moi-même, déjà rencontré un bon nombre.

L'ÉTRANGER. — Aussi leurs adversaires en cette dispute se tiennent-ils soigneusement sur leurs gardes, et c'est du haut de quelque région invisible qu'ils se défendent, luttant pour établir que certaines formes intelligibles et incorporelles sont l'existence véritable. Quant aux corps que prônent les pre-
c miers, quant à leur « unique Vérité », eux ils la brisent et l'émiettent en leurs arguments, et, lui refusant le nom d'existence, n'y veulent voir qu'un mobile devenir. Entre les deux camps voilà, Théétète, autour de quelles doctrines se livre, depuis toujours, une bataille interminable.

THÉÉTÈTE. — C'est vrai.

L'ÉTRANGER. — Nous demanderons donc aux deux races adverses de nous rendre raison, l'une après l'autre, de la sorte d'existence qu'elles prônent.

1. Pour le « combat de géants », cf. Hésiode, *Théogonie*, 675-715. L'*existence* (οὐσία) s'oppose, ici, au *devenir* (γένεσις), comme *ce qui est* ou l'*être* (τὸ ὄν) s'oppose, ailleurs (*Timée*, 27 c), à *ce qui devient* (τὸ γιγνόμενον). Notre dialogue ne fait point de distinction métaphysique profonde entre l'*existence* et l'*être* : une chose *est* parce qu'elle participe à l'*existence* (οὐσία, *Soph.* 250 b, 251 e, *Crat.* 401 c), ou parce qu'elle participe à l'*être* (ὄν, *Soph.* 256 a/c, 259 a), et le passage de l'abstrait au concret est continu. Pour ce qui suit, cf. *Notice*, p. 275/6 et 291/6.

πέρι καὶ μή, πάντας μὲν οὐ διεληλύθαμεν, ὅμως δὲ ἱκανῶς
ἐχέτω· τοὺς δὲ ἄλλως λέγοντας αὖ θεατέον, ἵν' ἐκ πάντων
ἴδωμεν ὅτι τὸ ὂν τοῦ μὴ ὄντος οὐδὲν εὐπορώτερον εἰπεῖν 246 a
ὅτι ποτ' ἔστιν.

ΘΕΑΙ. Οὐκοῦν πορεύεσθαι χρὴ καὶ ἐπὶ τούτους.

ΞΕ. Καὶ μὴν ἔοικέ γε ἐν αὐτοῖς οἷον γιγαντομαχία τις εἶναι διὰ τὴν ἀμφισβήτησιν περὶ τῆς οὐσίας πρὸς ἀλλήλους.

ΘΕΑΙ. Πῶς;

ΞΕ. Οἱ μὲν εἰς γῆν ἐξ οὐρανοῦ καὶ τοῦ ἀοράτου πάντα
ἕλκουσι, ταῖς χερσὶν ἀτεχνῶς πέτρας καὶ δρῦς περιλαμ-
βάνοντες. Τῶν γὰρ τοιούτων ἐφαπτόμενοι πάντων διισχυρί-
ζονται τοῦτο εἶναι μόνον ὃ παρέχει προσβολὴν καὶ ἐπαφήν
τινα, ταὐτὸν σῶμα καὶ οὐσίαν ὁριζόμενοι, τῶν δὲ ἄλλων εἴ b
τίς ⟨τι⟩ φήσει μὴ σῶμα ἔχον εἶναι, καταφρονοῦντες τὸ
παράπαν καὶ οὐδὲν ἐθέλοντες ἄλλο ἀκούειν.

ΘΕΑΙ. Ἦ δεινοὺς εἴρηκας ἄνδρας· ἤδη γὰρ καὶ ἐγὼ τούτων συχνοῖς προσέτυχον.

ΞΕ. Τοιγαροῦν οἱ πρὸς αὐτοὺς ἀμφισβητοῦντες μάλα
εὐλαβῶς ἄνωθεν ἐξ ἀοράτου ποθὲν ἀμύνονται, νοητὰ ἄττα
καὶ ἀσώματα εἴδη βιαζόμενοι τὴν ἀληθινὴν οὐσίαν εἶναι·
τὰ δὲ ἐκείνων σώματα καὶ τὴν λεγομένην ὑπ' αὐτῶν ἀλή-
θειαν κατὰ σμικρὰ διαθραύοντες ἐν τοῖς λόγοις γένεσιν c
ἀντ' οὐσίας φερομένην τινὰ προσαγορεύουσιν. Ἐν μέσῳ δὲ
περὶ ταῦτα ἄπλετος ἀμφοτέρων μάχη τις, ὦ Θεαίτητε,
ἀεὶ συνέστηκεν.

ΘΕΑΙ. Ἀληθῆ.

ΞΕ. Παρ' ἀμφοῖν τοίνυν τοῖν γενοῖν κατὰ μέρος λάβωμεν λόγον ὑπὲρ ἧς τίθενται τῆς οὐσίας.

e 7 πάντας Eus. : πάνυ BTYW || e 8 αὖ λέγοντας W || 246 a 1 ἴδωμεν Eus. : εἰδῶμεν (-ωμεν T[1]) BTYW || a 8 post ἀτεχνῶς add. ὡς Hermann || b 2 τι add. Paris. 1808 Paris. 1809 et 1814 : om. BTYW Eus. || φήσει B Eus. : φησι T φησὶ Y φήσὶ et οι supra lin. W || b 4 γὰρ : δὲ W[1] || ἐγὼ : ἔγωγε W || b 5 συχνοῖς : πλέον οἷς Eus. || προσέτυχον BT[1] Eus. : περιέ- TYW.

Théétète. — Comment l'obtiendrons-nous ?

L'Étranger. — De ceux qui mettent l'existence en des formes, nous l'obtiendrons plus facilement, car ils sont d'humeur plus apprivoisée. Avec ceux qui veulent tout ramener de
d force au corps, c'est chose plus difficile et, peut-être, à peu près impossible. Mais voici, je crois, quelle façon d'agir s'impose à leur égard.

Théétète. — Quelle est-elle ?

L'Étranger. — L'idéal serait, si possible, de les rendre plus traitables en fait. Mais, si cela n'est point en notre pouvoir, faisons-les tels par hypothèse et supposons qu'ils consentent à nous répondre d'une façon plus civile qu'à présent. L'assentiment de braves gens a, en effet, plus de poids, si l'on peut dire, que celui des autres. Mais, nous, point ne nous chaut de leurs personnes : c'est la vérité que nous cherchons.

e Théétète. — Très juste.

L'Étranger. — Eh bien, demande-leur de te répondre en gens traitables qu'ils sont devenus et, de ce qu'ils diront, fais-toi l'interprète.

Théétète. — Ainsi ferai-je.

L'Étranger. — Sachons donc si, quand ils parlent d'un vivant mortel, ils affirment, par là, quelque réalité.

Théétète. — Naturellement.

L'Étranger. — Cette réalité, n'est-ce pas, de leur aveu, un corps animé ?

Théétète. — Certainement.

L'Étranger. — Ils mettent ainsi l'âme au rang des êtres ?

247 a Théétète. — Oui.

L'Étranger. — Et l'âme, ne l'affirment-ils pas tantôt juste, tantôt injuste ; tantôt sensée, tantôt insensée ?

Théétète. — Comment donc !

L'Étranger. — Or n'est-ce pas parce qu'elle possède la justice et l'a présente en soi que chaque âme devient telle, et parce qu'elle possède les contraires, qu'elle devient le contraire ?

Théétète. — Si : cela encore, ils te l'accordent.

L'Étranger. — Mais tout ce qui peut commencer ou cesser d'être présent en quelque chose que ce soit, sera, de leur aveu, pleinement un être.

Théétète. — Ils le reconnaissent effectivement.

ΘΕΑΙ. Πῶς οὖν δὴ ληψόμεθα ;

ΞΕ. Παρὰ μὲν τῶν ἐν εἴδεσιν αὐτὴν τιθεμένων ῥᾷον, ἡμερώτεροι γάρ· παρὰ δὲ τῶν εἰς σῶμα πάντα ἑλκόντων
βίᾳ χαλεπώτερον, ἴσως δὲ καὶ σχεδὸν ἀδύνατον. Ἀλλ' ὧδέ d
μοι δεῖν δοκεῖ περὶ αὐτῶν δρᾶν.

ΘΕΑΙ. Πῶς ;

ΞΕ. Μάλιστα μέν, εἴ πῃ δυνατὸν ἦν, ἔργῳ βελτίους αὐτοὺς ποιεῖν· εἰ δὲ τοῦτο μὴ ἐγχωρεῖ, λόγῳ ποιῶμεν, ὑποτιθέμενοι νομιμώτερον αὐτοὺς ἢ νῦν ἐθέλοντας ἂν ἀποκρίνασθαι. Τὸ γὰρ ὁμολογηθὲν παρὰ βελτιόνων που κυριώτερον ἢ τὸ παρὰ χειρόνων· ἡμεῖς δὲ οὐ τούτων φροντίζομεν, ἀλλὰ τἀληθὲς ζητοῦμεν.

ΘΕΑΙ. Ὀρθότατα. e

ΞΕ. Κέλευε δὴ τοὺς βελτίους γεγονότας ἀποκρίνασθαί σοι, καὶ τὸ λεχθὲν παρ' αὐτῶν ἀφερμήνευε.

ΘΕΑΙ. Ταῦτ' ἔσται.

ΞΕ. Λεγόντων δὴ θνητὸν ζῷον εἴ φασιν εἶναί τι.

ΘΕΑΙ. Πῶς δ' οὔ ;

ΞΕ. Τοῦτο δὲ οὐ σῶμα ἔμψυχον ὁμολογοῦσιν ;

ΘΕΑΙ. Πάνυ γε.

ΞΕ. Τιθέντες τι τῶν ὄντων ψυχήν ;

ΘΕΑΙ. Ναί. 247 a

ΞΕ. Τί δέ ; ψυχὴν οὐ τὴν μὲν δικαίαν, τὴν δὲ ἄδικόν φασιν εἶναι, καὶ τὴν μὲν φρόνιμον, τὴν δὲ ἄφρονα ;

ΘΕΑΙ. Τί μήν ;

ΞΕ. Ἀλλ' οὐ δικαιοσύνης ἕξει καὶ παρουσίᾳ τοιαύτην αὐτῶν ἑκάστην γίγνεσθαι, καὶ τῶν ἐναντίων τὴν ἐναντίαν ;

ΘΕΑΙ. Ναί, καὶ ταῦτα σύμφασιν.

ΞΕ. Ἀλλὰ μὴν τό γε δυνατόν τῳ παραγίγνεσθαι καὶ ἀπογίγνεσθαι πάντως εἶναί τι φήσουσιν.

ΘΕΑΙ. Φασὶ μὲν οὖν.

c 9 τιθεμένων αὐτὴν W || d 2 δοκεῖ δεῖν W || d 5 ποιῶμεν : ποιοῦμεν W || d 8 τὸ om. Y || e 3 ἀφερμήνευε : ἐφ- YW || 247 a 3 φρόνιμον : φρονίμην TY || a 8 τῳ edd. : τῷ BT τὸ YW || a 9 τι om. W.

b L'ÉTRANGER. — L'être une fois accordé à la justice, à la sagesse, à tout le reste de la vertu et de ses contraires, à l'âme enfin, qui en est le siège, y a-t-il quelqu'une de ces réalités qu'ils affirment visible et tangible, ou les disent-ils toutes invisibles ?

THÉÉTÈTE. — Presque rien de tout cela n'est dit par eux visible.

L'ÉTRANGER. — Et ces réalités non visibles ? Disent-ils qu'elles ont un corps ?

THÉÉTÈTE. — A cela, ils ne font plus une réponse générale. L'âme est, certes, corporelle, à leur avis. Mais pour ce qui est de la sagesse et de toutes ces autres réalités que vise ta question, la honte les retient d'oser, ou bien leur dénier
c absolument l'être, ou bien affirmer catégoriquement que toutes sont des corps.

L'ÉTRANGER. — Voilà qui nous prouve clairement, Théétète, que nos hommes se sont faits plus traitables, puisqu'aucune de ces audaces n'effrayerait ceux au moins d'entre eux qui furent semés et poussèrent dans le sol même ; ceux-là maintiendraient, au contraire, jusqu'au bout, que tout ce qu'ils ne peuvent étreindre de leurs mains, tout cela, par là même, n'est absolument pas.

THÉÉTÈTE. — Tu exprimes presque mot pour mot leur pensée.

L'ÉTRANGER. — Continuons donc de les interroger ; car si peu de réalités qu'ils veuillent bien avouer incorporelles, cela
d suffit. Qu'envisagent-ils, en effet, d'essentiellement commun entre celles-ci et les corporelles, qui leur permette de dire, des unes comme des autres, qu'elles sont, voilà ce qu'il leur faudra expliquer. Peut-être bien seraient-ils embarrassés. Supposant qu'en fait ils le soient quelque peu, examine si, une fois offerte par nous, ils consentiraient à recevoir et avouer la définition suivante de l'être.

Une définition de l'être. Mobilistes et statiques.

THÉÉTÈTE. — Laquelle donc ? Propose-la : peut-être saurons-nous.

L'ÉTRANGER. — Je la formule donc ainsi : ce qui a une puissance naturelle quel-
e conque, soit d'agir sur ce qu'on voudra d'autre, soit de subir l'action, même la plus minime, de l'agent le plus insignifiant,

ΞΕ. Οὔσης οὖν δικαιοσύνης καὶ φρονήσεως καὶ τῆς b
ἄλλης ἀρετῆς καὶ τῶν ἐναντίων, καὶ δὴ καὶ ψυχῆς ἐν ᾗ
ταῦτα ἐγγίγνεται, πότερον ὁρατὸν καὶ ἁπτὸν εἶναί φασί τι
αὐτῶν ἢ πάντα ἀόρατα ;

ΘΕΑΙ. Σχεδὸν οὐδὲν τούτων γε ὁρατόν.

ΞΕ. Τί δὲ τῶν τοιούτων ; μῶν σῶμά τι λέγουσιν ἴσχειν ;

ΘΕΑΙ. Τοῦτο οὐκέτι κατὰ ταὐτὰ ἀποκρίνονται πᾶν,
ἀλλὰ τὴν μὲν ψυχὴν αὐτὴν δοκεῖν σφίσι σῶμά τι κεκτῆσθαι,
φρόνησιν δὲ καὶ τῶν ἄλλων ἕκαστον ὧν ἠρώτηκας, αἰσχύ-
νονται τὸ τολμᾶν ἢ μηδὲν τῶν ὄντων αὐτὰ ὁμολογεῖν ἢ c
πάντ᾿ εἶναι σώματα διισχυρίζεσθαι.

ΞΕ. Σαφῶς γὰρ ἡμῖν, ὦ Θεαίτητε, βελτίους γεγόνασιν ἄνδρες· ἐπεὶ τούτων οὐδ᾿ ἂν ἓν ἐπαισχυνθεῖεν οἵ γε αὐτῶν σπαρτοί τε καὶ αὐτόχθονες, ἀλλὰ διατείνοιντ᾿ ἂν πᾶν ὃ μὴ δυνατοὶ ταῖς χερσὶ συμπιέζειν εἰσίν, ὡς ἄρα τοῦτο οὐδὲν τὸ παράπαν ἐστίν.

ΘΕΑΙ. Σχεδὸν οἷα διανοοῦνται λέγεις.

ΞΕ. Πάλιν τοίνυν ἀνερωτῶμεν αὐτούς· εἰ γάρ τι καὶ
σμικρὸν ἐθέλουσι τῶν ὄντων συγχωρεῖν ἀσώματον, ἐξαρκεῖ. d
Τὸ γὰρ ἐπί τε τούτοις ἅμα καὶ ἐπ᾿ ἐκείνοις ὅσα ἔχει σῶμα
συμφυὲς γεγονός, εἰς ὃ βλέποντες ἀμφότερα εἶναι λέγουσι,
τοῦτο αὐτοῖς ῥητέον. Τάχ᾿ οὖν ἴσως ἂν ἀποροῖεν· εἰ δή
τι τοιοῦτον πεπόνθασι, σκόπει, προτεινομένων ἡμῶν, ἆρ᾿
ἐθέλοιεν ἂν δέχεσθαι καὶ ὁμολογεῖν τοιόνδ᾿ εἶναι τὸ ὄν.

ΘΕΑΙ. Τὸ ποῖον δή ; λέγε, καὶ τάχα εἰσόμεθα.

ΞΕ. Λέγω δὴ τὸ καὶ ὁποιανοῦν τινα κεκτημένον δύναμιν
εἴτ᾿ εἰς τὸ ποιεῖν ἕτερον ὁτιοῦν πεφυκὸς εἴτ᾿ εἰς τὸ παθεῖν e
καὶ σμικρότατον ὑπὸ τοῦ φαυλοτάτου, κἂν εἰ μόνον εἰς

b 3 τι φασὶν W || **b** 7 ταὐτὰ edd. : τὰ αὐτὰ W ταῦτα BTY || **b** 8 δοκεῖν om. Y || **b** 9 ἕκαστον : -α W || ἠρώτηκας : -τησεν W || **c** 3 ὦ θεαίτητε ἡμῖν W || **c** 4 ἄνδρες Bekker : ἄ- codd. || οὐδ᾿ ἂν ἓν : οὐδ᾿ ἂν Y οὐδὲν ἂν W || ἐπαισχυνθεῖεν : ἐνεπ- B || **c** 6 τοῦτο : τούτων Y || **d** 3 ἀμφότερα : -οτέρων (sed α supra ω) W || **d** 5 ἡμῶν om. B || **d** 6 ἂν δέχεσθαι : ἀναδέ- W || **d** 8 τινα : om. B secl. Burnet || **e** 1 εἴτ᾿ εἰς : εἴ τις BT.

dût cette puissance ne s'exercer qu'une seule fois, tout ce qui la possède est véritablement ; car je pose, comme définition qui définisse les êtres, qu'ils ne sont autre chose que puissance [1].

Théétète. — Mais, puisqu'eux, pour l'instant, n'ont point de meilleure formule à donner, ils acceptent celle-là.

L'Étranger. — C'est bien : peut-être, en effet, plus tard, nous comme eux, changerons-nous d'avis. Pour le moment,
248 a que cela demeure convenu entre eux et nous.

Théétète. — C'est entendu.

L'Étranger. — Passons donc aux autres, aux Amis des Formes, et toi, traduis-nous encore leur réponse.

Théétète. — Je le ferai.

L'Étranger. — Le devenir et, tout à part de lui, l'existence, voilà bien la division que vous établissez, n'est-ce pas ?

Théétète. — Oui.

L'Étranger. — Et, par le corps, nous avons communauté avec le devenir au moyen de la sensation ; mais, au moyen du raisonnement, par l'âme, avec l'existence réelle ; et celle-ci, affirmez-vous, est toujours identiquement immuable, tandis que le devenir varie à chaque instant.

b Théétète. — C'est bien cela que nous affirmons.

L'Étranger. — Mais cette communauté, excellentes gens que vous êtes, quel sens dirons-nous donc que vous lui donnez en cette double attribution ? Serait-ce le sens que nous formulions tout à l'heure ?

Théétète. — Lequel ?

L'Étranger. — Passion ou action, résultant d'une puissance qu'éveille la rencontre mutuelle. Peut-être bien, Théétète, que leur réponse à cette explication, tu ne peux, toi, l'entendre pleinement, tandis que, moi, je l'entendrais, parce que j'en ai l'habitude.

Théétète. — Quelle est donc cette réponse ?

c L'Étranger. — Ils n'acceptent point ce que nous venons de dire aux Fils de la Terre à propos de l'existence.

1. Cf. *Notice*, p. 286 à 288. La traduction moderne serait, non pas *l'être est relation*, car Platon croit à un substrat de la relation, mais *l'être est puissance de relation* : cela seul *est* qui peut entrer, comme terme actif ou passif, dans une relation. Ainsi *ce qui ne saurait être l'objet d'une pensée n'est pas* (*infra*, 248 e), et ce qui est *totalement être* est *totalement objet* (*Rép.* 477 a). Pour ce qui suit, cf. *Notice*, p. 292/6, et *Phédon*, 78 d/79 a.

ἅπαξ, πᾶν τοῦτο ὄντως εἶναι· τίθεμαι γὰρ ὅρον ὁρίζειν τὰ ὄντα ὡς ἔστιν οὐκ ἄλλο τι πλὴν δύναμις.

ΘΕΑΙ. Ἀλλ' ἐπείπερ αὐτοί γε οὐκ ἔχουσιν ἐν τῷ παρόντι τούτου βέλτιον λέγειν, δέχονται τοῦτο.

ΞΕ. Καλῶς· ἴσως γὰρ ἂν εἰς ὕστερον ἡμῖν τε καὶ τούτοις ἕτερον ἂν φανείη. Πρὸς μὲν οὖν τούτους τοῦτο ἡμῖν 248 a
ἐνταῦθα μενέτω συνομολογηθέν.

ΘΕΑΙ. Μένει.

ΞΕ. Πρὸς δὴ τοὺς ἑτέρους ἴωμεν, τοὺς τῶν εἰδῶν φίλους· σὺ δ' ἡμῖν καὶ τὰ παρὰ τούτων ἀφερμήνευε.

ΘΕΑΙ. Ταῦτ' ἔσται.

ΞΕ. Γένεσιν, τὴν δὲ οὐσίαν χωρίς που διελόμενοι λέγετε ; ἦ γάρ ;

ΘΕΑΙ. Ναί.

ΞΕ. Καὶ σώματι μὲν ἡμᾶς γενέσει δι' αἰσθήσεως κοινωνεῖν, διὰ λογισμοῦ δὲ ψυχῇ πρὸς τὴν ὄντως οὐσίαν, ἣν ἀεὶ κατὰ ταὐτὰ ὡσαύτως ἔχειν φατέ, γένεσιν δὲ ἄλλοτε ἄλλως.

ΘΕΑΙ. Φαμὲν γὰρ οὖν. b

ΞΕ. Τὸ δὲ δὴ κοινωνεῖν, ὦ πάντων ἄριστοι, τί τοῦθ' ὑμᾶς ἐπ' ἀμφοῖν λέγειν φῶμεν ; ἆρ' οὐ τὸ νυνδὴ παρ' ἡμῶν ῥηθέν ;

ΘΕΑΙ. Τὸ ποῖον ;

ΞΕ. Πάθημα ἢ ποίημα ἐκ δυνάμεώς τινος ἀπὸ τῶν πρὸς ἄλληλα συνιόντων γιγνόμενον. Τάχ' οὖν, ὦ Θεαίτητε, αὐτῶν τὴν πρὸς ταῦτα ἀπόκρισιν σὺ μὲν οὐ κατακούεις, ἐγὼ δὲ ἴσως διὰ συνήθειαν.

ΘΕΑΙ. Τίν' οὖν δὴ λέγουσι λόγον ;

ΞΕ. Οὐ συγχωροῦσιν ἡμῖν τὸ νυνδὴ ῥηθὲν πρὸς τοὺς c
γηγενεῖς οὐσίας πέρι.

e 3 ὁρίζειν : -ων Boeckh secl. Ast Badham || τὰ ὄντα secl. Badham || e 7 ἂν : om. YW[1] δὴ Schanz || **248 a** 4 δὴ : δὲ W || a 11 διὰ λογισμοῦ... b 2 κοινωνεῖν om. Y || a 11 δὲ λογισμοῦ W || b 2 τί om. Y || b 3 φῶμεν λέγειν TY.

Théétète. — Quoi donc ?

L'Étranger. — Suffisait-elle à définir en quelque façon les êtres, cette définition par nous posée : « ce en quoi est présente la puissance, ou de subir, ou d'exercer la moindre action que ce soit » ?

Théétète. — Oui.

L'Étranger. — Or, à cela, voici leur réponse : le devenir participe bien de la puissance de pâtir et d'agir ; mais, à l'existence, selon eux, ni l'une ni l'autre de ces puissances ne convient.

Théétète. — Y a-t-il donc quelque chose en ce qu'ils disent ?

L'Étranger. — Quelque chose, en tout cas, à quoi il nous faut répondre par cette prière : qu'ils nous fassent savoir
d encore plus clairement s'ils accordent que l'âme connaît et que l'existence est connue.

Théétète. — Cela, ils l'affirment certainement.

L'Étranger. — Eh bien, connaître ou être connu, est-ce, selon vous, action ; est-ce passion ; est-ce l'un et l'autre ? Ou bien est-ce, l'un, passion, l'autre, action ? Ou bien ni l'un, ni l'autre, n'ont-ils, ni avec l'une, ni avec l'autre, aucun rapport ?

Théétète. — Evidemment, ni l'un, ni l'autre, avec ni l'une, ni l'autre. Autrement, ce serait contredire leurs affirmations antérieures.

L'Étranger. — Je comprends ; mais, ceci, au moins, ils l'avoueront : si l'on admet que connaître, c'est agir, la consé-
e quence inévitable est que l'objet, dans le fait d'être connu, pâtisse. Par la même raison, l'existence, dans le fait d'être connue par l'acte de connaissance, et dans la mesure même où elle est connue, dans cette mesure sera mue parce que passive, car pâtir n'a point lieu, disons-nous, en ce qui est au repos [1].

Théétète. — C'est juste.

L'Étranger. — Eh quoi, par Zeus ! Nous laisserons-nous si facilement convaincre que le mouvement, la vie, l'âme, la pensée, n'ont réellement point de place au sein de l'être
249 a universel, qu'il ne vit ni ne pense, et que, solennel et sacré, vide d'intellect, il reste là, planté, sans pouvoir bouger ?

1. Cf. *Gorgias*, 476 b et suivant : « S'il y a un être qui agit, il y a nécessairement un être qui pâtit de la part de cet agent... Et ce patient subit l'action que fait l'agent, telle que la fait l'agent. » L'opposition du *pâtir* au *repos* était déjà sous-entendue plus haut (248 b/c) et nettement exprimée dans *Théét.* 156 a.

ΘΕΑΙ. Τὸ ποῖον ;

ΞΕ. Ἱκανὸν ἔθεμεν ὅρον που τῶν ὄντων, ὅταν τῳ παρῇ ἡ τοῦ πάσχειν ἢ δρᾶν καὶ πρὸς τὸ σμικρότατον δύναμις ;

ΘΕΑΙ. Ναί.

ΞΕ. Πρὸς δὴ ταῦτα τόδε λέγουσιν, ὅτι γενέσει μὲν μέτεστι τοῦ πάσχειν καὶ ποιεῖν δυνάμεως, πρὸς δὲ οὐσίαν τούτων οὐδετέρου τὴν δύναμιν ἁρμόττειν φασίν.

ΘΕΑΙ. Οὐκοῦν λέγουσί τι ;

ΞΕ. Πρὸς ὅ γε λεκτέον ἡμῖν ὅτι δεόμεθα παρ' αὐτῶν ἔτι πυθέσθαι σαφέστερον εἰ προσομολογοῦσι τὴν μὲν ψυχὴν d
γιγνώσκειν, τὴν δ' οὐσίαν γιγνώσκεσθαι.

ΘΕΑΙ. Φασὶ μὴν τοῦτό γε.

ΞΕ. Τί δέ ; τὸ γιγνώσκειν ἢ τὸ γιγνώσκεσθαί φατε ποίημα ἢ πάθος ἢ ἀμφότερον ; ἢ τὸ μὲν πάθημα, τὸ δὲ θάτερον ; ἢ παντάπασιν οὐδέτερον οὐδετέρου τούτων μεταλαμβάνειν ;

ΘΕΑΙ. Δῆλον ὡς οὐδέτερον οὐδετέρου· τἀναντία γὰρ ἂν τοῖς ἔμπροσθεν λέγοιεν.

ΞΕ. Μανθάνω· τόδε γε, ὡς τὸ γιγνώσκειν εἴπερ ἔσται ποιεῖν τι, τὸ γιγνωσκόμενον ἀναγκαῖον αὖ συμβαίνει πά- e
σχειν. Τὴν οὐσίαν δὴ κατὰ τὸν λόγον τοῦτον γιγνωσκομένην ὑπὸ τῆς γνώσεως, καθ' ὅσον γιγνώσκεται, κατὰ τοσοῦτον κινεῖσθαι διὰ τὸ πάσχειν, ὃ δή φαμεν οὐκ ἂν γενέσθαι περὶ τὸ ἠρεμοῦν.

ΘΕΑΙ. Ὀρθῶς.

ΞΕ. Τί δὲ πρὸς Διός ; ὡς ἀληθῶς κίνησιν καὶ ζωὴν καὶ ψυχὴν καὶ φρόνησιν ἦ ῥᾳδίως πεισθησόμεθα τῷ παντελῶς ὄντι μὴ παρεῖναι, μηδὲ ζῆν αὐτὸ μηδὲ φρονεῖν, ἀλλὰ σεμ- 249 a
νὸν καὶ ἅγιον, νοῦν οὐκ ἔχον, ἀκίνητον ἑστὸς εἶναι ;

c 4 ὅταν om. Y (in lacuna παρῇ eras.) || c 7 post τόδε add. γε W || ὅτι : ὅτε W || c 9 ἁρμόττειν : -ει Y || c 11 δεόμεθα : δεώ- W || d 5 ἢ τὸ μὲν... d 6 θάτερον om. T || d 8 δῆλον... d 9 λέγοιεν : sic distinguit W, primus inter edd. Theaeteto tribuit Heindorf || d 10 γε om. BW || e 4 διὰ : κατὰ W || e 5 ἠρεμοῦν : -εῖν B || e 7 τί δὲ..., **249 b** 6 μηδαμοῦ habet Simpl. *in Phys.*. p. 405-406.

THÉÉTÈTE. — L'effrayante doctrine que nous accepterions là, étranger[1].

L'ÉTRANGER. — Mais admettrons-nous qu'il ait l'intellect et pas la vie ?

THÉÉTÈTE. — Et comment l'admettre ?

L'ÉTRANGER. — Mais, de l'un et de l'autre affirmant en lui la présence, nierons-nous pourtant que ce soit dans une âme qu'il les a ?

THÉÉTÈTE. — Et comment pourrait-il les avoir autrement ?

L'ÉTRANGER. — Il aurait donc l'intellect, et la vie, et l'âme, et bien qu'animé, resterait là planté, sans aucunement se mouvoir[2] ?

b THÉÉTÈTE. — Tout cela serait absurde, à mon avis.

L'ÉTRANGER. — Au mû donc et au mouvement il faut concéder l'être.

THÉÉTÈTE. — Comment le leur refuser ?

L'ÉTRANGER. — Il nous faut donc conclure, Théétète, que, d'abord, s'il n'y a qu'immobilité, il n'y a d'intellect nulle part, en aucun sujet, pour aucun objet.

THÉÉTÈTE. — Assurément.

L'ÉTRANGER. — Et, par contre, si nous acceptons, de mettre, en tout, la translation et le mouvement, ce sera encore là supprimer ce même intellect du rang des êtres[3].

THÉÉTÈTE. — Comment ?

L'ÉTRANGER. — Est-ce que permanence d'état, permanence de mode, permanence d'objet se réalisent jamais, à ton avis,
c là où il n'y a pas repos ?

THÉÉTÈTE. — Aucunement.

L'ÉTRANGER. — Eh quoi ? Quand ces conditions manquent, vois-tu que l'intellect existe ou se réalise où que ce soit ?

THÉÉTÈTE. — Pas du tout.

L'ÉTRANGER. — Or, s'il est quelqu'un que l'on doive com-

1. « Effrayante doctrine », parce que l'être universel (c'est-à-dire la totalité de l'être) est pour Platon, aussi divin que le sera, *mutatis mutandis*, l'universalité de l'être pour Fénelon (*Lettres sur la Religion*, IV, 1) et *l'être sans restriction* pour Malebranche (*2e et 8e Entretiens sur la Métaphysique*).

2. Comparer Malebranche : « Dieu ne reste pas les bras croisés » (*4e Entretien*), et cf. *Cratyle*, 431 b/c, *Phèdre*, 275 c, et aussi *Psaume* 113, versets 12 et suiv. des Septante.

3. Ceci a été démontré par le *Cratyle*, 440 a/c.

ΘΕΑΙ. Δεινὸν μεντἂν, ὦ ξένε, λόγον συγχωροῖμεν.

ΞΕ. Ἀλλὰ νοῦν μὲν ἔχειν, ζωὴν δὲ μὴ φῶμεν ;

ΘΕΑΙ. Καὶ πῶς ;

ΞΕ. Ἀλλὰ ταῦτα μὲν ἀμφότερα ἐνόντ' αὐτῷ λέγομεν, οὐ μὴν ἐν ψυχῇ γε φήσομεν αὐτὸ ἔχειν αὐτά ;

ΘΕΑΙ. Καὶ τίν' ἂν ἕτερον ἔχοι τρόπον ;

ΞΕ. Ἀλλὰ δῆτα νοῦν μὲν καὶ ζωὴν καὶ ψυχήν, ἀκίνητον μέντοι τὸ παράπαν ἔμψυχον ὂν ἑστάναι ;

ΘΕΑΙ. Πάντα ἔμοιγε ἄλογα ταῦτ' εἶναι φαίνεται. b

ΞΕ. Καὶ τὸ κινούμενον δὴ καὶ κίνησιν συγχωρητέον ὡς ὄντα.

ΘΕΑΙ. Πῶς δ' οὔ ;

ΞΕ. Συμβαίνει δ' οὖν, ὦ Θεαίτητε, ἀκινήτων τε ὄντων νοῦν μηδενὶ περὶ μηδενὸς εἶναι μηδαμοῦ.

ΘΕΑΙ. Κομιδῇ μὲν οὖν.

ΞΕ. Καὶ μὴν ἐὰν αὖ φερόμενα καὶ κινούμενα πάντ' εἶναι συγχωρῶμεν, καὶ τούτῳ τῷ λόγῳ ταὐτὸν τοῦτο ἐκ τῶν ὄντων ἐξαιρήσομεν.

ΘΕΑΙ. Πῶς ;

ΞΕ. Τὸ κατὰ ταὐτὰ καὶ ὡσαύτως καὶ περὶ τὸ αὐτὸ δοκεῖ σοι χωρὶς στάσεως γενέσθαι ποτ' ἄν ; c

ΘΕΑΙ. Οὐδαμῶς.

ΞΕ. Τί δ' ; ἄνευ τούτων νοῦν καθορᾷς ὄντα ἢ γενόμενον ἂν καὶ ὁπουοῦν ;

ΘΕΑΙ. Ἥκιστα.

ΞΕ. Καὶ μὴν πρός γε τοῦτον παντὶ λόγῳ μαχετέον, ὃς

249 a 6 ἐνόντ' αὐτῷ [sed ἐνόν τ'] W : ἐνόντα αὐτῷ Simpl. ἐνὸν ταυτῷ B ἓν ὂν ταυτῷ TY || λέγομεν : -ωμεν TW || a 7 γε : τε TY || a 9 post ψυχὴν add. ἔχειν Schleiermacher || a 10 ὂν : μὲν Y || b 1 ἔμοιγε ἄλογα : ἐμοὶ γελοῖα Simpl. || b 2 δὴ om. T[1] || καὶ ante κίνησιν om. Y || b 4 πῶς δ' οὔ om. Simpl. || b 5 δ' οὖν : γοῦν W Simpl. || ἀκινήτων τε : κινητῶν Simpl. || post ὄντων add. τῶν ὄντων Heindorf πάντων Badham || c 1 ποτ' : τότ' B || c 4 ἂν : αὖ B || c 6 πρός : πρό W (sed σ in ras.) || τοῦτον : τούτων W.

battre avec toutes les forces du raisonnement, c'est celui qui abolit la science, la pensée claire ou l'intellect, quelque thèse qu'il prétende affirmer à ce prix.

Théétète. — Très certainement.

L'Étranger. — Au philosophe donc, à quiconque met ces biens au-dessus de tous les autres, une règle absolue, semble-t-il, est prescrite par là même : par ceux qui prônent, soit l'Un, soit même la multiplicité des Formes, ne point se
d laisser imposer l'immobilité du Tout ; à ceux qui, d'autre part, meuvent l'être en tous sens, ne point même prêter l'oreille ; mais faire sien, comme les enfants dans leurs souhaits, tout ce qui est immobile et tout ce qui se meut, et dire que l'être et le Tout est l'un et l'autre à la fois[1].

Théétète. — C'est la vérité même.

Irréductibilité de l'être au mouvement et au repos.

L'Étranger. — Eh quoi ? Ne semble-t-il pas que nous tenions l'être, dès maintenant, assez bien enserré dans notre définition ?

Théétète. — Parfaitement.

L'Étranger. — Oh ! oh ! puisse-t-il y rester[2], en ce cas, Théétète, car m'est avis que c'est le moment où nous allons connaître combien son examen est embarrassant.

e Théétète. — En quoi donc encore ? Que veux-tu dire ?

L'Étranger. — O bienheureux jeune homme, ne t'aperçois-tu pas qu'à cette heure nous sommes dans l'ignorance la plus épaisse à son égard, alors que nous croyons voir clair en nos formules ?

Théétète. — Je le croyais, pour ma part, et je ne vois pas très bien en quoi nous nous sommes ainsi abusés.

L'Étranger. — Examine donc plus clairement si, à propos de nos dernières conclusions, on n'aurait pas le droit de nous
250 a poser les mêmes questions que nous posions alors à ceux qui définissaient le Tout par le chaud et le froid.

Théétète. — Quelles questions ? Rappelle-les moi.

L'Étranger. — Très volontiers. J'essaierai même de le faire en t'interrogeant de la même façon que je les interrogeais alors ; ce nous sera, en même temps, un moyen de progresser quelque peu.

1. Cf. Aristote, *Métaph.* 1012 b, 23 et suiv.

2. Ma lecture μένοι ἂν ἄρα (puisse-t-il y rester) se fonde sur l'analogie avec 235 b/c.

ἂν ἐπιστήμην ἢ φρόνησιν ἢ νοῦν ἀφανίζων ἰσχυρίζηται περί τινος ὁπῃοῦν.

ΘΕΑΙ. Σφόδρα γε.

ΞΕ. Τῷ δὴ φιλοσόφῳ καὶ ταῦτα μάλιστα τιμῶντι πᾶσα,
ὡς ἔοικεν, ἀνάγκη διὰ ταῦτα μήτε τῶν ἓν ἢ καὶ τὰ πολλὰ
εἴδη λεγόντων τὸ πᾶν ἑστηκὸς ἀποδέχεσθαι, τῶν τε αὖ d
πανταχῇ τὸ ὂν κινούντων μηδὲ τὸ παράπαν ἀκούειν, ἀλλὰ
κατὰ τὴν τῶν παίδων εὐχήν, ὅσα ἀκίνητα καὶ κεκινημένα,
τὸ ὄν τε καὶ τὸ πᾶν συναμφότερα λέγειν.

ΘΕΑΙ. Ἀληθέστατα.

ΞΕ. Τί οὖν ; ἆρ' οὐκ ἐπιεικῶς ἤδη φαινόμεθα περιειληφέναι τῷ λόγῳ τὸ ὄν ;

ΘΕΑΙ. Πάνυ μὲν οὖν.

ΞΕ. Βαβαί, μένοι ἂν ἄρα, ὦ Θεαίτητε, ὥς μοι δοκοῦμεν νῦν αὐτοῦ γνώσεσθαι πέρι τὴν ἀπορίαν τῆς σκέψεως.

ΘΕΑΙ. Πῶς αὖ καὶ τί τοῦτ' εἴρηκας ; e

ΞΕ. Ὦ μακάριε, οὐκ ἐννοεῖς ὅτι νῦν ἐσμεν ἐν ἀγνοίᾳ τῇ πλείστῃ περὶ αὐτοῦ, φαινόμεθα δέ τι λέγειν ἡμῖν αὐτοῖς ;

ΘΕΑΙ. Ἐμοὶ γοῦν· ὅπῃ δ' αὖ λελήθαμεν οὕτως ἔχοντες, οὐ πάνυ συνίημι.

ΞΕ. Σκόπει δὴ σαφέστερον εἰ τὰ νῦν συνομολογοῦντες
δικαίως ἂν ἐπερωτηθεῖμεν ἅπερ αὐτοὶ τότε ἠρωτῶμεν τοὺς 250 a
λέγοντας εἶναι τὸ πᾶν θερμὸν καὶ ψυχρόν.

ΘΕΑΙ. Ποῖα ; ὑπόμνησόν με.

ΞΕ. Πάνυ μὲν οὖν· καὶ πειράσομαί γε δρᾶν τοῦτο ἐρωτῶν σὲ καθάπερ ἐκείνους τότε, ἵνα ἅμα τι καὶ προΐωμεν.

c 11 τῶν : τὸ B || **d** 1 τῶν : τὸν B || **d** 2 ἀκούειν... **d** 4 τε καὶ in marg. habet W || **d** 3 παίδων : παιδικῶν W || ὅσα ἀκίνητα καὶ κεκινημένα secl. Badham || **d** 4 λέγειν : -ει B || **d** 6 οὖν : δὴ οὖν YW || **d** 9 μένοι ἂν ἄρα scripsi : μέντ' ἂν ἄρα codd. ἄρα Heindorf Wilamowitz μέντ' ἄρα Campbell οὐ μεντἆρα Badham μὴ λίαν θάρρει Apelt μενετέον ἄρα Burnet || **d** 10 post αὐτοῦ add. μηδὲν ἂν et mox πλὴν ante τὴν Heindorf || γνώσεσθαι πέρι : γενή- περὶ Badham || **e** 6 τὰ νῦν (sed τα) B : ταῦτα νῦν TY ταῦτα W || **250 a** 1 ἐπερωτη- BW ἐρωτη- TY -θεῖμεν B : -θείημεν TYW.

Théétète. — Bien.

L'Étranger. — Voyons : repos et mouvement ne sont-ils pas, selon toi, absolument contraires l'un à l'autre ?

Théétète. — Sans contredit.

L'Étranger. — Et pourtant tu les affirmes être [1], l'un et l'autre, et tout aussi bien l'un que l'autre ?

b Théétète. — Je l'affirme, certainement.

L'Étranger. — Est-ce mus que tu les dis l'un et l'autre, et tout aussi bien l'un que l'autre, quand tu leur accordes l'être ?

Théétète. — Pas du tout.

L'Étranger. — Est-ce donc en repos que tu veux les dire quand, tous les deux, tu les dis être ?

Théétète. — Comment le pourrais-je ?

L'Étranger. — C'est donc en tiers à eux surajouté que tu poses alors l'être dans l'âme ; et c'est en rassemblant sous lui, qui les embrasse, pour ainsi dire, du dehors, le repos et le mouvement, et en dominant du regard la communauté qu'ils ont avec l'être, que tu en es venu à les dire être, l'un et l'autre ?

c Théétète. — J'ai bien peur qu'en toute vérité ce soit comme tiers que l'être se révèle, quand, parlant du repos et du mouvement, nous les disons être.

L'Étranger. — L'être n'est donc point l'ensemble « mouvement et repos » ; il est quelque chose d'autre qu'eux.

Théétète. — Vraisemblablement.

L'Étranger. — Par sa nature propre, l'être n'est donc ni en repos ni en mouvement.

Théétète. — Sans doute.

L'Étranger. — Vers quel point de vue nouveau faut-il donc tourner sa pensée, si l'on veut établir en soi quelque ferme évidence à son sujet ?

Théétète. — Vers lequel, en effet ?

d L'Étranger. — Je crois qu'on aurait peine à en trouver désormais aucun. Car le moyen que ce qui ne se meut point

1. Le pivot de toute cette discussion est l'équation apparente qu'établit, entre *mouvement, repos, être,* toute affirmation d'une existence du repos ou du mouvement. C'est pour cela que j'ai dû conserver partout le mot *être,* au risque de sembler, parfois, un peu barbare. Mais Descartes a dit : « Je cherche quel je suis, moi que je connais être » (*2e Méd.*) et Fénelon : « Il fait, comme il lui plaît, être tout ce qui est » (*Existence de Dieu,* II, § 4).

ΘΕΑΙ. Ὀρθῶς.

ΞΕ. Εἶεν δή, κίνησιν καὶ στάσιν ἆρ᾽ οὐκ ἐναντιώτατα λέγεις ἀλλήλοις ;

ΘΕΑΙ. Πῶς γὰρ οὔ ;

ΞΕ. Καὶ μὴν εἶναί γε ὁμοίως φῂς ἀμφότερα αὐτὰ καὶ ἑκάτερον ;

ΘΕΑΙ. Φημὶ γὰρ οὖν. b

ΞΕ. Ἆρα κινεῖσθαι λέγων ἀμφότερα καὶ ἑκάτερον, ὅταν εἶναι συγχωρῇς ;

ΘΕΑΙ. Οὐδαμῶς.

ΞΕ. Ἀλλ᾽ ἑστάναι σημαίνεις λέγων αὐτὰ ἀμφότερα εἶναι ;

ΘΕΑΙ. Καὶ πῶς ;

ΞΕ. Τρίτον ἄρα τι παρὰ ταυτα τὸ ὂν ἐν τῇ ψυχῇ τιθείς, ὡς ὑπ᾽ ἐκείνου τήν τε στάσιν καὶ τὴν κίνησιν περιεχομένην, συλλαβὼν καὶ ἀπιδὼν αὐτῶν πρὸς τὴν τῆς οὐσίας κοινωνίαν, οὕτως εἶναι προσεῖπας ἀμφότερα ;

ΘΕΑΙ. Κινδυνεύομεν ὡς ἀληθῶς τρίτον ἀπομαντεύεσθαί c
τι τὸ ὄν, ὅταν κίνησιν καὶ στάσιν εἶναι λέγωμεν.

ΞΕ. Οὐκ ἄρα κίνησις καὶ στάσις ἐστὶ συναμφότερον τὸ ὂν ἀλλ᾽ ἕτερον δή τι τούτων.

ΘΕΑΙ. Ἔοικεν.

ΞΕ. Κατὰ τὴν αὑτοῦ φύσιν ἄρα τὸ ὂν οὔτε ἕστηκεν οὔτε κινεῖται.

ΘΕΑΙ. Σχεδόν.

ΞΕ. Ποῖ δὴ χρὴ τὴν διάνοιαν ἔτι τρέπειν τὸν βουλόμενον ἐναργές τι περὶ αὐτοῦ παρ᾽ ἑαυτῷ βεβαιώσασθαι ;

ΘΕΑΙ. Ποῖ γάρ ;

ΞΕ. Οἶμαι μὲν οὐδαμόσε ἔτι ῥᾴδιον. Εἰ γάρ τι μὴ κινεῖ- d
ται, πῶς οὐχ ἕστηκεν ; ἢ τὸ μηδαμῶς ἑστὸς πῶς οὐκ αὖ

a 10 αὐτὰ : ταυτα W || b 2 λέγων : -ομεν W || b 8 τιθείς : θείς Y || b 9 τήν τε κίνησιν καὶ τὴν στάσιν W || b 10 αὐτῶν : αὐτὸν B || b 11 προσεῖπας : -ες W || c 1 κινδυνεύομεν : -ωμεν T || c 4 τούτων : τοῦτο W || c 9 δὴ om. T.

ne soit pas en repos? Ou que ce qui n'a aucune sorte de repos ne soit pas en mouvement? Or l'être, pour nous, présentement, s'est révélé manifestement extérieur à cette alternative. Est-ce donc possible, cela?

THÉÉTÈTE. — C'est tout ce qu'il y a de plus impossible.

L'ÉTRANGER. — Voici, en ce cas, un souvenir qu'il est juste de rappeler en cette occasion.

THÉÉTÈTE. — Quel souvenir?

L'ÉTRANGER. — Quand, nous interrogeant sur le non-être, on nous demandait à quel objet appliquer ce nom, l'embarras où nous nous débattions était extrême[1]. Tu te souviens?

THÉÉTÈTE. — Assurément.

e L'ÉTRANGER. — Est-il donc moindre, l'embarras où nous sommes à cette heure à propos de l'être?

THÉÉTÈTE. — A mes yeux, étranger, il est, si je puis dire, plus grand.

L'ÉTRANGER. — Tenons-nous en donc à cet exposé de l'embarrassante question. Mais puisque l'être et le non-être nous embarrassent également, l'espoir est désormais permis que, sous quelque jour, plus ou moins clair, que l'un d'eux vienne à se présenter, l'autre s'éclairera de même façon. Que
251 a si l'un comme l'autre se dérobe à nos regards, nous fraierons au moins à l'argument le passage le plus convenable entre ces deux écueils.

THÉÉTÈTE. — Bien.

Le problème de la prédication et la communauté des genres.

L'ÉTRANGER. — Expliquons donc comment il se peut faire que nous désignions une seule et même chose par une pluralité de noms.

THÉÉTÈTE. — As-tu un exemple? Donne-le.

L'ÉTRANGER. — Nous énonçons « l'homme », tu le sais, en lui appliquant de multiples dénominations[2]. Nous lui attribuons couleurs, formes, grandeurs, vices et vertus; en toutes ces attributions, comme en des milliers d'autres, ce n'est
b point seulement homme que nous l'affirmons être, mais encore bon, et autres qualifications en nombre illimité. C'est ainsi pour tous autres objets : nous ne posons, également,

1. Cf. *supra*, 237 c.

2. Cf. Aristote, *Physique*, 185 b, 25 et suiv. et Simplicius *ad loc.* (Diels, p. 90-102).

κινεῖται ; τὸ δὲ ὂν ἡμῖν νῦν ἐκτὸς τούτων ἀμφοτέρων ἀναπέφανται. Ἦ δυνατὸν οὖν τοῦτο ;

ΘΕΑΙ. Πάντων μὲν οὖν ἀδυνατώτατον.

ΞΕ. Τόδε τοίνυν μνησθῆναι δίκαιον ἐπὶ τούτοις.

ΘΕΑΙ. Τὸ ποῖον ;

ΞΕ. Ὅτι τοῦ μὴ ὄντος ἐρωτηθέντες τοὔνομα ἐφ' ὅτι ποτὲ δεῖ φέρειν, πάσῃ συνεσχόμεθα ἀπορίᾳ. Μέμνησαι ;

ΘΕΑΙ. Πῶς γὰρ οὔ ;

ΞΕ. Μῶν οὖν ἐν ἐλάττονί τινι νῦν ἐσμεν ἀπορίᾳ περὶ e
τὸ ὄν ;

ΘΕΑΙ. Ἐμοὶ μέν, ὦ ξένε, εἰ δυνατὸν εἰπεῖν, ἐν πλείονι φαινόμεθα.

ΞΕ. Τοῦτο μὲν τοίνυν ἐνταῦθα κείσθω διηπορημένον· ἐπειδὴ δὲ ἐξ ἴσου τό τε ὂν καὶ τὸ μὴ ὂν ἀπορίας μετειλήφατον, νῦν ἐλπὶς ἤδη καθάπερ ἂν αὐτῶν θάτερον εἴτε ἀμυδρότερον εἴτε σαφέστερον ἀναφαίνηται, καὶ θάτερον
οὕτως ἀναφαίνεσθαι· καὶ ἐὰν αὖ μηδέτερον ἰδεῖν δυνώμεθα, 251 a
τὸν γοῦν λόγον ὅπῃπερ ἂν οἷοί τε ὦμεν εὐπρεπέστατα διωσόμεθα οὕτως ἀμφοῖν ἅμα.

ΘΕΑΙ. Καλῶς.

ΞΕ. Λέγωμεν δὴ καθ' ὅντινά ποτε τρόπον πολλοῖς ὀνόμασι ταὐτὸν τοῦτο ἑκάστοτε προσαγορεύομεν.

ΘΕΑΙ. Οἷον δὴ τί ; παράδειγμα εἰπέ.

ΞΕ. Λέγομεν ἄνθρωπον δήπου πόλλ' ἄττα ἐπονομάζοντες, τά τε χρώματα ἐπιφέροντες αὐτῷ καὶ τὰ σχήματα καὶ μεγέθη καὶ κακίας καὶ ἀρετάς, ἐν οἷς πᾶσι καὶ ἑτέροις
μυρίοις οὐ μόνον ἄνθρωπον αὐτὸν εἶναί φαμεν, ἀλλὰ καὶ b
ἀγαθὸν καὶ ἕτερα ἄπειρα, καὶ τἆλλα δὴ κατὰ τὸν αὐτὸν

d 9 συνεσχόμεθα : συνεχ- YW συνειχ- Heindorf || **e** 7 καθάπερ ἂν : καθετέραν B || **251 a** 1 ἀναφαίνεσθαι : ἂν ἀναφαίνε- Hirschig ἀναφανεῖ- Heindorf || **a** 2 ὅπῃπερ : ὅπου- Y || **a** 3 διωσόμεθα : διοισό- Wagner διαδυσό- Richards || **a** 5 λέγωμεν : -ομεν W || **a** 8 λέγομεν... **c** 6 ἀνηυρηκέναι habet Simpl. *in Phys.* p. 100 || **a** 10 μεγέθη BT Simpl. : τὰ μ- YWt.

chacun d'eux comme un que pour le dire aussitôt multiple et le désigner par une multiplicité de noms.

Théétète. — Tu dis vrai.

L'Étranger. — Et c'est, je pense, servir, aux jeunes ou bien à quelques vieux, tard venus sur les bancs, un beau régal. La riposte immédiate, en effet, le premier venu la trouve toute prête, qu'il est impossible que le multiple soit un, et que l'un soit multiple[1]. Et, bien entendu, ils prennent plaisir à ne
c point permettre que l'homme soit dit bon, mais seulement que le bon soit dit bon, et l'homme, homme. Tu en rencontres bien souvent, j'imagine, Théétète, des gens dont le zèle s'échauffe là-dessus : parfois des gens d'âge plus que mûr, que la pauvreté de leur bagage intellectuel tient extasiés là-devant, et qui croient, certes, avoir fait là une trouvaille de haute sagesse.

Théétète. — Absolument.

L'Étranger. — Pour que notre argumentation s'applique à tous ceux qui, n'importe en quel temps, n'importe en quel sens, dissertèrent à propos de l'être, supposons donc que, non seulement à nos derniers disputeurs, mais encore à tous ceux
d avec qui nous venons de tenir dialogue, nous adressions les questions qui vont suivre.

Théétète. — Quelles questions ?

L'Étranger. — Nous sera-il interdit d'unir l'être au repos et au mouvement, aussi bien que d'unir l'une à l'autre aucunes choses qui soient, et, les regardant, au contraire, comme inalliables, comme incapables de participation mutuelle, les traiterons-nous comme telles en notre langage ? Ou bien les mélangerons-nous toutes ensemble en les supposant capables de s'associer mutuellement ? Ou, enfin, dirons-
e nous que les unes ont ce pouvoir, et les autres, non ? De ces possibilités, Théétète, à laquelle pourrons-nous bien affirmer qu'ira la préférence de nos hommes ?

Théétète. — Quant à moi, je ne trouve rien à répondre en leur nom là-dessus.

1. D'après Aristote (*loc. laud.*), les uns supprimaient le *est*, comme Lycophron ; les autres disaient « l'homme a blanchi », au lieu de « l'homme est blanc ». Platon n'est pas esclave de la copule *est* (cf. *infra* 262 d). Il eût accepté, dans un autre sens que Renouvier (*Logique*, I, p. 91), *tout signe exprimant la relation* ou plutôt, comme il dit, la *participation*.

λόγον οὕτως ἓν ἕκαστον ὑποθέμενοι πάλιν αὐτὸ πολλὰ καὶ πολλοῖς ὀνόμασι λέγομεν.

ΘΕΑΙ. Ἀληθῆ λέγεις.

ΞΕ. Ὅθεν γε οἶμαι τοῖς τε νέοις καὶ τῶν γερόντων τοῖς ὀψιμαθέσι θοίνην παρεσκευάκαμεν· εὐθὺς γὰρ ἀντιλαβέσθαι παντὶ πρόχειρον ὡς ἀδύνατον τά τε πολλὰ ἓν καὶ τὸ ἓν πολλὰ εἶναι, καὶ δήπου χαίρουσιν οὐκ ἐῶντες ἀγαθὸν λέγειν ἄνθρωπον, ἀλλὰ τὸ μὲν ἀγαθὸν ἀγαθόν, τὸν δὲ ἄνθρωπον c
ἄνθρωπον. Ἐντυγχάνεις γάρ, ὦ Θεαίτητε, ὡς ἐγᾦμαι, πολλάκις τὰ τοιαῦτα ἐσπουδακόσιν, ἐνίοτε πρεσβυτέροις ἀνθρώποις, καὶ ὑπὸ πενίας τῆς περὶ φρόνησιν κτήσεως τὰ τοιαῦτα τεθαυμακόσι, καὶ δή τι καὶ πάσσοφον οἰομένοις τοῦτο αὐτὸ ἀνηυρηκέναι.

ΘΕΑΙ. Πάνυ μὲν οὖν.

ΞΕ. Ἵνα τοίνυν πρὸς ἅπαντας ἡμῖν ὁ λόγος ᾖ τοὺς πώποτε περὶ οὐσίας καὶ ὁτιοῦν διαλεχθέντας, ἔστω καὶ πρὸς τούτους καὶ πρὸς τοὺς ἄλλους, ὅσοις ἔμπροσθεν διει- d
λέγμεθα, τὰ νῦν ὡς ἐν ἐρωτήσει λεχθησόμενα.

ΘΕΑΙ. Τὰ ποῖα δή ;

ΞΕ. Πότερον μήτε τὴν οὐσίαν κινήσει καὶ στάσει προσάπτωμεν μήτε ἄλλο ἄλλῳ μηδὲν μηδενί, ἀλλ' ὡς ἄμεικτα ὄντα καὶ ἀδύνατα μεταλαμβάνειν ἀλλήλων οὕτως αὐτὰ ἐν τοῖς παρ' ἡμῖν λόγοις τιθῶμεν ; ἢ πάντα εἰς ταὐτὸν συναγάγωμεν ὡς δυνατὰ ἐπικοινωνεῖν ἀλλήλοις ; ἢ τὰ μέν, τὰ δὲ μή ; τούτων, ὦ Θεαίτητε, τί ποτ' ἂν αὐτοὺς προαιρεῖσθαι e
φήσομεν ;

ΘΕΑΙ. Ἐγὼ μὲν ὑπὲρ αὐτῶν οὐδὲν ἔχω πρὸς ταῦτα ἀποκρίνασθαι.

b 3 πολλὰ om. Simpl. || b 6 γε : τε B || b 7 θοίνην : -ης Y || παρεσκευάκαμεν : -σαμεν W || ἀντιλαβέσθαι : εἰ λα- Simpl. || c 1 τὸ : τὸν Simpl. || τὸν δὲ TY : τοδὲ B τὸ δὲ W || c 3 τὰ τοιαῦτα πολλάκις W || ἐνίοτε om. Simpl. || c 4 κτήσεως secl. Badham || c 6 αὐτὸ om. W Simpl. || c 8 ὁ λόγος : ὁμολο- in marg. T || d 6 ἀδύνατα : -ον B || d 7 συναγάγωμεν : ξυνάγω- BT || e 1 αὐτοὺς : τούτους (post προαιρεῖσθαι transp.) TY || e 2 φήσομεν W : -αιμεν BTY.

L'ÉTRANGER. — Que ne résous-tu ces questions une par une en te demandant quelles conséquences chaque hypothèse entraîne ?

THÉÉTÈTE. — Ton idée est excellente.

L'ÉTRANGER. — Mettons donc, par hypothèse au moins, que leur première assertion soit, si tu veux, celle-ci : rien n'a, avec rien, puissance aucune de communauté sous quelque rapport que ce soit. N'est-ce pas exclure et le mouvement et le repos de toute participation à l'existence ?

252 a THÉÉTÈTE. — Absolument.

L'ÉTRANGER. — Eh quoi ? se pourra-t-il que l'un d'eux soit, s'il n'a aucune communauté avec l'existence ?

THÉÉTÈTE. — Cela ne se peut.

L'ÉTRANGER. — Voilà au moins une conclusion qui a vite fait de tout mettre à l'envers, ce semble : et la thèse de ceux qui meuvent le Tout, et la thèse de ceux qui, l'affirmant un, l'immobilisent, et la thèse de tous ceux qui, rangeant les êtres par Formes, les affirment éternellement identiques et immuables. Car tous ces gens la font, cette attribution de l'être, soit qu'ils parlent d'être réellement mû, soit qu'ils parlent d'être réellement immobile.

THÉÉTÈTE. — Assurément.

b L'ÉTRANGER. — Tous ceux, en outre, qui, tantôt, unifient le tout et, tantôt, le divisent, soit qu'à l'unité ils amènent et, de l'unité, fassent sortir une infinité, soit qu'en des éléments finis ils divisent et d'éléments finis recomposent ; qu'ils décrivent ce double devenir comme une alternance ou comme une coexistence éternelle, il n'importe : dire tout cela ne sera rien dire, s'il n'y a rien qui se puisse mélanger.

THÉÉTÈTE. — C'est juste.

L'ÉTRANGER. — Mais ceux qui, de tous, exposeraient leur thèse au ridicule le plus éclatant, ce sont ceux qui ne veulent, en aucun cas, souffrir que, par l'effet de cette communauté qu'il supporte avec autrui, quoi que ce soit reçoive une dénomination autre que la sienne[1].

c THÉÉTÈTE. — Comment ?

L'ÉTRANGER. — C'est que le « être », à propos de tout, en somme, s'impose à leur usage ; et le « à part », et le « des

1. Platon lie ensemble ici les trois oppositions *mouvement et repos*, *un et multiple*, *autre et même*, c.-à-d. le *Théétète* (180 d/e), le *Parménide* et le *Sophiste*.

ΞΕ. Τί οὖν οὐ καθ' ἓν ἀποκρινόμενος ἐφ' ἑκάστου τὰ συμβαίνοντα ἐσκέψω ;

ΘΕΑΙ. Καλῶς λέγεις.

ΞΕ. Καὶ τιθῶμέν γε αὐτοὺς λέγειν, εἰ βούλει, πρῶτον μηδενὶ μηδὲν μηδεμίαν δύναμιν ἔχειν κοινωνίας εἰς μηδέν. Οὐκοῦν κίνησίς τε καὶ στάσις οὐδαμῇ μεθέξετον οὐσίας ;

ΘΕΑΙ. Οὐ γὰρ οὖν. 252 a

ΞΕ. Τί δέ ; ἔσται πότερον αὐτῶν οὐσίας μὴ προσκοινωνοῦν ;

ΘΕΑΙ. Οὐκ ἔσται.

ΞΕ. Ταχὺ δὴ ταύτῃ γε τῇ συνομολογίᾳ πάντα ἀνάστατα γέγονεν, ὡς ἔοικεν, ἅμα τε τῶν τὸ πᾶν κινούντων καὶ τῶν ὡς ἓν ἱστάντων καὶ ὅσοι κατ' εἴδη τά ὄντα κατὰ ταὐτὰ ὡσαύτως ἔχοντα εἶναί φασιν ἀεί· πάντες γὰρ οὗτοι τό γε εἶναι προσάπτουσιν, οἱ μὲν ὄντως κινεῖσθαι λέγοντες, οἱ δὲ ὄντως ἑστηκότ' εἶναι.

ΘΕΑΙ. Κομιδῇ μὲν οὖν.

ΞΕ. Καὶ μὴν καὶ ὅσοι τοτὲ μὲν συντιθέασι τὰ πάντα, b
τοτὲ δὲ διαιροῦσιν, εἴτε εἰς ἓν καὶ ἐξ ἑνὸς ἄπειρα εἴτε εἰς πέρας ἔχοντα στοιχεῖα διαιρούμενοι καὶ ἐκ τούτων συντιθέντες, ὁμοίως μὲν ἐὰν ἐν μέρει τοῦτο τιθῶσι γιγνόμενον, ὁμοίως δὲ καὶ ἐὰν ἀεί, κατὰ πάντα ταῦτα λέγοιεν ἂν οὐδέν, εἴπερ μηδεμία ἔστι σύμμειξις.

ΘΕΑΙ. Ὀρθῶς.

ΞΕ. Ἔτι τοίνυν ἂν αὐτοὶ πάντων καταγελαστότατα μετίοιεν τὸν λόγον οἱ μηδὲν ἐῶντες κοινωνίᾳ παθήματος ἑτέρου θάτερον προσαγορεύειν.

ΘΕΑΙ. Πῶς ; c

ΞΕ. Τῷ τε « εἶναί » που περὶ πάντα ἀναγκάζονται

e 5-6 τί οὖν.. ἐσκέψω hospiti καλῶς λέγεις Theaeteto recte tribuit Y || **e** 10 οὐκοῦν... οὐσίας; hospiti tribuit Madvig || **252 a** 2 προσκοινωνοῦν W : -εῖν BTY || **a** 6 τε : τὰ Campbell || **a** 8 τό : τότε W || **b** 2 ἄπειρα: -ας Y^2 || **b** 8 αὐτοὶ : -ῶν W || **b** 9 μετίοιεν in marg. Paris. 1812 : -οιμεν BTYW || **b** 10 ἑτέρου : ἑκατέρου Y.

autres », et le « en soi », et des milliers d'autres déterminations[1]. Impuissants qu'ils sont à les écarter, à éviter de les nouer ensemble dans leur discours, ils n'ont point besoin qu'un autre les réfute, mais, comme on dit, logent, dans leur sein, l'ennemi et le contradicteur, et cette voix qui les gourmande au fond d'eux-mêmes, ils l'emportent, à l'instar du bizarre Euryclès, en quelque endroit qu'ils aillent.

d Théétète. — Ta comparaison est très frappante et très vraie.

L'Étranger. — Qu'arrivera-t-il par contre, si nous concédons à toutes choses ce pouvoir de mutuelle communauté?

Théétète. — C'est une question que, moi-même, je puis résoudre.

L'Étranger. — En quel sens?

Théétète. — Ainsi : le mouvement même deviendrait repos absolu et le repos même, à son tour, se mouvrait, du moment où ils viendraient se réunir l'un à l'autre[2].

L'Étranger. — Or il est bien impossible, j'imagine, de toute nécessité impossible, que le mouvement soit immobile et le repos mû?

Théétète. — Sans aucun doute.

L'Étranger. — Il ne reste plus alors que la troisième hypothèse.

Théétète. — En effet.

e L'Étranger. — Or l'une au moins de ces hypothèses est inévitable : ou tout se prête, ou tout se refuse, ou ceci se prête et cela se refuse au mélange mutuel.

Théétète. — Sans contredit.

L'Étranger. — Mais les deux premières, précisément, se sont révélées impossibles.

Théétète. — Oui.

L'Étranger. — Quiconque veut répondre correctement ne peut donc soutenir que la dernière.

Théétète. — Assurément.

L'Étranger. — Puis donc qu'il y a, parfois, consente-

1. Ils sont, en effet, obligés, pour exclure tout rapport d'attribution entre les choses, de dire que « chacune est en soi, à part de toutes les autres », et lui donnent ainsi des qualifications multiples. Euryclès était un ventriloque, cf. Aristophane, *Guêpes*, vers 1017-1020.

2. Comparer Plotin, *Ennéade* VI, 11, 7, *ad fin.*

χρῆσθαι καὶ τῷ « χωρὶς » καὶ τῷ « τῶν ἄλλων » καὶ τῷ « καθ' αὑτὸ » καὶ μυρίοις ἑτέροις, ὧν ἀκρατεῖς ὄντες εἴργεσθαι καὶ μὴ συνάπτειν ἐν τοῖς λόγοις οὐκ ἄλλων δέονται τῶν ἐξελεγξόντων, ἀλλὰ τὸ λεγόμενον οἴκοθεν τὸν πολέμιον καὶ ἐναντιωσόμενον ἔχοντες, ἐντὸς ὑποφθεγγόμενον ὥσπερ τὸν ἄτοπον Εὐρυκλέα περιφέροντες ἀεὶ πορεύονται.

ΘΕΑΙ. Κομιδῇ λέγεις ὅμοιόν τε καὶ ἀληθές. d

ΞΕ. Τί δ', ἂν πάντα ἀλλήλοις ἐῶμεν δύναμιν ἔχειν ἐπικοινωνίας ;

ΘΕΑΙ. Τοῦτο μὲν οἷός τε κἀγὼ διαλύειν.

ΞΕ. Πῶς ;

ΘΕΑΙ. Ὅτι κίνησίς τε αὐτὴ παντάπασιν ἵσταιτ' ἂν καὶ στάσις αὖ πάλιν αὐτὴ κινοῖτο, εἴπερ ἐπιγιγνοίσθην ἐπ' ἀλλήλοιν.

ΞΕ. Ἀλλὰ μὴν τοῦτό γέ που ταῖς μεγίσταις ἀνάγκαις ἀδύνατον, κίνησίν τε ἵστασθαι καὶ στάσιν κινεῖσθαι ;

ΘΕΑΙ. Πῶς γὰρ οὔ ;

ΞΕ. Τὸ τρίτον δὴ μόνον λοιπόν.

ΘΕΑΙ. Ναί.

ΞΕ. Καὶ μὴν ἕν γέ τι τούτων ἀναγκαῖον, ἢ πάντα ἢ e μηδὲν ἢ τὰ μὲν ἐθέλειν, τὰ δὲ μὴ συμμείγνυσθαι.

ΘΕΑΙ. Πῶς γὰρ οὔ ;

ΞΕ. Καὶ μὴν τά γε δύο ἀδύνατον ηὑρέθη.

ΘΕΑΙ. Ναί.

ΞΕ. Πᾶς ἄρα ὁ βουλόμενος ὀρθῶς ἀποκρίνεσθαι τὸ λοιπὸν τῶν τριῶν θήσει.

ΘΕΑΙ. Κομιδῇ μὲν οὖν.

ΞΕ. Ὅτε δὴ τὰ μὲν ἐθέλει τοῦτο δρᾶν, τὰ δ' οὔ, σχεδὸν

c 3 τῶν ἄλλων : ἄλλων T ἀλλήλων Campbell || **c** 6 ἐξελεγξόντων : -χόντων TY || **c** 7 ἐναντιωσόμενον : -θησόμενον W || **d** 3 ἐπικοινωνίας : ἐπὶ κοι- BY ἐπικοινωνεῖν Schanz || **d** 6 τε Coisl. 155 : γε BTYW || **e** 4 τά : τρίτην Y || ηὑρέθη. Ναί ex Heindorfii emend. : -θῆναι BT (sed ναί supra lin. t) -θῆναι : ναί YW.

a ment à l'union et, d'autres fois, refus, le cas serait le même, à peu près, que celui des lettres. Chez elles aussi, en effet, il y a désaccord entre certaines et accord entre les autres [1].

Théétète. — Sans contredit.

L'Étranger. — Mais les voyelles, assurément, se distinguent des autres lettres en ce qu'elles circulent comme un lien à travers toutes ; aussi, sans quelqu'une d'elles, est-il même impossible que les autres se combinent une à une.

Théétète. — Assurément.

L'Étranger. — Est-ce donc le premier venu qui sait quelles sont celles qui peuvent avoir cette communauté, ou faut-il un art à qui veut y apporter une science efficace ?

Théétète. — Il lui faut un art.

L'Étranger. — Lequel ?

Théétète. — La grammaire.

b L'Étranger. — Et pour les tons aigus et graves, n'en est-il pas de même ? Lesquels se combinent, lesquels non, celui qui possède l'art de le savoir est musicien ; celui qui n'y entend rien est un profane ?

Théétète. — Parfaitement.

L'Étranger. — Et, partout ailleurs, entre compétences et incompétences, nous retrouverons les mêmes différences.

Théétète. — Naturellement.

La dialectique et le philosophe.

L'Étranger. — Eh bien, puisque les genres, nous en sommes convenus, sont, eux aussi, mutuellement susceptibles de pareils mélanges, n'aura-t-on pas nécessairement besoin d'une science pour se guider à travers les discours, si l'on veut indiquer avec justesse quels genres sont mutuellement consonants et quels autres ne se peuvent souffrir ; montrer s'il
c en est même qui, établissant la continuité à travers tous, rendent possibles leurs combinaisons, et si, par contre, dans les divisions, il n'en est point d'autres qui, entre les ensembles, sont les facteurs de cette division ?

Théétète. — Comment n'y faudrait-il pas une science et, j'irais peut-être jusqu'à dire, la suprême science ?

1. Pour un tel recours à l'exemple des lettres, après les atomistes (Aristote, *Métaph.* 985 b, 15 et suiv. ; *de gen. et corr.* 315 b, 6 et suiv.), cf., dans les dialogues, *Cratyle* 393 d, 424 c-426 d, *Rép.* 368 d, *Philèbe* (17 a-18 e, etc., les lettres et les sons).

οἷον τὰ γράμματα πεπονθότ' ἂν εἴη. Καὶ γὰρ ἐκείνων τὰ a
μὲν ἀναρμοστεῖ που πρὸς ἄλληλα, τὰ δὲ συναρμόττει.

ΘΕΑΙ. Πῶς δ' οὔ ;

ΞΕ. Τὰ δέ γε φωνήεντα διαφερόντως τῶν ἄλλων οἷον δεσμὸς διὰ πάντων κεχώρηκεν, ὥστε ἄνευ τινὸς αὐτῶν ἀδύνατον ἁρμόττειν καὶ τῶν ἄλλων ἕτερον ἑτέρῳ.

ΘΕΑΙ. Καὶ μάλα γε.

ΞΕ. Πᾶς οὖν οἶδεν ὁποῖα ὁποίοις δυνατὰ κοινωνεῖν, ἢ τέχνης δεῖ τῷ μέλλοντι δρᾶν ἱκανῶς αὐτό ;

ΘΕΑΙ. Τέχνης.

ΞΕ. Ποίας ;

ΘΕΑΙ. Τῆς γραμματικῆς.

ΞΕ. Τί δέ ; περὶ τοὺς τῶν ὀξέων καὶ βαρέων φθόγγους b
ἆρ' οὐχ οὕτως ; ὁ μὲν τοὺς συγκεραννυμένους τε καὶ μὴ τέχνην ἔχων γιγνώσκειν μουσικός, ὁ δὲ μὴ συνιεὶς ἄμουσος ;

ΘΕΑΙ. Οὕτως.

ΞΕ. Καὶ κατὰ τῶν ἄλλων δὴ τεχνῶν καὶ ἀτεχνιῶν τοιαῦτα εὑρήσομεν ἕτερα.

ΘΕΑΙ. Πῶς δ' οὔ ;

ΞΕ. Τί δ' ; ἐπειδὴ καὶ τὰ γένη πρὸς ἄλληλα κατὰ ταὐτὰ μείξεως ἔχειν ὡμολογήκαμεν, ἆρ' οὐ μετ' ἐπιστήμης τινὸς ἀναγκαῖον διὰ τῶν λόγων πορεύεσθαι τὸν ὀρθῶς μέλλοντα δείξειν ποῖα ποίοις συμφωνεῖ τῶν γενῶν καὶ ποῖα ἄλληλα
οὐ δέχεται ; καὶ δὴ καὶ διὰ πάντων εἰ συνέχοντ' ἄττ' αὔτ' c
ἐστιν, ὥστε συμμείγνυσθαι δυνατὰ εἶναι, καὶ πάλιν ἐν ταῖς διαιρέσεσιν, εἰ δι' ὅλων ἕτερα τῆς διαιρέσεως αἴτια ;

ΘΕΑΙ. Πῶς γὰρ οὐκ ἐπιστήμης δεῖ, καὶ σχεδόν γε ἴσως τῆς μεγίστης ;

253 a 2 συναρμόττει : ἁρ- T || **a** 8 post ὁποῖα add. καὶ W || ὁποίοις : -οῖος Y || δυνατὰ BT[1] : δύναται TYW || **a** 9 αὐτό B: αὐτά TW τὰ αὐτά Y || **b** 6 τῶν om. Y || ἀτεχνιῶν : ἀτέχνων TY || **b** 9 ταὐτὰ : τὰ τοιαῦτα BW || **b** 10 ἔχειν om. B || οὐ : οὖν W || **b** 12 ποῖα[1] om. W || **c** 1 δὴ καὶ : δή W || συνέχοντ' ἄττ' αὔτ' Wagner : -χοντα ταῦτ codd. || **c** 2 ὥστε : ὥστε μὴ Y.

L'Étranger. — Quel nom lui donnerons-nous donc maintenant, Théétète, à cette science ? Est-ce que nous serions, par Zeus, à notre insu, tombés sur la science des hommes libres, et ne risquons-nous point, nous qui cherchions le sophiste, d'avoir, avant de le trouver, découvert le philosophe ?

Théétète. — Que veux-tu dire ?

d L'Étranger. — Diviser ainsi par genres et ne point prendre pour autre une forme qui est la même ni, pour la même, une forme qui est autre, n'est-ce point là, dirons-nous, l'ouvrage de la science dialectique ?

Théétète. — Oui, nous le dirons.

L'Étranger. — Celui qui en est capable, son regard est assez pénétrant pour apercevoir une forme unique déployée en tous sens à travers une pluralité de formes dont chacune demeure distincte ; une pluralité de formes, mutuellement différentes, qu'une forme unique enveloppe extérieurement ; une forme unique répandue à travers une pluralité d'ensembles sans y rompre son unité ; enfin de nombreuses
e formes absolument solitaires. Or être capable de cela, c'est savoir discerner, genres par genres, quelles associations sont, pour chacun d'eux, possibles ou impossibles.

Théétète. — Absolument.

L'Étranger. — Or ce don, le don dialectique, tu ne l'accorderas à nul autre, j'imagine, qu'à celui qui philosophe en toute pureté et justice.

Théétète. — Comment l'accorder à quelque autre ?

L'Étranger. — Voilà donc, pour le philosophe, en quel lieu, maintenant ou plus tard, nous le pourrons trouver,
254 a si nous venons à le chercher. Lui-même est difficile à voir avec pleine clarté. Mais cette difficulté n'est point du même ordre, en ce qui le concerne, qu'en ce qui concerne le sophiste.

Théétète. — Comment cela ?

L'Étranger. — Celui-ci se réfugie dans l'obscurité du non-être, s'y adapte à force d'y vivre, et c'est à l'obscurité du lieu qu'il doit d'être difficile à saisir pleinement. Est-ce vrai ?

Théétète. — A ce qu'il semble.

L'Étranger. — Quant au philosophe, c'est à la forme de l'être que s'appliquent perpétuellement ses raisonnements, et c'est grâce à l'éclat dont resplendit cette région qu'il n'est,

ΞΕ. Τίν' οὖν αὖ νῦν προσεροῦμεν, ὦ Θεαίτητε, ταύτην; ἢ πρὸς Διὸς ἐλάθομεν εἰς τὴν τῶν ἐλευθέρων ἐμπεσόντες ἐπιστήμην, καὶ κινδυνεύομεν ζητοῦντες τὸν σοφιστὴν πρότερον ἀνηυρηκέναι τὸν φιλόσοφον;

ΘΕΑΙ. Πῶς λέγεις;

ΞΕ. Τὸ κατὰ γένη διαιρεῖσθαι καὶ μήτε ταὐτὸν εἶδος d
ἕτερον ἡγήσασθαι μήτε ἕτερον ὂν ταὐτὸν μῶν οὐ τῆς διαλεκτικῆς φήσομεν ἐπιστήμης εἶναι;

ΘΕΑΙ. Ναί, φήσομεν.

ΞΕ. Οὐκοῦν ὅ γε τοῦτο δυνατὸς δρᾶν μίαν ἰδέαν διὰ πολλῶν, ἑνὸς ἑκάστου κειμένου χωρίς, πάντῃ διατεταμένην ἱκανῶς διαισθάνεται, καὶ πολλὰς ἑτέρας ἀλλήλων ὑπὸ μιᾶς ἔξωθεν περιεχομένας, καὶ μίαν αὖ δι' ὅλων πολλῶν ἐν ἑνὶ συνημμένην, καὶ πολλὰς χωρὶς πάντῃ διωρισμένας· τοῦτο
δ' ἔστιν, ᾗ τε κοινωνεῖν ἕκαστα δύναται καὶ ὅπῃ μή, διακρί- e
νειν κατὰ γένος ἐπίστασθαι.

ΘΕΑΙ. Παντάπασι μὲν οὖν.

ΞΕ. Ἀλλὰ μὴν τό γε διαλεκτικὸν οὐκ ἄλλῳ δώσεις, ὡς ἐγῷμαι, πλὴν τῷ καθαρῶς τε καὶ δικαίως φιλοσοφοῦντι.

ΘΕΑΙ. Πῶς γὰρ ἂν ἄλλῳ δοίη τις;

ΞΕ. Τὸν μὲν δὴ φιλόσοφον ἐν τοιούτῳ τινὶ τόπῳ καὶ νῦν καὶ ἔπειτα ἀνευρήσομεν ἐὰν ζητῶμεν, ἰδεῖν μὲν χαλε-
πὸν ἐναργῶς καὶ τοῦτον, ἕτερον μὴν τρόπον ἥ τε τοῦ 254 a
σοφιστοῦ χαλεπότης ἥ τε τούτου.

ΘΕΑΙ. Πῶς;

ΞΕ. Ὁ μὲν ἀποδιδράσκων εἰς τὴν τοῦ μὴ ὄντος σκοτεινότητα, τριβῇ προσαπτόμενος αὐτῆς, διὰ τὸ σκοτεινὸν τοῦ τόπου κατανοῆσαι χαλεπός· ἦ γάρ;

ΘΕΑΙ. Ἔοικεν.

ΞΕ. Ὁ δέ γε φιλόσοφος, τῇ τοῦ ὄντος ἀεὶ διὰ λογισμῶν

c 6 τίν' : τί Steph. || νῦν om. TY || **d** 1 post ταὐτὸν add. ὂν Heindorf || **d** 8 ὅλων : ἄλλων Proclus *in Parm.* 650,5 sed ὅλων 650,38 || ἐν : ἓν Apelt sed uide Proclum *ibid.* et 651,4 || **e** 7 τὸν : τὸ W || **254 a** 3 πῶς om. B || **a** 5 αὐτῆς : αὐτῇ Y.

lui non plus, nullement facile à voir. C'est que les yeux de
b l'âme vulgaire ne sont pas de force à maintenir leur regard fixé sur le divin.

THÉÉTÈTE. — C'est là une explication non moins vraisemblable que la première.

L'ÉTRANGER. — L'enquête qui le regarde, nous la ferons, sous peu, plus explicite, si nous en gardons l'envie. Quant au sophiste, il est, je crois, évident que nous ne le devons point lâcher avant de l'avoir bel et bien examiné.

THÉÉTÈTE. — Voilà qui est bien dit.

Les genres suprêmes et leurs rapports mutuels.

L'ÉTRANGER. — Puisque, parmi les genres, nous en sommes maintenant d'accord, les uns se prêtent à une communauté mutuelle, et les autres, non ; que certains l'acceptent avec quelques-uns, d'autres avec beaucoup, et que d'autres, enfin, pénétrant partout, ne trouvent
c rien qui les empêche d'entrer en communauté avec tous, il ne nous reste plus qu'à nous laisser conduire au fil de l'argumentation en poursuivant notre examen. Nous ne l'étendrons, d'ailleurs, point à l'universalité des formes, crainte de nous embrouiller dans cette multitude. Mais nous prélèverons quelques-unes de celles qu'on nomme les plus grandes et verrons, d'abord, quelles elles sont, prises chacune à part, puis en quelle mesure elles sont susceptibles de communauté mutuelle. Ainsi, même au cas où nous serions impuissants à concevoir avec pleine clarté, soit l'être, soit le non-être, au moins ne serons-nous point du tout réduits à ne savoir en donner raison autant que le permet le caractère de la présente enquête, si, nous trouvons, d'aventure, quelque issue
d qui nous permette, tout en proclamant que le non-être est réellement non-être, de nous dégager sans dommage.

THÉÉTÈTE. — C'est ce qu'il faut faire.

L'ÉTRANGER. — Or les plus grands des genres sont ceux précisément que nous venons de passer en revue : l'être lui-même, le repos et le mouvement.

THÉÉTÈTE. — De beaucoup les plus grands.

L'ÉTRANGER. — Nous avons dit, d'autre part, que ces deux derniers ne pouvaient se mêler l'un à l'autre.

THÉÉTÈTE. — C'est très certain.

προσκείμενος ἰδέᾳ, διὰ τὸ λαμπρὸν αὖ τῆς χώρας οὐδαμῶς εὐπετὴς ὀφθῆναι· τὰ γὰρ τῆς τῶν πολλῶν ψυχῆς ὄμματα καρτερεῖν πρὸς τὸ θεῖον ἀφορῶντα ἀδύνατα. b

ΘΕΑΙ. Καὶ ταῦτα εἰκὸς οὐχ ἧττον ἐκείνων οὕτως ἔχειν.

ΞΕ. Οὐκοῦν περὶ μὲν τούτου καὶ τάχα ἐπισκεψόμεθα σαφέστερον, ἂν ἔτι βουλομένοις ἡμῖν ᾖ· περὶ δὲ τοῦ σοφιστοῦ που δῆλον ὡς οὐκ ἀνετέον πρὶν ἂν ἱκανῶς αὐτὸν θεασώμεθα.

ΘΕΑΙ. Καλῶς εἶπες.

ΞΕ. Ὅτ᾽ οὖν δὴ τὰ μὲν ἡμῖν τῶν γενῶν ὡμολόγηται κοινωνεῖν ἐθέλειν ἀλλήλοις, τὰ δὲ μή, καὶ τὰ μὲν ἐπ᾽ ὀλίγον, τὰ δ᾽ ἐπὶ πολλά, τὰ δὲ καὶ διὰ πάντων οὐδὲν κωλύειν τοῖς πᾶσι κεκοινωνηκέναι, τὸ δὴ μετὰ τοῦτο συνεπισπώμεθα τῷ c
λόγῳ τῇδε σκοποῦντες, μὴ περὶ πάντων τῶν εἰδῶν, ἵνα μὴ ταραττώμεθα ἐν πολλοῖς, ἀλλὰ προελόμενοι τῶν μεγίστων λεγομένων ἄττα, πρῶτον μὲν ποῖα ἕκαστά ἐστιν, ἔπειτα κοινωνίας ἀλλήλων πῶς ἔχει δυνάμεως, ἵνα τό τε ὂν καὶ μὴ ὂν εἰ μὴ πάσῃ σαφηνείᾳ δυνάμεθα λαβεῖν, ἀλλ᾽ οὖν λόγου γε ἐνδεεῖς μηδὲν γιγνώμεθα περὶ αὐτῶν, καθ᾽ ὅσον ὁ τρόπος ἐνδέχεται τῆς νῦν σκέψεως, ἐάν ἄρα ἡμῖν πῃ παρεικάθῃ τὸ μὴ ὂν λέγουσιν ὡς ἔστιν ὄντως μὴ ὂν ἀθῴοις d
ἀπαλλάττειν.

ΘΕΑΙ. Οὐκοῦν χρή.

ΞΕ. Μέγιστα μὴν τῶν γενῶν ἃ νυνδὴ διῇμεν τό τε ὂν αὐτὸ καὶ στάσις καὶ κίνησις.

ΘΕΑΙ. Πολύ γε.

ΞΕ. Καὶ μὴν τώ γε δύο φαμὲν αὐτοῖν ἀμείκτω πρὸς ἀλλήλω.

ΘΕΑΙ. Σφόδρα γε.

a 10 εὐπετὴς W : -ῶς BTY || τῆς τῶν .. b 1 ἀδύνατα in marg. habet W || b 3 ἐπισκεψόμεθα : -ώμεθα Y || c 5-6 καὶ μὴ ὂν habet in marg. W || d 1 παρεικάθῃ Boeckh : -κασθῇ codd. || d 4 νυνδὴ : νῦν Y || διῇμεν : δίει- (sed η supra lin.) T δίι- W || τε : γε B || d 5 καὶ.. καὶ : καὶ ἡ.. καὶ ἡ W || d 7 δύο : δύω Y.

L'ÉTRANGER. — Mais l'être se mêle à tous les deux [1] ; car, en somme, les deux sont.

THÉÉTÈTE. — Sans contredit.

L'ÉTRANGER. — Cela fait donc trois.

THÉÉTÈTE. — Evidemment.

L'ÉTRANGER. — Donc chacun d'eux est autre que les deux qui restent et même que soi.

e THÉÉTÈTE. — Oui.

L'ÉTRANGER. — Que venons-nous donc de dire là par ce « même » et cet « autre » ? Sont-ce deux genres, différents des trois premiers, bien que toujours mêlés nécessairement à eux ? Est-ce donc ainsi cinq êtres et non plus trois qu'il nous faut considérer en eux, ou bien ce « même » et cet « autre » ne seraient-ils, à notre insu, que d'autres noms que nous
255 a donnons à quelqu'un des termes précédents ?

THÉÉTÈTE. — Peut-être.

L'ÉTRANGER. — Or ce n'est certes point le couple mouvement-repos qui est « l'autre » ou le « même ».

THÉÉTÈTE. — Comment cela ?

L'ÉTRANGER. — Quoi que nous attribuions en commun au mouvement et au repos, impossible que cet attribut soit l'un ou l'autre d'entre eux.

THÉÉTÈTE. — Pourquoi ?

L'ÉTRANGER. — Du même coup, le mouvement s'immobilisera et le repos sera mû. Qu'à leur couple, en effet, l'un quelconque d'entre eux se vienne appliquer, il contraindra l'autre à changer sa nature propre en la nature contraire,
b puisqu'il le fera participant de son contraire.

THÉÉTÈTE. — Assurément.

L'ÉTRANGER. — Mais tous deux participent et au même et à l'autre.

THÉÉTÈTE. — Oui.

L'ÉTRANGER. — Ne disons donc point que le mouvement est, soit le même, soit l'autre, et ne le disons point davantage pour le repos.

THÉÉTÈTE. — Gardons-nous-en, en effet.

1. L'être *se mêle*, c.-à-d. s'allie ou *s'attribue* au repos et au mouvement, comme à tout ce qui est. Que l'être soit un *mixte*, un composé de repos et de mouvement, c'est un contresens moderne, expressément démenti par Platon, cf. *supra* 250 c.

ΞΕ. Τὸ δέ γε ὂν μεικτὸν ἀμφοῖν· ἐστὸν γὰρ ἄμφω που.

ΘΕΑΙ. Πῶς δ᾽ οὔ;

ΞΕ. Τρία δὴ γίγνεται ταῦτα.

ΘΕΑΙ. Τί μήν;

ΞΕ. Οὐκοῦν αὐτῶν ἕκαστον τοῖν μὲν δυοῖν ἕτερόν ἐστιν, αὐτὸ δ᾽ ἑαυτῷ ταὐτόν.

ΘΕΑΙ. Οὕτως. e

ΞΕ. Τί ποτ᾽ αὖ νῦν οὕτως εἰρήκαμεν τό τε ταὐτὸν καὶ
θάτερον; πότερα δύο γένη τινὲ αὐτώ, τῶν μὲν τριῶν ἄλλω,
συμμειγνυμένω μὴν ἐκείνοις ἐξ ἀνάγκης ἀεί, καὶ περὶ
πέντε ἀλλ᾽ οὐ περὶ τριῶν ὡς ὄντων αὐτῶν σκεπτέον, ἢ τό τε
ταὐτὸν τοῦτο καὶ θάτερον ὡς ἐκείνων τι προσαγορεύοντες 255 a
λανθάνομεν ἡμᾶς αὐτούς;

ΘΕΑΙ. Ἴσως.

ΞΕ. Ἀλλ᾽ οὔ τι μὴν κίνησίς γε καὶ στάσις οὔθ᾽ ἕτερον οὔτε ταὐτόν ἐστι.

ΘΕΑΙ. Πῶς;

ΞΕ. Ὅτιπερ ἂν κοινῇ προσείπωμεν κίνησιν καὶ στάσιν, τοῦτο οὐδέτερον αὐτοῖν οἷόν τε εἶναι.

ΘΕΑΙ. Τί δή;

ΞΕ. Κίνησίς τε στήσεται καὶ στάσις αὖ κινηθήσεται·
περὶ γὰρ ἀμφότερα θάτερον ὁποτερονοῦν γιγνόμενον αὐτοῖν
ἀναγκάσει μεταβάλλειν αὖ θάτερον ἐπὶ τοὐναντίον τῆς
αὑτοῦ φύσεως, ἅτε μετασχὸν τοῦ ἐναντίου. b

ΘΕΑΙ. Κομιδῇ γε.

ΞΕ. Μετέχετον μὴν ἄμφω ταὐτοῦ καὶ θατέρου.

ΘΕΑΙ. Ναί.

ΞΕ. Μὴ τοίνυν λέγωμεν κίνησίν γ᾽ εἶναι ταὐτὸν ἢ θάτερον, μηδ᾽ αὖ στάσιν.

ΘΕΑΙ. Μὴ γάρ.

e 2 αὖ : ἃ BW || e 3 αὐτώ corr. Paris. 1811 : αὐτοῦ BTYW ἑαυτοῦ in marg. W || ἄλλω : -ῳ T || e 4 συμμειγνυμένω : -ων B || pro μὴν lacunam habet Y || 255 a 12 αὖ : αὐτὰ W || b 3 μετέχετον · μετεί- W || b 5 γ᾽ : τε W.

L'Étranger. — Eh bien, devrons-nous regarder l'être et le même comme ne faisant qu'un ?

Théétète. — Peut-être.

L'Étranger. — Mais, si l'être et le même ne signifient rien de différent, quand, cette fois encore, parlant et du mouve-
c ment et du repos, nous les dirons être, ce sera dire qu'ils sont le même en tant qu'êtres.

Théétète. — C'est pourtant bien impossible.

L'Étranger. — Impossible donc que le même et que l'être ne soient qu'un.

Théétète. — Oui, en somme.

L'Étranger. — Devrons-nous donc, aux trois formes précédentes, ajouter « le même » comme quatrième forme ?

Théétète. — Parfaitement.

L'Étranger. — Eh quoi ? « L'autre » est-il à compter comme cinquième ? Ou bien le faut-il regarder, lui et l'être, comme deux noms qui recouvrent un genre unique ?

Théétète. — Peut-être.

L'Étranger. — Mais tu accorderas, je pense, que les êtres
d se disent, les uns en eux-mêmes, les autres uniquement dans quelque relation[1].

Théétète. — Evidemment.

L'Étranger. — Or « l'autre », lui, ne se dit que relativement à un autre, n'est-ce pas ?

Théétète. — Certes.

L'Étranger. — Cela ne serait point si l'être et « l'autre » n'étaient totalement différents. A supposer que « l'autre » participât aux deux formes, comme fait l'être, il pourrait y avoir un moment où quelque « autre » fût tel sans être autre qu'autre chose. Or, nous le constatons absolument, tout ce qui
e est autre a comme caractère nécessaire de n'être ce qu'il est que relativement à autre chose.

Théétète. — Tu dis vrai.

L'Étranger. — Il faut donc compter la nature de « l'autre » comme cinquième parmi les formes que nous avons prélevées.

1. Sur l'importance de cette distinction pour le problème de la prédication, cf. les fragments d'Eudème transmis par Simplicius (*in Ar. Phys.* Diels, 97/8, et 120).

ΞΕ. Ἀλλ' ἆρα τὸ ὂν καὶ τὸ ταὐτὸν ὡς ἕν τι διανοητέον ἡμῖν ;

ΘΕΑΙ. Ἴσως.

ΞΕ. Ἀλλ' εἰ τὸ ὂν καὶ τὸ ταὐτὸν μηδὲν διάφορον σημαίνετον, κίνησιν αὖ πάλιν καὶ στάσιν ἀμφότερα εἶναι λέγοντες ἀμφότερα οὕτως αὐτὰ ταὐτὸν ὡς ὄντα προσεροῦμεν. c

ΘΕΑΙ. Ἀλλὰ μὴν τοῦτό γε ἀδύνατον.

ΞΕ. Ἀδύνατον ἄρα ταὐτὸν καὶ τὸ ὂν ἓν εἶναι.

ΘΕΑΙ. Σχεδόν.

ΞΕ. Τέταρτον δὴ πρὸς τοῖς τρισὶν εἴδεσιν εἶδος τὸ ταὐτὸν τιθῶμεν ;

ΘΕΑΙ. Πάνυ μὲν οὖν.

ΞΕ. Τί δέ ; τὸ θάτερον ἆρα ἡμῖν λεκτέον πέμπτον ; ἢ τοῦτο καὶ τὸ ὂν ὡς δύ' ἄττα ὀνόματα ἐφ' ἑνὶ γένει διανοεῖσθαι δεῖ ;

ΘΕΑΙ. Τάχ' ἄν.

ΞΕ. Ἀλλ' οἶμαί σε συγχωρεῖν τῶν ὄντων τὰ μὲν αὐτὰ καθ' αὑτά, τὰ δὲ πρὸς ἄλλα ἀεὶ λέγεσθαι.

ΘΕΑΙ. Τί δ' οὔ ;

ΞΕ. Τὸ δέ γ' ἕτερον ἀεὶ πρὸς ἕτερον· ἢ γάρ ; d

ΘΕΑΙ. Οὕτως.

ΞΕ. Οὐκ ἄν, εἴ γε τὸ ὂν καὶ τὸ θάτερον μὴ πάμπολυ διεφερέτην· ἀλλ' εἴπερ θάτερον ἀμφοῖν μετεῖχε τοῖν εἰδοῖν ὥσπερ τὸ ὄν, ἦν ἄν ποτέ τι καὶ τῶν ἑτέρων ἕτερον οὐ πρὸς ἕτερον· νῦν δὲ ἀτεχνῶς ἡμῖν ὅτιπερ ἂν ἕτερον ᾖ, συμβέβηκεν ἐξ ἀνάγκης ἑτέρου τοῦτο αὐτὸ ὅπερ ἐστὶν εἶναι.

ΘΕΑΙ. Λέγεις καθάπερ ἔχει.

ΞΕ. Πέμπτον δὴ τὴν θατέρου φύσιν λεκτέον ἐν τοῖς εἴδεσιν οὖσαν, ἐν οἷς προαιρούμεθα. e

b 8 τὸ ante ταὐτὸν om. W || **b** 11 διάφορον YW : διαφό- T διαφέ- B || **c** 5 εἴδεσιν εἶδος YW et in marg. t : εἴδεσι BT || **c** 8 ἆρα om. W || **c** 13 ἄλλα : -ηλα BY || **d** 1 δέ γ' (sed γε) W : δ' BTY || **d** 3 μὴ πάμπολυ... **d** 4 θάτερον in marg. habet W || **d** 4 διεφερέτην : δια- Y || **d** 7 ἑτέρου BW Simpl. *in Categ.* 159,22 Kalbfleisch : ἕτερον TY || τοῦτο [τοῦτ' W] αὐτὸ YWt Simpl. : τοῦτο BT || **e** 1 ἐν secl. Ritter.

THÉÉTÈTE. — Oui.

L'ÉTRANGER. — Et nous affirmons qu'elle est répandue à travers elles toutes. Chacune d'elles, en effet, est autre que le reste, non en vertu de sa propre nature, mais par le fait qu'elle participe à la forme de « l'autre ».

THÉÉTÈTE. — Assurément.

L'ÉTRANGER. — Voici donc ce qu'il nous faut dire de ces cinq formes, en les reprenant une à une.

THÉÉTÈTE. — Quoi ?

L'ÉTRANGER. — D'abord, pour le mouvement, qu'il est absolument autre que le repos. Est-ce cela ou non que nous disons ?

THÉÉTÈTE. — Cela.

L'ÉTRANGER. — Donc il n'est pas le repos.

THÉÉTÈTE. — En aucune manière.

256 a L'ÉTRANGER. — Il « est », pourtant, du fait qu'il participe à l'être.

THÉÉTÈTE. — Il est.

L'ÉTRANGER. — Ajoutons encore : le mouvement est autre que « le même ».

THÉÉTÈTE. — Soit.

L'ÉTRANGER. — Il n'est donc pas « le même ».

THÉÉTÈTE. — Certes non.

L'ÉTRANGER. — Et, pourtant, il est le même, lui, c'est entendu, puisque nous avons dit que tout participait au même [1].

THÉÉTÈTE. — Assurément.

L'ÉTRANGER. — Le mouvement est donc le même et pas le même : il en faut convenir et ne s'en point fâcher. C'est que, lorsque nous le disons le même et pas le même, ce n'est point sous les mêmes rapports. Quand nous le disons le même,
b en effet, c'est sa participation au « même » par rapport à soi qui nous le fait dire tel. Quand nous nions qu'il soit le même, c'est en conséquence de la communauté qu'il a avec « l'autre », communauté qui l'a séparé du « même » et fait devenir non même, mais autre ; ainsi avons-nous le droit de le dire, cette fois, « pas le même ».

1. Cf. *supra*, 254 d. Cette identité de chaque être par rapport à soi est le fondement de sa détermination propre et de sa résistance à toute confusion avec autrui. C'est quelque chose comme l'*être-pour-soi* de Hegel (*Logique*, I, p. 431, *trad.* Vera), mais Platon est plus clair.

ΘΕΑΙ. Ναί.

ΞΕ. Καὶ διὰ πάντων γε αὐτὴν αὐτῶν φήσομεν εἶναι διεληλυθυῖαν· ἓν ἕκαστον γὰρ ἕτερον εἶναι τῶν ἄλλων οὐ διὰ τὴν αὑτοῦ φύσιν, ἀλλὰ διὰ τὸ μετέχειν τῆς ἰδέας τῆς θατέρου.

ΘΕΑΙ. Κομιδῇ μὲν οὖν.

ΞΕ. Ὧδε δὴ λέγωμεν ἐπὶ τῶν πέντε καθ᾽ ἓν ἀναλαμβάνοντες.

ΘΕΑΙ. Πῶς ;

ΞΕ. Πρῶτον μὲν κίνησιν, ὡς ἔστι παντάπασιν ἕτερον στάσεως. Ἢ πῶς λέγομεν ;

ΘΕΑΙ. Οὕτως.

ΞΕ. Οὐ στάσις ἄρ᾽ ἐστίν.

ΘΕΑΙ Οὐδαμῶς.

ΞΕ. Ἔστι δέ γε διὰ τὸ μετέχειν τοῦ ὄντος. 256 a

ΘΕΑΙ. Ἔστιν.

ΞΕ. Αὖθις δὴ πάλιν ἡ κίνησις ἕτερον ταὐτοῦ ἐστιν.

ΘΕΑΙ. Σχεδόν.

ΞΕ. Οὐ ταὐτὸν ἄρα ἐστίν.

ΘΕΑΙ. Οὐ γὰρ οὖν.

ΞΕ. Ἀλλὰ μὴν αὕτη γ᾽ ἦν ταὐτὸν διὰ τὸ μετέχειν αὖ πάντ᾽ αὐτοῦ.

ΘΕΑΙ. Καὶ μάλα.

ΞΕ. Τὴν κίνησιν δὴ ταὐτόν τ᾽ εἶναι καὶ μὴ ταὐτὸν ὁμολογητέον καὶ οὐ δυσχεραντέον. Οὐ γὰρ ὅταν εἴπωμεν αὐτὴν ταὐτὸν καὶ μὴ ταὐτόν, ὁμοίως εἰρήκαμεν, ἀλλ᾽ ὁπόταν μὲν ταὐτόν, διὰ τὴν μέθεξιν ταὐτοῦ πρὸς ἑαυτὴν b
οὕτω λέγομεν, ὅταν δὲ μὴ ταὐτόν, διὰ τὴν κοινωνίαν αὖ θατέρου, δι᾽ ἣν ἀποχωριζομένη ταὐτοῦ γέγονεν οὐκ ἐκεῖνο ἀλλ᾽ ἕτερον, ὥστε ὀρθῶς αὖ λέγεται πάλιν οὐ ταὐτόν.

e 12 λέγομεν W : -ωμεν BTY || **256 a** 1 τό : τοῦ Y || **a** 3 ἔστι ταυτοῦ W || **a** 8 πάντ᾽ αὐτοῦ : πᾶν ταὐτοῦ Madvig || **a** 10 τ᾽ : τι W || **b** 1 ἑαυτήν : αὐτήν Y || **b** 2 λέγομεν : -ωμεν BT[1].

Théétète. — Absolument.

L'Étranger. — Si donc, par quelque biais, le mouvement même participait au repos, il n'y aurait rien d'étrange à l'appeler stationnaire ?

Théétète. — Ce serait, au contraire, parfaitement correct, si nous devons convenir que, parmi les genres, les uns se prêtent au mélange mutuel, les autres, non.

c L'Étranger. — Or c'est là, justement, une démonstration à laquelle nous étions arrivés avant d'aboutir à celle-ci, et nous avions prouvé que telle est bien leur nature.

Théétète. — C'est de toute évidence.

L'Étranger. — Reprenons donc : le mouvement est-il autre que « l'autre », aussi bien qu'il était autre que le même et que le repos ?

Théétète. — Nécessairement.

L'Étranger. — Il est donc non-autre sous un certain rapport, et autre d'après le raisonnement actuel.

Théétète. — C'est vrai.

L'Étranger. — Et après ? allons-nous, l'affirmant autre que les trois premiers, nier qu'il soit autre que le quatrième, alors
d que nous étions d'accord à compter pour cinq genres distincts les genres prélevés pour notre examen ?

Théétète. — Et le moyen ? Il est bien impossible que nous consentions à réduire ce nombre au-dessous du chiffre clairement obtenu tout à l'heure.

Définition du non-être comme altérité.

L'Étranger. — C'est donc sans crainte que, de toutes nos forces, nous soutiendrons cette formule : le mouvement est autre que l'être ?

Théétète. — Sans l'ombre d'un scrupule.

L'Étranger. — Ainsi donc il est clair que le mouvement est réellement non-être, encore qu'il soit être en ce qu'il participe à l'être ?

Théétète. Absolument clair.

L'Étranger. — Il est donc inévitable qu'il y ait un être du non-être, non seulement dans le mouvement, mais dans toute la suite des genres. Dans toute leur suite, en effet, la
e nature de l'autre fait chacun d'eux autre que l'être et, par là-même, non-être. Ainsi tous, universellement, sous ce rap-

ΘΕΑΙ. Πάνυ μὲν οὖν.

ΞΕ. Οὐκοῦν κἂν εἴ πῃ μετελάμβανεν αὐτὴ κίνησις στάσεως, οὐδὲν ἂν ἄτοπον ἦν στάσιμον αὐτὴν προσαγορεύειν ;

ΘΕΑΙ. Ὀρθότατά γε, εἴπερ τῶν γενῶν συγχωρησόμεθα τὰ μὲν ἀλλήλοις ἐθέλειν μείγνυσθαι, τὰ δὲ μή.

ΞΕ. Καὶ μὴν ἐπί γε τὴν τούτου πρότερον ἀπόδειξιν ἢ c
τῶν νῦν ἀφικόμεθα, ἐλέγχοντες ὡς ἔστι κατὰ φύσιν ταύτῃ.

ΘΕΑΙ. Πῶς γὰρ οὔ ;

ΞΕ. Λέγωμεν δὴ πάλιν· ἡ κίνησίς ἐστιν ἕτερον τοῦ ἑτέρου, καθάπερ ταὐτοῦ τε ἦν ἄλλο καὶ τῆς στάσεως ;

ΘΕΑΙ. Ἀναγκαῖον.

ΞΕ. Οὐχ ἕτερον ἄρ᾽ ἐστί πῃ καὶ ἕτερον κατὰ τὸν νυνδὴ λόγον.

ΘΕΑΙ. Ἀληθῆ.

ΞΕ. Τί οὖν δὴ τὸ μετὰ τοῦτο ; ἆρ᾽ αὖ τῶν μὲν τριῶν
ἕτερον αὐτὴν φήσομεν εἶναι, τοῦ δὲ τετάρτου μὴ φῶμεν,
ὁμολογήσαντες αὐτὰ εἶναι πέντε, περὶ ὧν καὶ ἐν οἷς d
προυθέμεθα σκοπεῖν ;

ΘΕΑΙ. Καὶ πῶς ; ἀδύνατον γὰρ συγχωρεῖν ἐλάττω τὸν ἀριθμὸν τοῦ νυνδὴ φανέντος.

ΞΕ. Ἀδεῶς ἄρα τὴν κίνησιν ἕτερον εἶναι τοῦ ὄντος διαμαχόμενοι λέγομεν ;

ΘΕΑΙ. Ἀδεέστατα μὲν οὖν.

ΞΕ. Οὐκοῦν δὴ σαφῶς ἡ κίνησις ὄντως οὐκ ὄν ἐστι καὶ ὄν, ἐπείπερ τοῦ ὄντος μετέχει ;

ΘΕΑΙ. Σαφέστατά γε.

ΞΕ. Ἔστιν ἄρα ἐξ ἀνάγκης τὸ μὴ ὂν ἐπί τε κινήσεως
εἶναι καὶ κατὰ πάντα τὰ γένη. Κατὰ πάντα γὰρ ἡ θατέρου
φύσις ἕτερον ἀπεργαζομένη τοῦ ὄντος ἕκαστον οὐκ ὂν e
ποιεῖ, καὶ σύμπαντα δὴ κατὰ ταὐτὰ οὕτως οὐκ ὄντα ὀρθῶς

b 6 αὐτή : αὐτὴ ἡ Stallbaum αὖ ἡ Ast αὖ Schanz || **b** 7 ἦν ἄτοπον W || post προσαγορεύειν lacunam indicabat Heindorf || **c** 4 ἡ : εἰ B || **c** 10 αὖ Heindorf : οὐ codd. || **d** 6 λέγομεν : -ωμεν T.

port, nous les dirons correctement non-être, et, par contre, parce qu'ils participent à l'être, nous les dirons être et les nommerons des êtres.

Théétète. — Il y a chance.

L'Étranger. — Alentour de chaque forme, il y a donc multiplicité d'être, infinie quantité de non-être[1].

Théétète. — Ce semble.

257 a L'Étranger. — Donc l'être lui-même, devons-nous dire, est autre que le reste des genres.

Théétète. — Nécessairement.

L'Étranger. — Ainsi, nous le voyons, autant sont les autres, autant de fois l'être n'est pas; lui, en effet, n'est pas eux, mais il est son unique soi, et, dans toute l'infinité de leur nombre, à leur tour, les autres ne sont pas.

Théétète. — C'est cela, en somme.

L'Étranger. — Là donc encore il n'y a rien dont il faille se fâcher, puisque la nature des genres comporte communauté mutuelle. Celui qui se refuse à nous accorder ce point, qu'il commence donc par convertir à sa cause nos précédents arguments, avant d'essayer d'en convertir les conclusions.

Théétète. — Ce que tu demandes là est de toute justice.

b L'Étranger. — Voici encore un point à considérer.

Théétète. — Lequel ?

L'Étranger. — Quand nous énonçons le non-être, ce n'est point là, ce semble, énoncer quelque chose de contraire à l'être, mais seulement quelque chose d'autre.

Théétète. — Comment cela ?

L'Étranger. — Quand, par exemple, nous parlons de quelque « non-grand », te semblons-nous alors désigner, par cette expression, plutôt le petit que l'égal[2] ?

Théétète. — Quelle raison aurions-nous ?

L'Étranger. — Quand donc l'on prétendra que négation veut dire contrariété, nous ne l'admettrons point, et nous nous en tiendrons à ceci : quelque chose d'autre, voilà ce que signifie le « non » ou le « ne pas » qu'on met en préfixe

1. « Ma main n'est pas ma tête, ma chaise, ma chambre... Elle renferme, pour ainsi dire, une infinité de néants, les néants de tout ce qu'elle n'est point. » Malebranche, *Entretien avec un philosophe chinois*.

2. Le non-blanc comprend le noir, le rouge, le vert, etc. Blanc et rouge sont différents sans être contraires (Goblot, *Logique*, p. 94).

ἐροῦμεν, καὶ πάλιν, ὅτι μετέχει τοῦ ὄντος, εἶναί τε καὶ ὄντα.

ΘΕΑΙ. Κινδυνεύει.

ΞΕ. Περὶ ἕκαστον ἄρα τῶν εἰδῶν πολὺ μέν ἐστι τὸ ὄν, ἄπειρον δὲ πλήθει τὸ μὴ ὄν.

ΘΕΑΙ. Ἔοικεν.

ΞΕ. Οὐκοῦν καὶ τὸ ὂν αὐτὸ τῶν ἄλλων ἕτερον εἶναι 257 a
λεκτέον.

ΘΕΑΙ. Ἀνάγκη.

ΞΕ. Καὶ τὸ ὂν ἄρ᾽ ἡμῖν, ὅσαπέρ ἐστι τὰ ἄλλα, κατὰ τοσαῦτα οὐκ ἔστιν· ἐκεῖνα γὰρ οὐκ ὂν ἓν μὲν αὐτό ἐστιν, ἀπέραντα δὲ τὸν ἀριθμὸν τἆλλα οὐκ ἔστιν αὖ.

ΘΕΑΙ. Σχεδὸν οὕτως.

ΞΕ. Οὐκοῦν δὴ καὶ ταῦτα οὐ δυσχεραντέον, ἐπείπερ ἔχει κοινωνίαν ἀλλήλοις ἡ τῶν γενῶν φύσις. Εἰ δέ τις ταῦτα μὴ συγχωρεῖ, πείσας ἡμῶν τοὺς ἔμπροσθεν λόγους οὕτω πειθέτω τὰ μετὰ ταῦτα.

ΘΕΑΙ. Δικαιότατα εἴρηκας.

ΞΕ. Ἴδωμεν δὴ καὶ τόδε. b

ΘΕΑΙ. Τὸ ποῖον;

ΞΕ. Ὁπόταν τὸ μὴ ὂν λέγωμεν, ὡς ἔοικεν, οὐκ ἐναντίον τι λέγομεν τοῦ ὄντος ἀλλ᾽ ἕτερον μόνον.

ΘΕΑΙ. Πῶς;

ΞΕ Οἷον ὅταν εἴπωμέν τι μὴ μέγα, τότε μᾶλλόν τί σοι φαινόμεθα τὸ σμικρὸν ἢ τὸ ἴσον δηλοῦν τῷ ῥήματι;

ΘΕΑΙ. Καὶ πῶς;

ΞΕ. Οὐκ ἄρ᾽, ἐναντίον ὅταν ἀπόφασις λέγηται σημαίνειν, συγχωρησόμεθα, τοσοῦτον δὲ μόνον, ὅτι τῶν ἄλλων τι μηνύει τὸ μὴ καὶ τὸ οὒ προτιθέμενα τῶν ἐπιόντων ὀνομά-

e 3 ὅτι : ὅτε Y || τε secl. Schanz || **257 a** 4 ὂν ἄρ᾽ : ὄναρ B || **a** 11 μετὰ ταῦτα : μεταῦτα B || **b** 1 ἴδωμεν (sed ει supra lin.) W : εἰδῶμεν BY εἴδωμεν T || **b** 2 τὸ ποῖον : ὁποῖον Y || **b** 9 λέγηται : γέν- Y || **b** 10 συγχωρησόμεθα : -ήσομεν YW.

c aux noms qui suivent la négation, ou plutôt aux choses désignées par ces noms[1].

Théétète. — Absolument.

L'Étranger. — Encore une observation, si tu veux bien me l'accorder.

Théétète. — Laquelle ?

L'Étranger. — La nature de l'autre me paraît se morceler de la même façon que la science.

Théétète. — Comment ?

L'Étranger. — Celle-ci est une aussi, sans doute. Mais chaque partie qui s'en détache pour s'appliquer à un objet déterminé revêt un nom qui lui est propre : c'est pour cela
d qu'on parle d'une pluralité d'arts et de sciences.

Théétète. — Parfaitement.

L'Étranger. — Eh bien, les parties de cette unité qu'est la nature de l'autre se spécifient en même façon.

Théétète. — Peut-être bien ; mais, en quelle façon précise ?

L'Étranger. — Au beau, y a-t-il quelque partie de l'autre qui s'oppose ?

Théétète. — Oui.

L'Étranger. — La dirons-nous anonyme, ou dirons-nous qu'elle a un nom particulier ?

Théétète. — Elle en a un : car tout ce que nous appelons non-beau, cela n'est autre que par rapport à la nature du beau.

L'Étranger. — Allons, voici maintenant ma question.

e Théétète. — Laquelle ?

L'Étranger. — Un être que l'on détache d'un genre déterminé[2], et que l'on oppose à un autre être, n'est-ce pas cela qu'est, en fin de compte, le non-beau ?

Théétète. — Si.

1. « Il n'est pas possible de nier un rapport sans en affirmer quelque autre, et cette affirmation plus ou moins exprimée ou sous-entendue limite plus ou moins le sujet. Mais, selon la rigueur logique, la formule *non-A* se traduit par *tous les autres que A* et n'a point d'autre sens. » Renouvier, *Logique*, p. 149.

2. La pensée est claire : le *non-beau* est détaché *d'un genre déterminé* (τινὸς ἑνὸς γένους), et non pas *de n'importe quel genre* (*ab uno quopiam genere*, Apelt), puisqu'il est, on vient de le dire, une espèce détachée du genre *autre*, comme *les sciences* sont des espèces de *la science*. Le texte est sain, et toute correction serait une faute.

των, μᾶλλον δὲ τῶν πραγμάτων περὶ ἅττ' ἂν κέηται τὰ c
ἐπιφθεγγόμενα ὕστερον τῆς ἀποφάσεως ὀνόματα.

ΘΕΑΙ. Παντάπασι μὲν οὖν.

ΞΕ. Τόδε δὲ διανοηθῶμεν, εἰ καὶ σοὶ συνδοκεῖ.

ΘΕΑΙ. Τὸ ποῖον ;

ΞΕ. Ἡ θατέρου μοι φύσις φαίνεται κατακεκερματίσθαι καθάπερ ἐπιστήμη.

ΘΕΑΙ. Πῶς;

ΞΕ. Μία μέν ἐστί που καὶ ἐκείνη, τὸ δ' ἐπί τῳ γιγνόμενον μέρος αὐτῆς ἕκαστον ἀφορισθὲν ἐπωνυμίαν ἴσχει
τινὰ ἑαυτῆς ἰδίαν· διὸ πολλαὶ τέχναι τ' εἰσὶ λεγόμεναι καὶ d
ἐπιστῆμαι.

ΘΕΑΙ. Πάνυ μὲν οὖν.

ΞΕ. Οὐκοῦν καὶ τὰ τῆς θατέρου φύσεως μόρια μιᾶς οὔσης ταὐτὸν πέπονθε τοῦτο.

ΘΕΑΙ. Τάχ' ἄν· ἀλλ' ὅπῃ δὴ λέγωμεν ;

ΞΕ. Ἔστι τῷ καλῷ τι θατέρου μόριον ἀντιτιθέμενον ;

ΘΕΑΙ. Ἔστιν.

ΞΕ. Τοῦτ' οὖν ἀνώνυμον ἐροῦμεν ἤ τιν' ἔχον ἐπωνυμίαν;

ΘΕΑΙ. Ἔχον· ὃ γὰρ μὴ καλὸν ἑκάστοτε φθεγγόμεθα, τοῦτο οὐκ ἄλλου τινὸς ἕτερόν ἐστιν ἢ τῆς τοῦ καλοῦ φύσεως.

ΞΕ. Ἴθι νῦν τόδε μοι λέγε.

ΘΕΑΙ. Τὸ ποῖον ; e

ΞΕ. Ἄλλο τι τῶν ὄντων τινὸς ἑνὸς γένους ἀφορισθὲν καὶ πρός τι τῶν ὄντων αὖ πάλιν ἀντιτεθὲν οὕτω συμβέβηκεν εἶναι τὸ μὴ καλόν ;

ΘΕΑΙ. Οὕτως.

c 1-2 τὰ ἐπιφθεγγόμενα : ἃ -μεθα Heindorf || c 6 φύσις μοι W || c 9 ἐκείνη : -ῃ BT || τῳ TY : τὸ B τούτῳ W || c 10 ἐπωνυμίαν post τινὰ transp. W || ἴσχει : -ειν Y || d 1 τέχναι post τ' εἰσὶ transp. W || τ' εἰσὶ codd. : τέ εἰσι W τείσι T τισὶ Y τισιν B || d 6 ἀλλ' ὅπῃ W : ἄλλό πῃ TY ἄλλοπῃ B || d 7 ἀντιτιθέμενον : ἀντιθέ- Y || e 2 ἑνὸς om. BW || γένους BTY : μέρ- W (sed γέ supra lin.) et in marg. T (ἑνός γέ τινος susp. Burnet) || e 3 συμβέβηκεν εἶναι Steph. : -κέναι codd.

L'ÉTRANGER. — Donc une opposition déterminée d'être à être, voilà, ce semble, à quoi se réduit le non-beau.

THÉÉTÈTE. — Parfaitement juste.

L'ÉTRANGER. — Eh quoi ? est-ce qu'à ce compte le beau serait plus être, et le non-beau, moins ?

THÉÉTÈTE. — Pas du tout.

258 a L'ÉTRANGER. — C'est donc à pareil titre qu'il faut dire être et le non-grand, et le grand lui-même ?

THÉÉTÈTE. — A pareil titre.

L'ÉTRANGER. — Donc le non-juste doit se mettre aussi sur le même rang que le juste, en tant que, d'aucune manière, l'un n'est plus être que l'autre ?

THÉÉTÈTE. — Comment donc !

L'ÉTRANGER. — A tout le reste donc nous appliquerons même formule, puisque la nature de l'autre a, nous l'avons vu, rang parmi les êtres, et que, si elle est de l'être, ses parties ont, nécessairement, autant de titres que quoi que ce soit à se poser comme êtres.

THÉÉTÈTE. — Evidemment.

L'ÉTRANGER. — Ainsi, à ce qu'il semble, quand une partie de la nature de l'autre et une partie de celle de l'être s'opposent mutuellement, cette opposition n'est, s'il est permis de le dire, pas moins être que l'être lui-même [1] ; car ce n'est point le contraire de l'être qu'elle exprime ; c'est, simplement, autre chose que lui ?

THÉÉTÈTE. — C'est manifeste.

L'ÉTRANGER. — De quel nom l'appellerons-nous donc ?

THÉÉTÈTE. — Il est clair que c'est bel et bien le non-être, le non-être que nous cherchions à cause du sophiste.

L'ÉTRANGER. — N'est-il donc, comme tu l'as dit, inférieur en être à rien d'autre ? Faut-il s'enhardir à proclamer dès maintenant que le non-être est, à titre stable, possesseur de sa propre nature, au même titre que le grand était grand et que
c le beau était beau, le non-grand, non-grand, et le non-beau,

1. Cf. *Parménide* : *l'Un qui n'est pas* est tout aussi connaissable et discernable que l'*Un qui est*, « car on n'en connaît pas moins quel est le sujet de ce ne pas être et qu'il est différent des Autres » (160 e). Ici, par un raisonnement inverse, mais semblable au fond, on montre que le contenu du non-être est déterminé, et que c'est une *différence positive : l'autre que l'être*.

ΞΕ. Ὄντος δὴ πρὸς ὂν ἀντίθεσις, ὡς ἔοικ', εἶναί τις
συμβαίνει τὸ μὴ καλόν.

ΘΕΑΙ. Ὀρθότατα.

ΞΕ. Τί οὖν ; κατὰ τοῦτον τὸν λόγον ἆρα μᾶλλον μὲν τὸ
καλὸν ἡμῖν ἐστι τῶν ὄντων, ἧττον δὲ τὸ μὴ καλόν ;

ΘΕΑΙ. Οὐδέν.

ΞΕ. Ὁμοίως ἄρα τὸ μὴ μέγα καὶ τὸ μέγα αὐτὸ εἶναι 258 a
λεκτέον ;

ΘΕΑΙ. Ὁμοίως.

ΞΕ. Οὐκοῦν καὶ τὸ μὴ δίκαιον τῷ δικαίῳ κατὰ ταὐτὰ
θετέον πρὸς τὸ μηδέν τι μᾶλλον εἶναι θάτερον θατέρου ;

ΘΕΑΙ. Τί μήν ;

ΞΕ. Καὶ τἆλλα δὴ ταύτῃ λέξομεν, ἐπείπερ ἡ θατέρου
φύσις ἐφάνη τῶν ὄντων οὖσα, ἐκείνης δὲ οὔσης ἀνάγκη δὴ
καὶ τὰ μόρια αὐτῆς μηδενὸς ἧττον ὄντα τιθέναι.

ΘΕΑΙ. Πῶς γὰρ οὔ ;

ΞΕ. Οὐκοῦν, ὡς ἔοικεν, ἡ τῆς θατέρου μορίου φύσεως
καὶ τῆς τοῦ ὄντος πρὸς ἄλληλα ἀντικειμένων ἀντίθεσις b
οὐδὲν ἧττον, εἰ θέμις εἰπεῖν, αὐτοῦ τοῦ ὄντος οὐσία ἐστίν,
οὐκ ἐναντίον ἐκείνῳ σημαίνουσα ἀλλὰ τοσοῦτον μόνον,
ἕτερον ἐκείνου.

ΘΕΑΙ. Σαφέστατά γε.

ΞΕ. Τίν' οὖν αὐτὴν προσείπωμεν ;

ΘΕΑΙ. Δῆλον ὅτι τὸ μὴ ὄν, ὃ διὰ τὸν σοφιστὴν ἐζη-
τοῦμεν, αὐτό ἐστι τοῦτο.

ΞΕ. Πότερον οὖν, ὥσπερ εἶπες, ἔστιν οὐδενὸς τῶν
ἄλλων οὐσίας ἐλλειπόμενον, καὶ δεῖ θαρροῦντα ἤδη λέγειν
ὅτι τὸ μὴ ὂν βεβαίως ἐστὶ τὴν αὑτοῦ φύσιν ἔχον, ὥσπερ τὸ
μέγα ἦν μέγα καὶ τὸ καλὸν ἦν καλὸν καὶ τὸ μὴ μέγα ⟨μὴ c

e 6 ὃν Ven. 185 : ὂν BTY ὃ W || ἀντίθεσις TY : -σιν B ἡ -σις W || τις Apelt : τι BTY om. W || **258 a** 8 ἐφάνη : φανῇ B || **a** 11 οὐκοῦν... **b** 8 ἐστι τοῦτο habet Simpl. *in Phys.* 243 || **b** 2 οὐσία : οὖσα Simpl. || **b** 9 ὥσπερ : ὅπερ W || **b** 10 οὐσίας : -ίᾳ Madvig || δεῖ : δὴ B.

non-beau ; qu'à ce même titre aussi le non-être était et est non-être, unité intégrante dans le nombre que constitue la multitude des formes[1] ? Ou bien serait-ce qu'à son égard, Théétète, nous garderions encore quelque défiance ?

THÉÉTÈTE. — Aucune.

Récapitulation de l'argumentation sur la réalité du non-être.

L'ÉTRANGER. — Sais-tu, à ce propos, que notre défi à Parménide nous a portés bien au-delà des limites par lui interdites ?

THÉÉTÈTE. — En quoi donc ?

L'ÉTRANGER. — Sur un champ bien plus large que celui qu'il nous défendait d'explorer, nous avons poussé de l'avant nos recherches et, contre lui, établi nos démonstrations.

THÉÉTÈTE. — Comment ?

d L'ÉTRANGER. — Il dit, lui, s'il me souvient[2],

> « Non, jamais tu ne plieras de force les non-êtres à être ;
> De cette route de recherche écarte plutôt ta pensée. »

THÉÉTÈTE. — C'est bien là ce qu'il dit.

L'ÉTRANGER. — Or nous ne nous sommes point contentés de montrer que les non-êtres sont, mais, sur la forme même que constitue le non-être, nous avons fait pleine lumière. Une fois démontré, en effet, et qu'il y a une nature de l'autre et
e qu'elle se détaille à tous les êtres en leurs relations mutuelles, de chaque fraction de l'autre qui s'oppose à l'être nous avons dit audacieusement : c'est ceci même qu'est réellement le non-être.

THÉÉTÈTE. — Et, à mon sens, étranger, ce que nous avons dit là est la vérité absolue.

1. Le premier imparfait (le grand *était* grand, etc.) est un rappel de ce qui vient d'être dit (258 a) sur le titre égal du grand et du non-grand à l'existence ; le second (le non-être *était*... non-être), naturellement amené par le premier, est lui-même justifié par le souvenir des démonstrations précédentes (256 d/e). La formule « le non-être est non-être » a été déjà employée par Gorgias (*Traité de l'Être ou de la Nature, apud* Sextum Empiricum, *Adv. math.*, 6) et utilisée, dans le *Parménide*, pour montrer que l'Un qui n'est pas est non-étant (162 a/b). Le *Sophiste* transforme ces tours de force dialectiques en démonstration métaphysique.

2. Cf. *supra*, 237 a.

μέγα⟩ καὶ τὸ μὴ καλὸν ⟨μὴ καλόν⟩, οὕτω δὲ καὶ τὸ μὴ ὂν κατὰ ταὐτὸν ἦν τε καὶ ἔστι μὴ ὄν, ἐνάριθμον τῶν πολλῶν ὄντων εἶδος ἕν; Ἤ τινα ἔτι πρὸς αὐτό, ὦ Θεαίτητε, ἀπιστίαν ἔχομεν;

ΘΕΑΙ. Οὐδεμίαν.

ΞΕ. Οἶσθ᾽ οὖν ὅτι Παρμενίδῃ μακροτέρως τῆς ἀπορρήσεως ἠπιστήκαμεν;

ΘΕΑΙ. Τί δή;

ΞΕ. Πλεῖον ἢ ᾽κεῖνος ἀπεῖπε σκοπεῖν, ἡμεῖς εἰς τὸ πρόσθεν ἔτι ζητήσαντες ἀπεδείξαμεν αὐτῷ.

ΘΕΑΙ. Πῶς;

ΞΕ. Ὅτι ὁ μέν πού φησιν — d

> Οὐ γὰρ μή ποτε τοῦτο δαμῇ, εἶναι μὴ ἐόντα,
> ἀλλὰ σὺ τῆσδ᾽ ἀφ᾽ ὁδοῦ διζήσιος εἶργε νόημα.

ΘΕΑΙ. Λέγει γὰρ οὖν οὕτως.

ΞΕ. Ἡμεῖς δέ γε οὐ μόνον τὰ μὴ ὄντα ὡς ἔστιν ἀπεδείξαμεν, ἀλλὰ καὶ τὸ εἶδος ὃ τυγχάνει ὂν τοῦ μὴ ὄντος ἀπεφηνάμεθα· τὴν γὰρ θατέρου φύσιν ἀποδείξαντες οὖσάν τε καὶ κατακεκερματισμένην ἐπὶ πάντα τὰ ὄντα πρὸς ἄλληλα, τὸ πρὸς τὸ ὂν ἕκαστον μόριον αὐτῆς ἀντιτιθέ- e
μενον ἐτολμήσαμεν εἰπεῖν ὡς αὐτὸ τοῦτό ἐστιν ὄντως τὸ μὴ ὄν.

ΘΕΑΙ. Καὶ παντάπασί γε, ὦ ξένε, ἀληθέστατά μοι δοκοῦμεν εἰρηκέναι.

c 1-2 μὴ μέγα et mox μὴ καλόν add. Boeckh || c 3 ἐνάριθμον : ἀν- Y || c 4 αὐτό : τῷ (et αὖ supra lin.) Y || c 5 ἔχομεν om. B || c 7 οἶσθ᾽ οὖν... 259 b 6 οὐκ ἔστιν habet Simpl. *in Phys.* p. 135-136 || c 8 ἠπιστήκαμεν : ἀφεστή- Cornarius || c 10 ᾽κεῖνος : ἐκ- W || c 11 πρόσθεν : ἔμπρο- Y || ἔτι ζητήσαντες : ἐπιζη- Simpl. || d 2 τοῦτο δαμῇ Simplicii E : τοῦτ᾽ οὐδαμῇ BTYW || ἐόντα W : ὄντα BTY || d 3 τῆσδ᾽ : τίς δ᾽ Y || διζήσιος hic BTYW sicut Simpl. || d 5 ὡς ἔστι τὰ μὴ ὄντα BW Simpl. || d 7 τὴν γάρ... 259 a 4 λέγομεν iterum habet Simpl. p. 238 || e 1 ἕκαστον Simpl. p. 238 : ἑκάστου BTYW Simpl. p. 135 || e 4-5 καὶ.. εἰρηκέναι om. Simpl. p. 135 || e 4 γε ὦ ξένε : μὲν ἔδοξε Simpl. || ἀληθέστατά : -ατόν W τἀλ- ατά Simpl.

L'ÉTRANGER. — Qu'on ne nous vienne donc point dire que c'est au moment où nous dénonçons, dans le non-être, le contraire de l'être, que nous avons l'audace d'affirmer qu'il est. Pour nous, à je ne sais quel contraire de l'être, il y a beau temps que nous avons dit adieu, n'ayant cure de savoir s'il
259 a est ou non, s'il est rationnel ou totalement irrationnel. Quant à la définition que nous avons donnée du non-être, ou bien qu'on nous convainque de sa fausseté en la réfutant, ou, tant qu'on ne le pourra, qu'on accepte de dire ce que nous-mêmes disons [1]. Il y a mélange mutuel des genres. L'être et l'autre pénètrent à travers tous et se compénètrent mutuellement. Ainsi l'autre, participant de l'être, du fait de cette participation, est ; il est, toutefois, non point ce dont il participe, mais autre, et, parce qu'il est autre que l'être, il est, par la plus manifeste nécessité, non-être. L'être, à son tour, par-
b ticipant de l'autre, sera donc autre que le reste des genres. Autre qu'eux tous, il n'est donc ni aucun d'eux pris à part, ni la totalité des autres moins lui-même ; de sorte que l'être, incontestablement encore, des milliers et milliers de fois n'est point, et que les autres, soit individuellement, soit en leur totalité, sous de multiples rapports, sont, et, sous de multiples rapports, ne sont point.

THÉÉTÈTE. — C'est vrai.

L'ÉTRANGER. — Si l'on refuse de croire à ces oppositions, qu'on cherche alors et qu'on dise mieux que nous ne venons
c de dire. Mais croire qu'on a fait une invention difficile parce qu'on torture à plaisir les arguments dans tous les sens, c'est peiner sur des choses qui n'en valent guère la peine [2] ; nos arguments présents nous l'attestent. Il n'y a là, en effet, ni invention élégante ni trouvaille difficile, alors que voici qui serait difficile autant que beau.

THÉÉTÈTE. — Quoi donc ?

L'ÉTRANGER. — Je l'ai déjà dit [3] : laisser là ces arguties dont le premier venu est capable, mais savoir, au contraire, suivre

1. Ce qui suit résume toute la discussion depuis 251 a.

2. Pour un jeu de mots analogue, emprunté peut-être à Isocrate, cf. *Euthydème*, 304 c.

3. Allusion aux arguties sur l'un et le multiple (251 b), que *le premier venu* trouve toutes prêtes (παντὶ πρόχειρον), croyant avoir fait là « une trouvaille de haute sagesse ».

ΞΕ. Μὴ τοίνυν ἡμᾶς εἴπῃ τις ὅτι τοὐναντίον τοῦ ὄντος τὸ μὴ ὂν ἀποφαινόμενοι τολμῶμεν λέγειν ὡς ἔστιν. Ἡμεῖς γὰρ περὶ μὲν ἐναντίου τινὸς αὐτῷ χαίρειν πάλαι λέγομεν,
εἴτ' ἔστιν εἴτε μή, λόγον ἔχον ἢ καὶ παντάπασιν ἄλογον· 259 a
ὃ δὲ νῦν εἰρήκαμεν εἶναι τὸ μὴ ὄν, ἢ πεισάτω τις ὡς οὐ καλῶς λέγομεν ἐλέγξας, ἢ μέχριπερ ἂν ἀδυνατῇ, λεκτέον καὶ ἐκείνῳ καθάπερ ἡμεῖς λέγομεν, ὅτι συμμείγνυταί τε ἀλλήλοις τὰ γένη καὶ τό τε ὂν καὶ θάτερον διὰ πάντων καὶ δι' ἀλλήλων διεληλυθότε τὸ μὲν ἕτερον μετασχὸν τοῦ ὄντος ἔστι μὲν διὰ ταύτην τὴν μέθεξιν, οὐ μὴν ἐκεῖνό γε οὗ μετέσχεν ἀλλ' ἕτερον, ἕτερον δὲ τοῦ ὄντος ὂν ἔστι σαφέσ-
τατα ἐξ ἀνάγκης εἶναι μὴ ὄν· τὸ δὲ ὂν αὖ θατέρου μετει- b
ληφὸς ἕτερον τῶν ἄλλων ἂν εἴη γενῶν, ἕτερον δ' ἐκείνων ἁπάντων ὂν οὐκ ἔστιν ἕκαστον αὐτῶν οὐδὲ σύμπαντα τὰ ἄλλα πλὴν αὐτό, ὥστε τὸ ὂν ἀναμφισβητήτως αὖ μυρία ἐπὶ μυρίοις οὐκ ἔστι, καὶ τἆλλα δὴ καθ' ἕκαστον οὕτω καὶ σύμπαντα πολλαχῇ μὲν ἔστι, πολλαχῇ δ' οὐκ ἔστιν.

ΘΕΑΙ. Ἀληθῆ.

ΞΕ. Καὶ ταύταις δὴ ταῖς ἐναντιώσεσιν εἴτε ἀπιστεῖ τις, σκεπτέον αὐτῷ καὶ λεκτέον βέλτιόν τι τῶν νῦν εἰρη-
μένων· εἴτε ὥς τι χαλεπὸν κατανενοηκὼς χαίρει τοτὲ μὲν c
ἐπὶ θάτερα τοτὲ δ' ἐπὶ θάτερα τοὺς λόγους ἕλκων, οὐκ ἄξια πολλῆς σπουδῆς ἐσπούδακεν, ὡς οἱ νῦν λόγοι φασί. Τοῦτο μὲν γὰρ οὔτε τι κομψὸν οὔτε χαλεπὸν εὑρεῖν, ἐκεῖνο δ' ἤδη καὶ χαλεπὸν ἅμα καὶ καλόν.

ΘΕΑΙ. Τὸ ποῖον ;

ΞΕ. Ὃ καὶ πρόσθεν εἴρηται, τὸ ταῦτα ἐάσαντα ὡς ⟨παντὶ⟩ δυνατὰ τοῖς λεγομένοις οἷόν τ' εἶναι καθ' ἕκαστον

e 6 τις om. Simpl. p. 238 || **259 a** 5 τε om. T || **a** 6 διεληλυθότε Simplicii EF : -α BTYW -ες Simplicii D || **b** 1 δὲ ὄν : δὲ μὴ ὄν Simpl. || μετειληφός : -ώς Y || **b** 9 σκεπτέον : ἐπισκ- T || **c** 5 καὶ ante χαλεπὸν om. W || **c** 8 παντὶ addidi ex **251 b** 8 || δυνατὰ BTW: δυνατοῖς Y δυνατώτατα tentabat Schanz ἀνήνυτα Badham ἀνόνητα Richards δυνατὸν μάλιστα Campbell δέον αὐτὰ Apelt. || τοῖς om. Y.

la marche d'une argumentation en la critiquant pas à pas, et, soit qu'elle affirme être le même sous un certain rapport ce
d qui est autre, ou autre ce qui est même, la discuter suivant le rapport même et le point de vue qu'elle envisage dans l'une ou dans l'autre assertion [1]. Mais montrer que le même est autre, n'importe comment ; l'autre, même ; le grand, petit ; le semblable, dissemblable, et prendre son plaisir à étaler perpétuellement ces oppositions dans les arguments, ce n'est point là de la vraie critique : ce n'est, manifestement, que le fruit hâtif d'un tout premier contact avec le réel.

Théétète. — Assurément.

Application à la question de l'erreur dans l'opinion et dans le discours.

L'Étranger. — En effet, mon cher ami, s'évertuer à séparer tout de tout, ce n'est pas seulement offenser l'harmo-
e nie, c'est ignorer totalement les Muses et la philosophie.

Théétète. — Pourquoi donc ?

L'Étranger. — C'est la plus radicale manière d'anéantir tout discours que d'isoler chaque chose de tout le reste ; car c'est par la mutuelle combinaison des formes que le discours nous est né.

Théétète. — C'est vrai.

260 a L'Étranger. — Vois donc comme il était opportun tout à l'heure de mener bataille contre ces gens et de les contraindre à tolérer le mélange mutuel.

Théétète. — Opportun pour quoi ?

L'Étranger. — Pour garder le discours au nombre des genres de l'être [2]. Nous en priver, en effet, serait d'abord, perte suprême, nous priver de la philosophie. Mais, de plus, à cet instant même, il nous faut établir ensemble une définition du discours. Si l'on nous en frustrait en lui refusant absolument l'être, ce serait nous enlever, en somme, toute possibilité de discourir sur quoi que ce fût. Or ce serait nous
b en laisser frustrer que d'accorder que rien absolument ne se mélange à rien.

1. Comparer les observations de Renouvier (*Traité de Logique*, I, p. 72).

2. Ainsi le discours, l'opinion, l'imagination sont des *genres*, des espèces ou *formes* de l'être (cf. *infra*, 260 b, 264 b). Il est bon de comparer de pareils traits avec *Parm.* 130 e (homme, feu, eau,

ἐλέγχοντα ἐπακολουθεῖν, ὅταν τέ τις ἕτερον ὂν πῃ ταὐτὸν
εἶναι φῇ καὶ ὅταν ταὐτὸν ὂν ἕτερον, ἐκείνῃ καὶ κατ' d
ἐκεῖνο ὅ φησι τούτων πεπονθέναι πότερον. Τὸ δὲ ταὐτὸν
ἕτερον ἀποφαίνειν ἁμῇ γέ πῃ καὶ τὸ θάτερον ταὐτὸν καὶ τὸ
μέγα σμικρὸν καὶ τὸ ὅμοιον ἀνόμοιον, καὶ χαίρειν οὕτω
τἀναντία ἀεὶ προφέροντα ἐν τοῖς λόγοις, οὔτε τις ἔλεγχος
οὗτος ἀληθινὸς ἄρτι τε τῶν ὄντων τινὸς ἐφαπτομένου
δῆλος νεογενὴς ὤν.

ΘΕΑΙ. Κομιδῇ μὲν οὖν.

ΞΕ. Καὶ γάρ, ὠγαθέ, τό γε πᾶν ἀπὸ παντὸς ἐπιχειρεῖν
ἀποχωρίζειν ἄλλως τε οὐκ ἐμμελὲς καὶ δὴ καὶ παντάπασιν e
ἀμούσου τινὸς καὶ ἀφιλοσόφου.

ΘΕΑΙ. Τί δή;

ΞΕ. Τελεωτάτη πάντων λόγων ἐστὶν ἀφάνισις τὸ διαλύειν ἕκαστον ἀπὸ πάντων· διὰ γὰρ τὴν ἀλλήλων τῶν εἰδῶν συμπλοκὴν ὁ λόγος γέγονεν ἡμῖν.

ΘΕΑΙ. Ἀληθῆ.

ΞΕ. Σκόπει τοίνυν ὡς ἐν καιρῷ νυνδὴ τοῖς τοιούτοις 260 a
διεμαχόμεθα καὶ προσηναγκάζομεν ἐᾶν ἕτερον ἑτέρῳ
μείγνυσθαι.

ΘΕΑΙ. Πρὸς δὴ τί;

ΞΕ. Πρὸς τὸ τὸν λόγον ἡμῖν τῶν ὄντων ἕν τι γενῶν
εἶναι. Τούτου γὰρ στερηθέντες, τὸ μὲν μέγιστον, φιλοσοφίας
ἂν στερηθεῖμεν· ἔτι δ' ἐν τῷ παρόντι δεῖ λόγον
ἡμᾶς διομολογήσασθαι τί ποτ' ἔστιν, εἰ δὲ ἀφῃρέθημεν αὐτὸ
μηδ' εἶναι τὸ παράπαν, οὐδὲν ἂν ἔτι που λέγειν οἷοί τ'
ἦμεν. Ἀφῃρέθημεν δ' ἄν, εἰ συνεχωρήσαμεν μηδεμίαν εἶναι b
μεῖξιν μηδενὶ πρὸς μηδέν.

d 1 post ἕτερον add. φῇ κατ' in superiore marg. W || **d** 2 τούτων : τοῦτο B τοῦτον Y || **d** 5 προφέροντα : προσ- W || τις om. W || **d** 6 τινός τῶν ὄντων Y || **e** 4 ἀφάνισίς ἐστι W || **e** 5 ἀλλήλων : -οις Baumann || **260 a** 2 διεμαχόμεθα : δια- YW || **a** 4 δὴ τί : τί δή W || **a** 5 τὸν W : om. BTY || **a** 7 στερηθεῖμεν : -θείημεν W || **a** 8 αὐτὸ : αὖ τὸ W || **a** 9 μηδ' : μηδὲν BY || **b** 1 ἦμεν : εἶμεν Y.

Théétète. — Tu as raison sur ce point. Mais je ne comprends pas pourquoi nous aurions maintenant à définir en commun le discours.

L'Étranger. — Voici, peut-être, quelles réflexions, si tu m'y veux suivre, te le feraient le plus aisément comprendre.

Théétète. — Lesquelles ?

L'Étranger. — Nous avons découvert que le non-être est un genre déterminé parmi les autres genres, et qu'il se distribue sur toute la suite des êtres.

Théétète. — C'est exact.

L'Étranger. — Eh bien, ce qui nous reste à faire est d'examiner s'il se mêle à l'opinion et au discours.

Théétète. — Pourquoi donc ?

L'Étranger. — S'il ne s'y mêle, il est inévitable que tout
c soit vrai ; qu'il s'y mêle, alors se produit, et l'opinion fausse, et le discours faux. Le fait que ce sont des non-êtres qu'on se représente ou qu'on énonce, voilà, en somme, ce qui constitue la fausseté, et dans la pensée, et dans les discours.

Théétète. — En effet.

L'Étranger. — Or, dès qu'il y a fausseté, il y a tromperie.

Théétète. — Oui.

L'Étranger. — Et dès qu'il y a tromperie, tout se remplit inévitablement d'images, et de copies, et d'illusion.

Théétète. — Naturellement.

L'Étranger. — Or le sophiste, avons-nous dit, c'est bien, en somme, en cet abri qu'il s'est réfugié, mais il s'est obstiné
d à nier absolument qu'il y eût fausseté. Il n'y a, en effet, d'après lui, personne qui conçoive ni qui énonce le non-être ; car le non-être n'a, sous aucun rapport, aucune part à l'être.

Théétète. — Ce fut bien là son attitude.

L'Étranger. — Mais, à cette heure, le non-être s'est révélé participer à l'être, et voilà donc un argument dont il ne se ferait plus arme. Peut-être objecterait-il, par contre, que les formes ont, les unes, part au non-être, et les autres, point, et que, précisément, le discours et l'opinion sont au nombre de celles qui n'y ont point de part. C'est ainsi que, cette fois, à l'art qui fabrique images et simulacres, et dans lequel nous le

cheveu, boue, etc.) et avec les énumérations classiques (égalité, grandeur, justice, beauté, etc.) pour apprécier l'étendue du monde des formes et se faire une idée de leur nature.

ΘΕΑΙ. Ὀρθῶς τοῦτό γε· λόγον δὲ δι᾽ ὅτι νῦν διαμολογητέον οὐκ ἔμαθον.

ΞΕ. Ἀλλ᾽ ἴσως τῇδ᾽ ἑπόμενος ῥᾷστ᾽ ἂν μάθοις.

ΘΕΑΙ. Πῇ;

ΞΕ. Τὸ μὲν δὴ μὴ ὂν ἡμῖν ἕν τι τῶν ἄλλων γένος ὂν ἀνεφάνη, κατὰ πάντα τὰ ὄντα διεσπαρμένον.

ΘΕΑΙ. Οὕτως.

ΞΕ. Οὐκοῦν τὸ μετὰ τοῦτο σκεπτέον εἰ δόξῃ τε καὶ λόγῳ μείγνυται.

ΘΕΑΙ. Τί δή;

ΞΕ. Μὴ μειγνυμένου μὲν αὐτοῦ τούτοις ἀναγκαῖον
ἀληθῆ πάντ᾽ εἶναι, μειγνυμένου δὲ δόξα τε ψευδὴς γίγνεται c
καὶ λόγος· τὸ γὰρ τὰ μὴ ὄντα δοξάζειν ἢ λέγειν, τοῦτ᾽
ἔστι που τὸ ψεῦδος ἐν διανοίᾳ τε καὶ λόγοις γιγνόμενον.

ΘΕΑΙ. Οὕτως.

ΞΕ. Ὄντος δέ γε ψεύδους ἔστιν ἀπάτη.

ΘΕΑΙ. Ναί.

ΞΕ. Καὶ μὴν ἀπάτης οὔσης εἰδώλων τε καὶ εἰκόνων ἤδη καὶ φαντασίας πάντα ἀνάγκη μεστὰ εἶναι.

ΘΕΑΙ. Πῶς γὰρ οὔ;

ΞΕ. Τὸν δέ γε σοφιστὴν ἔφαμεν ἐν τούτῳ που τῷ τόπῳ
καταπεφευγέναι μέν, ἔξαρνον δὲ γεγονέναι τὸ παράπαν d
μηδ᾽ εἶναι φεῦδος· τὸ γὰρ μὴ ὂν οὔτε διανοεῖσθαί τινα
οὔτε λέγειν· οὐσίας γὰρ οὐδὲν οὐδαμῇ τὸ μὴ ὂν μετέχειν.

ΘΕΑΙ. Ἦν ταῦτα.

ΞΕ. Νῦν δέ γε τοῦτο μὲν ἐφάνη μετέχον τοῦ ὄντος, ὥστε ταύτῃ μὲν ἴσως οὐκ ἂν μάχοιτο ἔτι· τάχα δ᾽ ἂν φαίη τῶν εἰδῶν τὰ μὲν μετέχειν τοῦ μὴ ὄντος, τὰ δ᾽ οὔ, καὶ λόγον δὴ καὶ δόξαν εἶναι τῶν οὐ μετεχόντων, ὥστε τὴν εἰδωλοποιικὴν καὶ φανταστικήν, ἐν ᾗ φαμεν αὐτὸν εἶναι,

b 3 διομολογητεον : ὁμο- W || b 7 μὲν : μὴ Y || ὂν ἀνεφάνη B : ἀνεφ- TY ὂν ἐφ- W || c 2 τὰ om. Y || c 7 ἤδη : εἴδη Y¹W || c 10 γε om. BT || d 3 μετέχειν τὸ μὴ ὄν Y || d 7 μὴ om. W add. supra lin. W² || d 9 εἰδωλοποιικὴν : -ποιητικὴν Y || αὐτόν : -ῶν B.

e prétendions loger, il refuserait à toute force et absolument l'être, du moment qu'opinion et discours n'ont point de communauté avec le non-être ; car il ne peut y avoir de fausseté si cette communauté n'existe. Voilà donc pour quelles raisons[1] il nous faut commencer par examiner à fond ce que peuvent bien être le discours, l'opinion et l'imagination. Ainsi, cette
261 a clarté obtenue, nous pourrons découvrir la communauté qu'ils ont avec le non-être ; celle-ci découverte, démontrer l'existence de la fausseté ; la fausseté une fois démontrée existante, y attacher le sophiste s'il donne prise à ce grief, ou, l'en absolvant, le chercher dans quelque autre genre.

Théétète. — Voilà qui semble bien, étranger, vérifier sûrement ce que nous disions du sophiste, à notre début : que son genre était d'une chasse difficile. Au fait, il apparaît fertile en problèmes[2] : sitôt qu'il vous en oppose un, c'est défense qu'il faut nécessairement emporter de vive force avant que d'arriver jusqu'à lui. De celle qu'il nous opposa en niant le non-être, à peine, en effet, sommes-nous venus présen-
b tement à bout, qu'il nous en oppose une autre : c'est du faux, maintenant, qu'il faut établir l'être, et dans le discours, et dans l'opinion. Après quoi s'élèvera peut-être nouveau problème, qu'un autre encore viendra doubler, et jamais, à ce qu'il semble, nous ne verrons le bout.

L'Étranger. — Il faut prendre courage, Théétète, si petite que soit l'avance dont on peut, à chaque pas, progresser. A se décourager devant ces premiers obstacles, que gagnerait-on contre les seconds, que de n'y point avancer d'un pas, ou même d'être refoulé vers l'arrière ? Il fera beau temps, comme
c dit le proverbe, quand assaillant de cette humeur-là prendra ville. Puisqu'à cette heure, mon cher, nous avons mené à terme la démonstration que tu dis, c'est donc la plus forte muraille que nous aurions enlevée là : le reste sera, désormais, plus facile et de moindre importance.

Théétète. — Bonne parole.

L'Étranger. — Prenons donc d'abord, comme nous le disions tout à l'heure, le discours et l'opinion, pour établir

1. Cf. *Notice*, p. 281/3, et, par contre, la critique d'Apelt, *Platonische Aufsätze*, p. 270/7.

2. Platon joue ici avec le double sens de πρόβλημα : défense que l'on élève devant soi, et difficulté que l'on soulève, problème.

διαμάχοιτ' ἂν πάλιν ὡς παντάπασιν οὐκ ἔστιν, ἐπειδὴ δόξα e
καὶ λόγος οὐ κοινωνεῖ τοῦ μὴ ὄντος· ψεῦδος γὰρ τὸ παράπαν οὐκ εἶναι ταύτης μὴ συνισταμένης τῆς κοινωνίας. Διὰ ταῦτ' οὖν λόγον πρῶτον καὶ δόξαν καὶ φαντασίαν διερευνητέον ὅτι ποτ' ἔστιν, ἵνα φανέντων καὶ τὴν κοινωνίαν αὐτῶν τῷ μὴ ὄντι κατίδωμεν, κατιδόντες δὲ τὸ ψεῦδος 261 a
ὂν ἀποδείξωμεν, ἀποδείξαντες δὲ τὸν σοφιστὴν εἰς αὐτὸ ἐνδήσωμεν, εἴπερ ἔνοχός ἐστιν, ἢ καὶ ἀπολύσαντες ἐν ἄλλῳ γένει ζητῶμεν.

ΘΕΑΙ. Κομιδῇ γε, ὦ ξένε, ἔοικεν ἀληθὲς εἶναι τὸ περὶ τὸν σοφιστὴν κατ' ἀρχὰς λεχθέν, ὅτι δυσθήρευτον εἴη τὸ γένος. Φαίνεται γὰρ οὖν προβλημάτων γέμειν, ὧν ἐπειδάν τι προβάλῃ, τοῦτο πρότερον ἀναγκαῖον διαμάχεσθαι πρὶν ἐπ' αὐτὸν ἐκεῖνον ἀφικέσθαι. Νῦν γὰρ μόγις μὲν τὸ μὴ ὂν ὡς οὐκ ἔστι προβληθὲν διεπεράσαμεν, ἕτερον δὲ
προβέβληται, καὶ δεῖ δὴ ψεῦδος ὡς ἔστι καὶ περὶ λόγον καὶ b
περὶ δόξαν ἀποδεῖξαι, καὶ μετὰ τοῦτο ἴσως ἕτερον, καὶ ἔτ' ἄλλο μετ' ἐκεῖνο· καὶ πέρας, ὡς ἔοικεν, οὐδὲν φανήσεταί ποτε.

ΞΕ. Θαρρεῖν, ὦ Θεαίτητε, χρὴ τὸν καὶ σμικρόν τι δυνάμενον εἰς τὸ πρόσθεν ἀεὶ προϊέναι. Τί γὰρ ὅ γ' ἀθυμῶν ἐν τούτοις δράσειεν ἂν ἐν ἄλλοις, ἢ μηδὲν ἐν ἐκείνοις ἀνύτων ἢ καὶ πάλιν εἰς τοὔπισθεν ἀπωσθείς; σχολῇ που, τὸ κατὰ
τὴν παροιμίαν λεγόμενον, ὅ γε τοιοῦτος ἄν ποτε ἕλοι πόλιν. c
Νῦν δ' ἐπεί, ὠγαθέ, τοῦτο ὃ λέγεις διαπεπέρανται, τό τοι μέγιστον ἡμῖν τεῖχος ᾑρημένον ἂν εἴη, τὰ δ' ἄλλα ἤδη ῥᾴω καὶ σμικρότερα.

ΘΕΑΙ. Καλῶς εἶπες.

ΞΕ. Λόγον δὴ πρῶτον καὶ δόξαν, καθάπερ ἐρρήθη

e 1 ὡς : ὥστε Y || **e** 2 γὰρ τὸ : τὸ γὰρ B || **261 a** 2 ἀποδείξωμεν : ἀποδιώ- Y || αὐτὸ W : -όν BTY || **a** 5 γε : δέ γε B || **a** 6 δυσθήρευτον : -ρατον Y || **a** 8 τοῦτο : τούτῳ W || **b** 7 ἄλλοις : ἀλλήλοις Y || ἀνύτων : -ω B || **c** 1 ἄν ποτε BY : ἄν ποθ' W om. T || **c** 6 καὶ δόξαν πρῶτον W.

plus clairement si le non-être s'y attache, ou bien s'ils sont absolument vrais l'un et l'autre, jamais faux ni l'un ni l'autre.

Théétète. — Bien.

L'Étranger. — Allons, en même façon que nous avons
d parlé des formes et des lettres, en même façon refaisons cette enquête en prenant pour objets les noms. C'est là un point de vue, en effet, d'où se laisse entrevoir la solution que nous cherchons.

Théétète. — Quelle question me poseras-tu donc à propos des noms ?

L'Étranger. — Si tous s'accordent, ou bien aucun ; ou si les uns se prêtent à l'accord, et les autres, non.

Théétète. — La dernière hypothèse est évidente : les uns s'y prêtent ; les autres, non.

L'Étranger. — Voici peut-être ce que tu entends par là :
e ceux qui, dits à la file, composent un sens, s'accordent ; les autres, dont la suite ne forme aucun sens, ne s'accordent point.

Théétète. — Que veux-tu dire par là ?

L'Étranger. — Ce que, pensais-je, tu avais dans l'esprit en me donnant ton adhésion. Nous avons, en effet, pour exprimer vocalement [1] l'être, quelque chose comme deux genres de signes.

Théétète. — Lesquels ?

262 a L'Étranger. — On les appelle, soit noms, soit verbes [2].

Théétète. — Explique ta distinction.

L'Étranger. — Ce qui exprime les actions, nous l'appelons verbe.

Théétète. — Oui.

L'Étranger. — Quant aux sujets qui font ces actions, le signe vocal qui s'y applique est un nom.

Théétète. — Parfaitement.

1. Platon connaît ce que Condillac appellera *le langage d'action*. Cf. *Cratyle* 422 e-423 e : si nous n'avions ni voix ni langue, nous ferions comme font les sourds-muets, nous essaierions de *signifier* les choses avec les mains, la tête, et tout le reste de notre corps, et, pour les signifier, nous *mimerions* leurs formes, leurs attitudes, leurs mouvements, Platon dit même, leur nature. Mais c'est surtout le langage articulé qui imite *l'être* des choses.

2. Comparer *Cratyle*, 425 a, 431 b/c, et Aristote, *Herméneutique*, chapitres 2 et 3.

νυνδή, λάβωμεν, ἵνα ἐναργέστερον ἀπολογισώμεθα πότερον αὐτῶν ἅπτεται τὸ μὴ ὂν ἢ παντάπασιν ἀληθῆ μέν ἐστιν ἀμφότερα ταῦτα, ψεῦδος δὲ οὐδέποτε οὐδέτερον.

ΘΕΑΙ. Ὀρθῶς.

ΞΕ. Φέρε δή, καθάπερ περὶ τῶν εἰδῶν καὶ τῶν γραμ- d
μάτων ἐλέγομεν, περὶ τῶν ὀνομάτων πάλιν ὡσαύτως ἐπισκεψώμεθα. Φαίνεται γάρ πῃ ταύτῃ τὸ νῦν ζητούμενον.

ΘΕΑΙ. Τὸ ποῖον οὖν δὴ περὶ τῶν ὀνομάτων ὑπακουστέον ;

ΞΕ. Εἴτε πάντα ἀλλήλοις συναρμόττει εἴτε μηδέν, εἴτε τὰ μὲν ἐθέλει, τὰ δὲ μή.

ΘΕΑΙ. Δῆλον τοῦτό γε, ὅτι τὰ μὲν ἐθέλει, τὰ δ' οὔ.

ΞΕ. Τὸ τοιόνδε λέγεις ἴσως, ὅτι τὰ μὲν ἐφεξῆς λεγόμενα καὶ δηλοῦντά τι συναρμόττει, τὰ δὲ τῇ συνεχείᾳ μηδὲν e
σημαίνοντα ἀναρμοστεῖ.

ΘΕΑΙ. Πῶς τί τοῦτ' εἶπας ;

ΞΕ. Ὅπερ ᾠήθην ὑπολαβόντα σε προσομολογεῖν. Ἔστι γὰρ ἡμῖν που τῶν τῇ φωνῇ περὶ τὴν οὐσίαν δηλωμάτων διττὸν γένος.

ΘΕΑΙ. Πῶς ;

ΞΕ. Τὸ μὲν ὀνόματα, τὸ δὲ ῥήματα κληθέν. 262 a

ΘΕΑΙ. Εἰπὲ ἑκάτερον.

ΞΕ. Τὸ μὲν ἐπὶ ταῖς πράξεσιν ὂν δήλωμα ῥῆμά που λέγομεν.

ΘΕΑΙ. Ναί.

ΞΕ. Τὸ δέ γ' ἐπ' αὐτοῖς τοῖς ἐκείνας πράττουσι σημεῖον τῆς φωνῆς ἐπιτεθὲν ὄνομα.

ΘΕΑΙ. Κομιδῇ μὲν οὖν.

c 7 νυνδή, λάβωμεν : νῦν διαλά- Y || ἀπολογισώμεθα Heindorf : ἀπολογη- codd. || **d** 1 φέρε... 262 **e** 3 μὲν οὖν habet Stob. *Anthol.*, II, IV, 17, vol. II, p. 32-33 Wachsmuth || **d** 1 περὶ : ἐπὶ TY || **d** 3 φαίνεται : φανεῖται Heindorf || **d** 6 συναρμόττει YW : -ειν BT Stob. || **d** 9 ἴσως : ὡς T || **e** 3 εἶπας : -ες Y || **262 a** 4 λέγομεν : λεγόμενον Stob. || **a** 6 αὐτοῖς τοῖς : αὐτοῖς TY αὖ τοῖς Heindorf || ἐκείνας B Stob. : ἐκεῖναγε (sed γ ex σ) W ἐκεῖνα TY.

L'ÉTRANGER. — Des noms tout seuls énoncés bout à bout ne font donc jamais un discours, pas plus que des verbes énoncés sans l'accompagnement d'aucun nom [1].

THÉÉTÈTE. — Voilà ce que je ne savais point.

b L'ÉTRANGER. — Il est clair, en effet, que tu avais autre chose en vue en me donnant, tout à l'heure, ton assentiment; car c'est cela même que je voulais dire, qu'énoncés dans une suite comme celle-ci ils ne font point un discours.

THÉÉTÈTE. — En quelle suite?

L'ÉTRANGER. — Par exemple, *marche, court, dort,* et tous autres verbes signifiant des actions, même à les dire tous à la file, n'en forment pas plus, pour cela, un discours.

THÉÉTÈTE. — Naturellement.

L'ÉTRANGER. — Que donc, une autre fois, l'on dise: *lion, cerf, cheval,* et tous autres noms qui dénomment les sujets
c faisant les actions, c'est là encore une suite d'où n'est jamais résulté aucun discours; car, ni dans celle-ci, ni dans la précédente, les sons proférés n'indiquent ni action, ni inaction, ni être, soit d'un être, soit d'un non-être, tant qu'on n'a pas, aux noms, mêlé les verbes [2]. Alors seulement est fait l'accord et, tout de suite, constituée en discours la première liaison, de tous les discours en quelque sorte le premier et le plus bref.

THÉÉTÈTE. — Qu'entends-tu par là?

L'ÉTRANGER. — Quand on dit : *l'homme apprend,* il y a là,
d pour toi, discours, le plus simple et le premier?

THÉÉTÈTE. — Pour moi, oui.

L'ÉTRANGER. — C'est qu'il y a, dès ce moment, en lui, quelque indication relative à des choses qui sont, ou deviennent, ou furent, ou seront; c'est qu'il ne se borne pas à nommer, mais effectue un achèvement, en entrelaçant les verbes avec les noms. Aussi avons-nous dit qu'il discourt et non

1. Cf. Aristote, *Catég.* 1 a, 16-19; *Hermén.* ch. 1, 4 et 5.

2. Le mot ῥῆμα a souvent, dans les dialogues, le sens large de *mot, formule, sentence.* Mais il exprime aussi l'acte de qualifier un sujet ou la qualification qu'on lui donne, plus généralement tout ce qu'on énonce d'un sujet (cf. *Crat.* 399 b, *Lois,* 838 b/c, etc.; comparer Isocrate, *Or.* XV, 166). Le ῥῆμα *verbe* est donc lui-même un prédicat. Sa décomposition en *copule* et *participe* (Aristote, *Métaph.* 1017 a, 28, *Anal. pr.* 51 b, 13 et suiv.) n'est pas faite ici par Platon; l'*être* dont il parle est celui des jugements existentiels.

ΞΕ. Οὐκοῦν ἐξ ὀνομάτων μὲν μόνων συνεχῶς λεγομένων οὐκ ἔστι ποτὲ λόγος, οὐδ' αὖ ῥημάτων χωρὶς ὀνομάτων λεχθέντων.

ΘΕΑΙ. Ταῦτ' οὐκ ἔμαθον.

ΞΕ. Δῆλον γὰρ ὡς πρὸς ἕτερόν τι βλέπων ἄρτι συνωμο- b
λόγεις· ἐπεὶ τοῦτ' αὐτὸ ἐβουλόμην εἰπεῖν, ὅτι συνεχῶς ὧδε λεγόμενα ταῦτα οὐκ ἔστι λόγος.

ΘΕΑΙ. Πῶς ;

ΞΕ. Οἷον « βαδίζει » « τρέχει » « καθεύδει », καὶ τἆλλα ὅσα πράξεις σημαίνει ῥήματα, κἂν πάντα τις ἐφεξῆς αὔτ' εἴπῃ, λόγον οὐδέν τι μᾶλλον ἀπεργάζεται.

ΘΕΑΙ. Πῶς γάρ ;

ΞΕ. Οὐκοῦν καὶ πάλιν ὅταν λέγηται « λέων » « ἔλαφος » « ἵππος », ὅσα τε ὀνόματα τῶν τὰς πράξεις αὖ πραττόν-
των ὠνομάσθη, καὶ κατὰ ταύτην δὴ τὴν συνέχειαν οὐδείς c
πω συνέστη λόγος· οὐδεμίαν γὰρ οὔτε οὕτως οὔτ' ἐκείνως πρᾶξιν οὐδ' ἀπραξίαν οὐδὲ οὐσίαν ὄντος οὐδὲ μὴ ὄντος δηλοῖ τὰ φωνηθέντα, πρὶν ἂν τις τοῖς ὀνόμασι τὰ ῥήματα κεράσῃ. Τότε δ' ἥρμοσέν τε καὶ λόγος ἐγένετο εὐθὺς ἡ πρώτη συμπλοκή, σχεδὸν τῶν λόγων ὁ πρῶτός τε καὶ σμικρότατος.

ΘΕΑΙ. Πῶς ἆρ' ὧδε λέγεις ;

ΞΕ. Ὅταν εἴπῃ τις « ἄνθρωπος μανθάνει », λόγον εἶναι φῂς τοῦτον ἐλάχιστόν τε καὶ πρῶτον ;

ΘΕΑΙ. Ἔγωγε. d

ΞΕ. Δηλοῖ γὰρ ἤδη που τότε περὶ τῶν ὄντων ἢ γιγνομένων ἢ γεγονότων ἢ μελλόντων, καὶ οὐκ ὀνομάζει μόνον ἀλλά τι περαίνει, συμπλέκων τὰ ῥήματα τοῖς ὀνόμασι. Διὸ

a 9 μόνων : -ον W || **b** 1 βλέπων : -εις Y || συνωμολόγεις : -ομολογεῖς BW || **b** 2 ἐπεὶ τοῦτ' αὐτὸ BYW : ἔπειτ' T, Stobaei S ἔπειτα Stobaei A -οῦτ' αὐτὸ T οὐ ταυτὸ Stobaei AS || **b** 6 πράξεις : πρᾶξις Stobaei AS || αὔτ' BT : αὖ τ' YW ταῦτ' Stobaei codd. || **b** 9 καὶ : κἂν b || ὅταν om. B || **b** 10 ante ὀνόματα add. ἄλλα W || **c** 1 ὠνομάσθη T Stob. : ὀνομασθῇ BY -μαστί W || **c** 3 ὄντος post οὐσίαν : -ως T || **c** 6 τε καὶ W Stob. : εἰ καὶ TY καὶ B || **d** 2 τότε : τὸ W || **d** 4 περαίνει : περαίνει καὶ B καὶ περαίνει Hermann.

point seulement qu'il nomme, et, à l'agencement qu'il constitue, nous avons donné le nom de discours.

Théétète. — Avec raison.

L'Étranger. — Ainsi donc, tout de même que, dans les choses, les unes s'accordaient mutuellement, les autres, non ; de même, dans les signes vocaux, certains ne se peuvent accor-
e der, et d'autres, par leur accord mutuel, ont créé le discours.

Théétète. — C'est rigoureusement exact.

L'Étranger. — Encore un détail.

Théétète. — Lequel ?

L'Étranger. — Le discours est forcément, dès qu'il est, discours sur quelque sujet[1] ; qu'il le soit sur rien, c'est impossible.

Théétète. — Certainement.

L'Étranger. — Ne faut-il pas aussi qu'il ait une qualité déterminée ?

Théétète. — Comment le concevoir autrement ?

L'Étranger. — Portons donc sur nous-mêmes notre attention.

Théétète. — Soit.

L'Étranger. — Je vais émettre devant toi un discours en assemblant chose et action par le moyen du nom et du verbe ; sur qui porte le discours, c'est à toi de me le dire.

263 a Théétète. — Je le ferai dans la mesure de mes forces.

L'Étranger. — *Théétète est assis,* serait-ce là un discours long ?

Théétète. — Non, il est de mesure modeste.

L'Étranger. — A toi donc de dire à propos de qui et sur qui il discourt.

Théétète. — Evidemment à propos de moi et sur moi.

L'Étranger. — Et celui-ci ?

Théétète. — Lequel ?

L'Étranger. — *Théétète, avec qui présentement je dialogue, vole.*

1. Le *discours* est ici un jugement catégorique, et nos logiciens modernes déclareront que le sujet d'un tel jugement doit être *un vrai sujet,* c.-à-d. quelque chose dont un attribut peut vraiment être affirmé ou nié. Un abstrait ne peut être sujet que s'il est véritablement un singulier, une chose (Goblot, § 118). Platon, dans ce dialogue scolaire, prend des sujets nettement concrets.

λέγειν τε αὐτὸν ἀλλ' οὐ μόνον ὀνομάζειν εἴπομεν, καὶ δὴ καὶ τῷ πλέγματι τούτῳ τὸ ὄνομα ἐφθεγξάμεθα λόγον.

ΘΕΑΙ. Ὀρθῶς.

ΞΕ. Οὕτω δὴ καθάπερ τὰ πράγματα τὰ μὲν ἀλλήλοις ἥρμοττεν, τὰ δ' οὔ, καὶ περὶ τὰ τῆς φωνῆς αὖ σημεῖα τὰ μὲν οὐχ ἁρμόττει, τὰ δὲ ἁρμόττοντα αὐτῶν λόγον ἀπηρ- e
γάσατο.

ΘΕΑΙ. Παντάπασι μὲν οὖν.

ΞΕ. Ἔτι δὴ σμικρὸν τόδε.

ΘΕΑΙ. Τὸ ποῖον ;

ΞΕ. Λόγον ἀναγκαῖον, ὅτανπερ ᾖ, τινὸς εἶναι λόγον, μὴ δὲ τινὸς ἀδύνατον.

ΘΕΑΙ. Οὕτως.

ΞΕ. Οὐκοῦν καὶ ποιόν τινα αὐτὸν εἶναι δεῖ ;

ΘΕΑΙ. Πῶς δ' οὔ ;

ΞΕ. Προσέχωμεν δὴ τὸν νοῦν ἡμῖν αὐτοῖς.

ΘΕΑΙ. Δεῖ γοῦν.

ΞΕ. Λέξω τοίνυν σοι λόγον συνθεὶς πρᾶγμα πράξει δι' ὀνόματος καὶ ῥήματος· ὅτου δ' ἂν ὁ λόγος ᾖ, σύ μοι φράζειν.

ΘΕΑΙ. Ταῦτ' ἔσται κατὰ δύναμιν. 263 a

ΞΕ. « Θεαίτητος κάθηται ». Μῶν μὴ μακρὸς ὁ λόγος ;

ΘΕΑΙ. Οὔκ, ἀλλὰ μέτριος.

ΞΕ. Σὸν ἔργον δὴ φράζειν περὶ οὗ τ' ἐστὶ καὶ ὅτου.

ΘΕΑΙ. Δῆλον ὅτι περὶ ἐμοῦ τε καὶ ἐμός.

ΞΕ. Τί δὲ ὅδ' αὖ ;

ΘΕΑΙ. Ποῖος ;

ΞΕ. « Θεαίτητος, ᾧ νῦν ἐγὼ διαλέγομαι, πέτεται ».

d 5 τε W Stob. : τε καὶ BTY || εἴπομεν Stob. : -οιμεν BTYW || δὴ καὶ B Stob. : δὴ καὶ καὶ W δὴ TY || **d** 6 ἐφθεγξάμεθα : ἐπεφ- Stob. || **d** 8 τὰ πράγματα καθάπερ W || τὰ ante μὲν om. B, Stobaei AB || **d** 9 ἥρμοττεν : ἁρμόττει W[1] || **e** 1 λόγον om. B || **e** 4 δὴ om. TY || **e** 9 δεῖ εἶναι W || **e** 13 πρᾶγμα : πράγματα W || **e** 15 φράζειν : -ε W || **263 a** 2 μῶν μὴ : μὴ T μῶν supra lin. μὴ eras. T[2] || **a** 6 τί δὲ : τίς δε W.

Théétète. — Pour celui-là encore il n'y a qu'une réponse possible : à propos de moi et sur moi.

L'Étranger. — Mais chacun de ces discours a, nécessairement, disons-nous, une certaine qualité.

b Théétète. — Oui.

L'Étranger. — Quelle qualité[1] faut-il donc attribuer à l'un et à l'autre ?

Théétète. — L'un, peut-on dire, est faux ; l'autre, vrai.

L'Étranger. — Or celui des deux qui est vrai dit, de toi, ce qui est, tel que c'est.

Théétète. — Comment donc !

L'Étranger. — Et celui qui est faux dit autre chose que ce qui est.

Théétète. — Oui.

L'Étranger. — C'est donc ce qui n'est point qu'il dit être.

Théétète. — A peu près.

L'Étranger. — Il dit donc des choses qui sont, mais autres, à ton endroit, que celles qui sont. Nous l'avons dit, en effet : il y a, en quelque sorte, autour de chaque réalité, beaucoup d'êtres et beaucoup de non-êtres.

Théétète. — Assurément.

c L'Étranger. — Ainsi le dernier discours que j'ai dit à ton sujet doit, en premier lieu, d'après ce que nous avons défini constituer l'essence du discours, être, de toute nécessité, l'un des plus brefs.

Théétète. — Cela résulte au moins de nos conclusions de tout à l'heure.

L'Étranger. — Il doit, en second lieu, porter sur quelqu'un.

Théétète. — Certainement.

L'Étranger. — Or, s'il ne porte sur toi, il ne porte assurément sur personne autre.

Théétète. — Evidemment.

L'Étranger. — Ne discourant sur personne, en tout cas, il ne serait même pas du tout discours. Nous l'avons démontré, en effet : impossible qu'il y ait discours qui ne soit discours sur aucun sujet.

Théétète. — C'est tout à fait exact.

d L'Étranger. — Ainsi un assemblage de verbes et de noms,

1. Ce que les modernes, après Aristote, ont appelé *qualité* du jugement (affirmation ou négation) a été mentionné plus haut (262 c).

ΘΕΑΙ. Καὶ τοῦτον οὐδ' ἂν εἷς ἄλλως εἴποι πλὴν ἐμόν τε καὶ περὶ ἐμοῦ.

ΞΕ. Ποιὸν δέ γέ τινά φαμεν ἀναγκαῖον ἕκαστον εἶναι τῶν λόγων.

ΘΕΑΙ. Ναί. b

ΞΕ. Τούτων δὴ ποῖόν τινα ἑκάτερον φατέον εἶναι ;

ΘΕΑΙ. Τὸν μὲν ψευδῆ που, τὸν δὲ ἀληθῆ.

ΞΕ. Λέγει δὲ αὐτῶν ὁ μὲν ἀληθὴς τὰ ὄντα ὡς ἔστιν περὶ σοῦ.

ΘΕΑΙ. Τί μήν ;

ΞΕ. Ὁ δὲ δὴ ψευδὴς ἕτερα τῶν ὄντων.

ΘΕΑΙ. Ναί.

ΞΕ. Τὰ μὴ ὄντ' ἄρα ὡς ὄντα λέγει.

ΘΕΑΙ. Σχεδόν.

ΞΕ. Ὄντων δέ γε ὄντα ἕτερα περὶ σοῦ. Πολλὰ μὲν γὰρ ἔφαμεν ὄντα περὶ ἕκαστον εἶναί που, πολλὰ δὲ οὐκ ὄντα.

ΘΕΑΙ. Κομιδῇ μὲν οὖν.

ΞΕ. Ὃν ὕστερον δὴ λόγον εἴρηκα περὶ σοῦ, πρῶτον μέν, c
ἐξ ὧν ὡρισάμεθα τί ποτ' ἔστι λόγος, ἀναγκαιότατον αὐτὸν ἕνα τῶν βραχυτάτων εἶναι.

ΘΕΑΙ. Νυνδὴ γοῦν ταύτῃ συνωμολογήσαμεν.

ΞΕ. Ἔπειτα δέ γε τινός.

ΘΕΑΙ. Οὕτως.

ΞΕ. Εἰ δὲ μὴ ἔστιν σός, οὐκ ἄλλου γε οὐδενός.

ΘΕΑΙ. Πῶς γάρ ;

ΞΕ. Μηδενὸς ⟨δέ⟩ γε ὢν οὐδ' ἂν λόγος εἴη τὸ παράπαν· ἀπεφήναμεν γὰρ ὅτι τῶν ἀδυνάτων ἦν λόγον ὄντα μηδενὸς εἶναι λόγον.

ΘΕΑΙ. Ὀρθότατα.

ΞΕ. Περὶ δὴ σοῦ λεγόμενα μέντοι θάτερα ὡς τὰ αὐτὰ d

a 9 ἄλλως : -ος W || εἴποι : -η Y[1] || a 10 τε : τ' εἶναι BW || b 4 αὐτῶν : -ῷ B || b 7 δὴ om. Y || b 11 ὄντων Cornarius : -ως codd. || b 12 ὄντα ἔφαμεν W || c 5 δέ γε : λέγε T || c 7 γε : τε B || c 9 δέ add. Heindorf || c 10 ἀπεφήναμεν : -φηνάμην TW || d 1 λεγόμενα, <λεγόμενα> Badham.

qui, à ton sujet, énonce, en fait, comme autre, ce qui est même, et, comme étant, ce qui n'est point, voilà, ce semble, au juste, l'espèce d'assemblage qui constitue réellement et véritablement un discours faux[1].

Théétète. — C'est la vérité même.

L'Étranger. — Eh quoi ? la pensée, l'opinion, l'imagination, n'est-il pas, désormais, évident, que ce sont là des genres susceptibles, en nos âmes, aussi bien de fausseté que de vérité ?

Théétète. — Comment ?

L'Étranger. — Le comment te sera plus facile à savoir si tu me laisses t'expliquer en quoi elles consistent et en quoi
e elles diffèrent les unes des autres.

Théétète. — Explique.

L'Étranger. — Donc, pensée et discours, c'est la même chose, sauf que c'est le dialogue intérieur et silencieux de l'âme avec elle-même que nous avons appelé de ce nom de pensée[2].

Théétète. — Absolument.

L'Étranger. — Mais le courant qui émane de l'âme et sort par la bouche en émission vocale a reçu le nom de discours ?

Théétète. — C'est vrai.

L'Étranger. — Nous savons qu'il y a, de plus, dans le discours, ceci...

Théétète. — Quoi ?

L'Étranger. — Affirmation et négation.

Théétète. — Nous savons cela.

264 a L'Étranger. — Quand donc cela se fait dans l'âme, en pensée, silencieusement, as-tu, pour le désigner, un autre mot que celui d'opinion ?

Théétète. — Quel autre aurais-je ?

L'Étranger. — Quand, par contre, celle-ci se présente non plus spontanément, mais par l'intermédiaire de la sensation[3],

1. Pour de telles alliances de mots, cf. *supra* 240 b, 254 d, et *Théét*, 189 c/d.

2. Pour cette définition de la pensée et de l'opinion, cf. *Théét.* 189 e-190 a.

3. Cf. la description vivante du *Philèbe* (38 b-39 c). Quelqu'un voit, de loin, une statue grossière (sensation), s'interroge là-dessus (opinion), et *s'imagine* voir un homme.

καὶ μὴ ὄντα ὡς ὄντα, παντάπασιν ἔοικεν ἡ τοιαύτη σύνθεσις ἔκ τε ῥημάτων γιγνομένη καὶ ὀνομάτων ὄντως τε καὶ ἀληθῶς γίγνεσθαι λόγος ψευδής.

ΘΕΑΙ. Ἀληθέστατα μὲν οὖν.

ΞΕ. Τί δὲ δή; διάνοιά τε καὶ δόξα καὶ φαντασία, μῶν οὐκ ἤδη δῆλον ὅτι ταῦτα τὰ γένη ψευδῆ τε καὶ ἀληθῆ πάνθ' ἡμῶν ἐν ταῖς ψυχαῖς ἐγγίγνεται;

ΘΕΑΙ. Πῶς;

ΞΕ. Ὧδ' εἴσῃ ῥᾷον, ἂν πρῶτον λάβῃς αὐτὰ τί ποτ' ἔστιν καὶ τί διαφέρουσιν ἕκαστα ἀλλήλων. e

ΘΕΑΙ. Δίδου μόνον.

ΞΕ. Οὐκοῦν διάνοια μὲν καὶ λόγος ταὐτόν· πλὴν ὁ μὲν ἐντὸς τῆς ψυχῆς πρὸς αὑτὴν διάλογος ἄνευ φωνῆς γιγνόμενος τοῦτ' αὐτὸ ἡμῖν ἐπωνομάσθη, διάνοια;

ΘΕΑΙ. Πάνυ μὲν οὖν.

ΞΕ. Τὸ δέ γ' ἀπ' ἐκείνης ῥεῦμα διὰ τοῦ στόματος ἰὸν μετὰ φθόγγου κέκληται λόγος;

ΘΕΑΙ. Ἀληθῆ.

ΞΕ. Καὶ μὴν ἐν λόγοις γε αὐτὸ ἴσμεν ὂν —

ΘΕΑΙ. Τὸ ποῖον;

ΞΕ. Φάσιν τε καὶ ἀπόφασιν.

ΘΕΑΙ. Ἴσμεν.

ΞΕ. Ὅταν οὖν τοῦτο ἐν ψυχῇ κατὰ διάνοιαν ἐγγίγνηται 264 a
μετὰ σιγῆς, πλὴν δόξης ἔχεις ὅτι προσείπῃς αὐτό;

ΘΕΑΙ. Καὶ πῶς;

ΞΕ. Τί δ' ὅταν μὴ καθ' αὑτὴν ἀλλὰ δι' αἰσθήσεως παρῇ

d 2 ἔοικεν W : ὡς ἔ- BTY || ἡ τοιαύτη σύνθεσις : ἐν τοιαύτῃ -σει W || **d** 3 ἔκ τε om. W || **d** 6 τί δὲ δή... 264 **b** 6 καὶ λόγος habet Stob. *Anth.* I, LIX, 1, vol. I, p. 498 Wachsmuth || **d** 7 τὰ γένη : γένη T γε Stob. || **d** 9 πῶς om. Stob. || **d** 10 ἂν om. Stob. || αὐτὰ W Stob. : om. BTY || **e** 4 αὑτὴν : αὐτὸν W αὐτὴν Stobaei codd. || **e** 5 ἐπωνομάσθη W Stob. : -μᾶσθαι B -μάσθαι TY || **e** 7 δέ γ' : δ' Stob. || **e** 10 γε αὐτὸ W : αὐτὸ BTY γε αὖ Stob. || ἴσμεν : οἷς μὲν Stob. || ὄν : ἐνόν Stob. || **264 a** 4 post ὅταν add. δόξα Stob. || αὑτὴν : αὐτὸ Stob. || ἀλλὰ : ἀλλ' ἢ W.

une telle affection se peut-elle correctement dénommer d'un autre nom qu'imagination ?

THÉÉTÈTE. — D'aucun autre.

L'ÉTRANGER. — Puisqu'il y a, nous l'avons vu, discours vrai et discours faux, et que, dans le discours, nous avons distingué la pensée, dialogue que l'âme se tient à elle-même, l'opinion, achèvement de la pensée, et cette affection que nous
b désignons du mot « j'imagine », combinaison de sensation et d'opinion, il est donc inévitable que, parentes du discours, elles soient, quelques-unes et quelquefois, fausses.

THÉÉTÈTE. — Naturellement.

L'ÉTRANGER. — Te rends-tu compte que nous avons découvert la fausseté de l'opinion et du discours bien plus promptement que nous ne l'espérions, quand nous redoutions, il y a si peu de temps, que ce ne fût peine absolument perdue d'en entreprendre la recherche ?

THÉÉTÈTE. — Je m'en rends compte.

Retour à la définition du sophiste[1].

L'ÉTRANGER. — N'allons donc point nous décourager pour ce qui reste à faire. Puisqu'en effet voilà ce point éclairci, remet-
c tons-nous en mémoire nos précédentes divisions par formes.

THÉÉTÈTE. — Quelles divisions au juste ?

L'ÉTRANGER. — Nous avons divisé l'art qui fabrique les images en deux formes : l'une produit la copie, l'autre produit le simulacre.

THÉÉTÈTE. — Oui.

L'ÉTRANGER. — Quant au sophiste, nous étions embarrassés, disions-nous, de savoir en quelle forme le mettre.

THÉÉTÈTE. — Nous l'étions, en effet.

L'ÉTRANGER. — Et, au milieu de cet embarras, un vertige plus ténébreux encore nous submergea, quand apparut l'argument qui, envers et contre tous, soutient que copie, image,
d simulacre, rien de tout cela n'est, puisqu'il n'y a fausseté en aucune façon, en aucun temps, en aucune part.

THÉÉTÈTE. — Tu dis vrai.

1. Sur la définition d'ensemble et la méthode qui y conduit, cf. *infra* 264 e, et l'excellente appréciation d'E. Goblot (*Logique*, §75) : Platon saisit le sophiste « dans un filet qu'il resserre toujours davantage, jusqu'à ce qu'il ne contienne plus qu'une proie. A la fin, il ne

τινι, τὸ τοιοῦτον αὖ πάθος ἆρ' οἷόν τε ὀρθῶς εἰπεῖν ἕτερόν τι πλὴν φαντασίαν ;

ΘΕΑΙ. Οὐδέν.

ΞΕ. Οὐκοῦν ἐπείπερ λόγος ἀληθὴς ἦν καὶ ψευδής, τούτων δ' ἐφάνη διάνοια μὲν αὐτῆς πρὸς ἑαυτὴν ψυχῆς διάλογος, δόξα δὲ διανοίας ἀποτελεύτησις, « φαίνεται » δὲ ὃ
λέγομεν σύμμειξις αἰσθήσεως καὶ δόξης, ἀνάγκη δὴ καὶ b
τούτων τῷ λόγῳ συγγενῶν ὄντων ψευδῆ τε αὐτῶν ἔνια καὶ ἐνίοτε εἶναι.

ΘΕΑΙ. Πῶς δ' οὔ ;

ΞΕ. Κατανοεῖς οὖν ὅτι πρότερον ηὑρέθη ψευδὴς δόξα καὶ λόγος ἢ κατὰ τὴν προσδοκίαν ἣν ἐφοβήθημεν ἄρτι, μὴ παντάπασιν ἀνήνυτον ἔργον ἐπιβαλλοίμεθα ζητοῦντες αὐτό ;

ΘΕΑΙ. Κατανοῶ.

ΞΕ. Μὴ τοίνυν μηδ' εἰς τὰ λοιπὰ ἀθυμῶμεν. Ἐπειδὴ
γὰρ πέφανται ταῦτα, τῶν ἔμπροσθεν ἀναμνησθῶμεν κατ' c
εἴδη διαιρέσεων.

ΘΕΑΙ. Ποίων δή ;

ΞΕ. Διειλόμεθα τῆς εἰδωλοποιικῆς εἴδη δύο, τὴν μὲν εἰκαστικήν, τὴν δὲ φανταστικήν.

ΘΕΑΙ. Ναί.

ΞΕ. Καὶ τὸν σοφιστὴν εἴπομεν ὡς ἀποροῖμεν εἰς ὁποτέραν θήσομεν.

ΘΕΑΙ. Ἦν ταῦτα.

ΞΕ. Καὶ τοῦθ' ἡμῶν ἀπορουμένων ἔτι μείζων κατεχύθη σκοτοδινία, φανέντος τοῦ λόγου τοῦ πᾶσιν ἀμφισβητοῦντος ὡς οὔτε εἰκὼν οὔτε εἴδωλον οὔτε φάντασμ' εἴη τὸ παράπαν
οὐδὲν διὰ τὸ μηδαμῶς μηδέποτε μηδαμοῦ ψεῦδος εἶναι. d

ΘΕΑΙ. Λέγεις ἀληθῆ.

a 5 ἄρ' om. Stob. || a 8 ante λόγος add. ὁ W || a 9 ἑαυτὴν : αὑτὴν W || ante ψυχῆς add. τῆς W || a 10 φαίνεται : -σθαι Stob. || b 2 τῷ λόγῳ : τῶν λόγων Stob. || τε : γε Schanz secl. Heindorf || b 5 πρότερον : πραό- T Stob. || c 4 τῆς : τοῖς Y || c 10 μείζων : -ω B.

L'ÉTRANGER. — Mais, maintenant du moins que voilà découverte l'existence, et du discours faux, et de l'opinion fausse, des imitations des êtres sont, dès lors, possibles, et, de la disposition à les produire, peut naître un art de tromperie.

THÉÉTÈTE. — Cela est réellement possible.

L'ÉTRANGER. — Que le sophiste, enfin, rentrât dans l'une des formes susdites, c'est conclusion sur laquelle nous nous sommes précédemment accordés.

THÉÉTÈTE. — Oui.

L'ÉTRANGER. — Entreprenons donc à nouveau, scindant en
e deux le genre proposé, d'avancer en suivant toujours la partie droite de nos sectionnements, nous attachant à ce qu'ils offrent de communauté avec le sophiste, jusqu'à ce qu'ayant dépouillé celui-ci de tout ce qu'il a de commun, nous ne lui laissions plus que sa nature propre. Ainsi la pourrons-nous rendre manifeste, avant tout, à nous-mêmes, et, ensuite, à
265 a ceux qui ont, avec une telle méthode, les plus proches affinités de race.

THÉÉTÈTE. — Bien.

L'ÉTRANGER. — Ne commencions-nous pas alors nos divisions par l'art de production et l'art d'acquisition ?

THÉÉTÈTE. — Si.

L'ÉTRANGER. — Et, dans l'art d'acquisition, la chasse, la lutte, le négoce et autres formes de cette sorte nous laissèrent entrevoir le sophiste ?

THÉÉTÈTE. — Parfaitement.

L'ÉTRANGER. — Puisque le voilà maintenant enclos dans l'art mimétique, c'est l'art même de la production qu'il nous faut évidemment, le premier, diviser en deux. L'imitation est,
b en effet, quelque chose comme une production ; production d'images, assurément, disons-nous, et non point des réalités elles-mêmes. N'est-ce pas vrai ?

THÉÉTÈTE. — Rigoureusement vrai.

L'ÉTRANGER. — Commençons donc par distinguer, dans la production, deux parties.

se contente pas de donner une définition à deux termes... il récapitule toute la série des termes intermédiaires, dont chacun est la différence du précédent et le genre du suivant, en une formule à la fois très artistique, car elle résume tout le dialogue, et très satirique, car elle accumule sur une seule tête tous les raffinements de la tromperie ».

ΞΕ. Νῦν δέ γ' ἐπειδὴ πέφανται μὲν λόγος, πέφανται δ'οὖσα δόξα ψευδής, ἐγχωρεῖ δὴ μιμήματα τῶν ὄντων εἶναι καὶ τέχνην ἐκ ταύτης γίγνεσθαι τῆς διαθέσεως ἀπατητικήν.

ΘΕΑΙ. Ἔγχωρεῖ.

ΞΕ. Καὶ μὴν ὅτι γ' ἦν ὁ σοφιστὴς τούτων πότερον, διωμολογημένον ἡμῖν ἐν τοῖς πρόσθεν ἦν.

ΘΕΑΙ. Ναί.

ΞΕ. Πάλιν τοίνυν ἐπιχειρῶμεν, σχίζοντες διχῇ τὸ
προτεθὲν γένος, πορεύεσθαι κατὰ τοὐπὶ δεξιὰ ἀεὶ μέρος e
τοῦ τμηθέντος, ἐχόμενοι τῆς τοῦ σοφιστοῦ κοινωνίας, ἕως
ἂν αὐτοῦ τὰ κοινὰ πάντα περιελόντες, τὴν οἰκείαν λιπόντες φύσιν ἐπιδείξωμεν μάλιστα μὲν ἡμῖν αὐτοῖς, ἔπειτα
δὲ καὶ τοῖς ἐγγυτάτω γένει τῆς τοιαύτης μεθόδου πεφυ- 265 a
κόσιν.

ΘΕΑΙ. Ὀρθῶς.

ΞΕ. Οὐκοῦν τότε μὲν ἠρχόμεθα ποιητικὴν καὶ κτητικὴν τέχνην διαιρούμενοι ;

ΘΕΑΙ. Ναί.

ΞΕ. Καὶ τῆς κτητικῆς ἐν θηρευτικῇ καὶ ἐν ἀγωνίᾳ καὶ ἐν ἐμπορικῇ καί τισιν ἐν τοιούτοις εἴδεσιν ἐφαντάζεθ' ἡμῖν ;

ΘΕΑΙ. Πάνυ μὲν οὖν.

ΞΕ. Νῦν δέ γ' ἐπειδὴ μιμητικὴ περιείληφεν αὐτὸν
τέχνη, δῆλον ὡς αὐτὴν τὴν ποιητικὴν δίχα διαιρετέον
πρώτην. Ἡ γάρ που μίμησις ποίησίς τίς ἐστιν, εἰδώλων b
μέντοι, φαμέν, ἀλλ' οὐκ αὐτῶν ἑκάστων· ἦ γάρ ;

ΘΕΑΙ. Παντάπασι μὲν οὖν.

ΞΕ. Ποιητικῆς δὴ πρῶτον δύ' ἔστω μέρη.

d 4 ψευδής : -εῖς T || δὴ om. W || **d** 8 ὅτι γ' : ὅτ' W || **e** 2 τῆς : τοῖς Y || **e** 3 ante οἰκείαν add. ἴδιον T || **265 a** 1 δὲ om. BY || τῆς : τοῖς Y || **a** 7 ἐν ante ἀγωνίᾳ om. BT || **a** 8 ἐν ante ἐμπορικῇ om. B || **b** 1 εἰδώλων : εἴδωλον T || **b** 4 ποιητικῆς... **e** 6 τό δὲ θεῖον Stob. *Anth.* I, 1, 38, vol. I, p. 47 Wachsmuth || **b** 4 ἔστω δύο Stob.

Théétète. — Lesquelles ?

L'Étranger. — L'une, divine ; l'autre, humaine.

Théétète. — Je ne comprends pas encore.

L'Étranger. — Est productrice, disions-nous, s'il nous souvient de notre début [1], toute puissance qui devient cause que ce qui, antérieurement, n'était point, ultérieurement commence d'être.

Théétète. — Il nous en souvient.

c L'Étranger. — Donc tous les animaux mortels, toutes les plantes aussi que, sur terre, semences et racines font pousser, enfin tout ce qui s'agrège, dans l'intérieur de la terre, en corps inanimés, fusibles et non fusibles, n'est-ce pas uniquement par une opération divine que nous les dirons naître, ultérieurement, de leur non-être primitif ? Ou bien userons-nous de la façon vulgaire de croire et de parler...

Théétète. — A savoir ?

L'Étranger. — Que la nature les engendre par une causalité spontanée et qui se développe sans le secours d'aucune pensée ? Ou bien avec raison, avec science divine émanée de Dieu [2] ?

d Théétète. — Quant à moi, peut-être à cause de mon âge, je passe bien souvent d'une opinion à l'autre. Mais, en ce moment, rien qu'à te regarder, je me dis que, pour toi, ces générations ont, assurément, une cause divine, et je fais mienne cette croyance.

L'Étranger. — C'est là bien penser, Théétète. Si, toi-même, nous avions à te compter parmi ceux qui, dans l'avenir, en viendront à d'autres opinions, ce serait le moment de chercher à mettre, en cette démonstration, la persuasion contraignante qui entraînerait ton assentiment. Mais je vois au fond de ta nature : sans qu'il soit besoin de nos démonstrations, elle se
e porte d'elle-même là où, de ton aveu, tu te sens attiré en ce

1. Cf. *supra* 219 b.

2. Comparer *Philèbe* 28 d/c : « l'univers est-il au pouvoir d'une force irraisonnable, procédant au hasard et à l'aventure, ou bien est-il ordonné et gouverné par un Intellect et une Raison admirables ? », et *Lois* (888 a, et suiv.), où l'on réfute longuement cette doctrine, que les éléments et l'univers sont produits « non par un Intellect, ni par quelque dieu, ni par art, mais par la nature et le hasard ». Platon attribue cette incrédulité à la mauvaise influence des théogonies 888 c).

ΘΕΑΙ. Ποίω ;

ΞΕ. Τὸ μὲν θεῖον, τὸ δ' ἀνθρώπινον.

ΘΕΑΙ. Οὔπω μεμάθηκα.

ΞΕ. Ποιητικήν, εἴπερ μεμνήμεθα τὰ κατ' ἀρχὰς λεχθέντα, πᾶσαν ἔφαμεν εἶναι δύναμιν ἥτις ἂν αἰτία γίγνηται τοῖς μὴ πρότερον οὖσιν ὕστερον γίγνεσθαι.

ΘΕΑΙ. Μεμνήμεθα.

ΞΕ. Ζῷα δὴ πάντα θνητά, καὶ δὴ καὶ φυτὰ ὅσα τ' ἐπὶ c
γῆς ἐκ σπερμάτων καὶ ῥιζῶν φύεται, καὶ ὅσα ἄψυχα ἐν γῇ
συνίσταται σώματα τηκτὰ καὶ ἄτηκτα, μῶν ἄλλου τινὸς ἢ
θεοῦ δημιουργοῦντος φήσομεν ὕστερον γίγνεσθαι πρότερον
οὐκ ὄντα ; Ἢ τῷ τῶν πολλῶν δόγματι καὶ ῥήματι χρώμε-
νοι —

ΘΕΑΙ. Ποίῳ τῳ ;

ΞΕ. Τὴν φύσιν αὐτὰ γεννᾶν ἀπό τινος αἰτίας αὐτομάτης καὶ ἄνευ διανοίας φυούσης, ἢ μετὰ λόγου τε καὶ ἐπιστήμης θείας ἀπὸ θεοῦ γιγνομένης ;

ΘΕΑΙ. Ἐγὼ μὲν ἴσως διὰ τὴν ἡλικίαν πολλάκις ἀμφό- d
τερα μεταδοξάζω· νῦν μὴν βλέπων εἰς σὲ καὶ ὑπολαμβά-
νων οἴεσθαί σε κατά γε θεὸν αὐτὰ γίγνεσθαι, ταύτῃ καὶ
αὐτὸς νενόμικα.

ΞΕ. Καλῶς γε, ὦ Θεαίτητε. Καὶ εἰ μέν γέ σε ἡγούμεθα
τῶν εἰς τὸν ἔπειτα χρόνον ἄλλως πως δοξαζόντων εἶναι,
νῦν ἂν τῷ λόγῳ μετὰ πειθοῦς ἀναγκαίας ἐπεχειροῦμεν ποιεῖν
ὁμολογεῖν· ἐπειδὴ δέ σου καταμανθάνω τὴν φύσιν, ὅτι καὶ
ἄνευ τῶν παρ' ἡμῶν λόγων αὐτὴ πρόσεισιν ἐφ' ἅπερ νῦν e

b 5 ποίω : -ων uel -ῶν Stobaei codd. || **b** 11 μεμνήμεθα : μεμάθηκα Stob. || **c** 1 δὴ καὶ W Stob. : om. BTY || **c** 2 ante ἐν γῇ add. ἐκ γῆς Stob. || **c** 3 τηκτὰ.. ἄτηκτα : τικτὰ.. ἄτικτα B || **c** 5 ἢ τῷ : ᾗ Stob. || καὶ ῥήματι om. Stob. || **c** 7 ποίῳ τῳ Hermann : ποίῳ τῷ ; BT ποίω ; τῷ YW ποιητῶν continuata oratione Stob. || **d** 1 ἐγὼ μὲν ἴσως om. Stob. || **d** 2 μὴν bY²W : μὴ BTY μὲν Stob. || **d** 3 οἴεσθαί σε om. Stob. || γε om. W Stob. || καὶ αὐτός : κ' αὐτός W || **d** 5 γε post καλῶς om. Stob. || **d** 6 ἔπειτα : ἔπειτ' <ἂν> Burnet || δοξαζόντων : -σόντων Baumann || **d** 7 ἀναγκαίας : -ους Y || ἐπεχειροῦμεν : ἐπι- Stob. || **e** 1 αὐτὴ W : αὕτη BY αυτη T αὐτῇ Stob. || ἅπερ : ἃ Stob.

moment. Aussi m'abstiendrai-je, car ce serait perdre le temps. Mais je poserai que les œuvres dites de nature sont œuvres d'un art divin [1], et celles que les hommes composent avec elles, œuvres d'un art humain ; à suivre ce principe, il y a donc deux genres de production : l'une, humaine ; l'autre, divine.

THÉÉTÈTE. — Bien.

L'ÉTRANGER. — Sectionne donc encore chacune d'elles en deux.

266 a THÉÉTÈTE. — Comment ?

L'ÉTRANGER. — Par exemple, après avoir sectionné la production dans toute sa largeur, sectionne-la maintenant dans sa longueur.

THÉÉTÈTE. — Sectionnons.

L'ÉTRANGER. — C'est donc quatre parties qu'ainsi nous y obtenons : deux relatives à nous et humaines, deux relatives aux dieux et divines.

THÉÉTÈTE. — Oui.

L'ÉTRANGER. — Mais si nous reprenons la division dans le premier sens, de chaque partie principale se détachera une partie productive de réalités, et les deux parties qui restent doivent, en rigueur presque absolue, s'appeler productives d'images.
b Voilà donc que la production se dédouble à nouveau.

THÉÉTÈTE. — Explique-moi ce nouveau dédoublement.

L'ÉTRANGER. — Nous-mêmes, j'imagine, et le reste des vivants, et leurs principes composants, feu, eau et substances congénères, ce sont autant de choses dont la réalité individuelle fut, nous le savons, la production et l'œuvre de Dieu N'est-il pas vrai ?

THÉÉTÈTE. — Si.

L'ÉTRANGER. — A côté de chacune d'elles viennent ensuite se ranger leurs images et non plus leurs réalités. Divine encore est l'invention qui machina ces images

THÉÉTÈTE. — Lesquelles ?

L'ÉTRANGER. — Celles qui nous viennent dans le sommeil, et tous les simulacres qui, pendant le jour, se forment, comme

1. Les *Lois* justifieront (892 c et suiv.) ce renversement de la thèse qui oppose, à la causalité aveugle de la nature, l'art humain, créateur des images, des arts, des lois et des dieux (889 b/c). Comparer Voltaire, *Dialogues*, XXIX, 2.

ἕλκεσθαι φῇς, ἐάσω· χρόνος γὰρ ἐκ περιττοῦ γίγνοιτ' ἄν. Ἀλλὰ θήσω τὰ μὲν φύσει λεγόμενα ποιεῖσθαι θείᾳ τέχνῃ, τὰ δ' ἐκ τούτων ὑπ' ἀνθρώπων συνιστάμενα ἀνθρωπίνῃ, καὶ κατὰ τοῦτον δὴ τὸν λόγον δύο ποιητικῆς γένη, τὸ μὲν ἀνθρώπινον εἶναι, τὸ δὲ θεῖον.

ΘΕΑΙ. Ὀρθῶς.

ΞΕ. Τέμνε δὴ δυοῖν οὔσαιν δίχα ἑκατέραν αὖθις.

ΘΕΑΙ. Πῶς;

ΞΕ. Οἷον τότε μὲν κατὰ πλάτος τέμνων τὴν ποιητικὴν 266 a
πᾶσαν, νῦν δὲ αὖ κατὰ μῆκος.

ΘΕΑΙ. Τετμήσθω.

ΞΕ. Τέτταρα μὴν αὐτῆς οὕτω τὰ πάντα μέρη γίγνεται, δύο μὲν τὰ πρὸς ἡμῶν, ἀνθρώπεια, δύο δ' αὖ τὰ πρὸς θεῶν, θεῖα.

ΘΕΑΙ. Ναί.

ΞΕ. Τὰ δέ γ' ὡς ἑτέρως αὖ διῃρημένα, μέρος μὲν ἓν ἀφ' ἑκατέρας τῆς μερίδος αὐτοποιητικόν, τὼ δ' ὑπολοίπω σχεδὸν μάλιστ' ἂν λεγοίσθην εἰδωλοποιικώ· καὶ κατὰ ταῦτα δὴ πάλιν ἡ ποιητικὴ διχῇ διαιρεῖται.

ΘΕΑΙ. Λέγε ὅπῃ ἑκατέρα αὖθις. b

ΞΕ. Ἡμεῖς μέν που καὶ τἆλλα ζῷα καὶ ἐξ ὧν τὰ πεφυκότ' ἐστίν, πῦρ καὶ ὕδωρ καὶ τὰ τούτων ἀδελφά, θεοῦ γεννήματα πάντα ἴσμεν αὐτὰ ἀπειργασμένα ἕκαστα· ἢ πῶς;

ΘΕΑΙ. Οὕτως.

ΞΕ. Τούτων δέ γε ἑκάστων εἴδωλα ἀλλ' οὐκ αὐτὰ παρέπεται, δαιμονίᾳ καὶ ταῦτα μηχανῇ γεγονότα.

ΘΕΑΙ. Ποῖα;

ΞΕ. Τά τε ἐν τοῖς ὕπνοις καὶ ὅσα μεθ' ἡμέραν φαντάσ-

e 2 χρόνος : λόγος Richards || **e 8** οὔσαιν : οὖσαν W || αὖθις : αὐτοῖς T (sed θις in marg.) Y || **266 a 4** τὰ πάντα T : πάντα YW τὰ B || γίγνεται μέρη W || **a 8** αὖ : δύο BW || **a 9** αὐτοποιητικόν B : αὖ τὸ ποι- TYW || **a 10** ἂν om. BW || **b 1** ὅπῃ Ven. 8 : ὅποι BTY ὁποῖ' W || ἑκατέρα : ἑκάτερα BW || **b 2** ἡμεῖς : -ᾶς Heindorf || **b 9** φαντάσματα : φάσματ' W.

c on dit, spontanément : l'ombre que projette le feu quand les ténèbres l'envahissent ; cette apparence, enfin, que produit, en des surfaces brillantes et lisses, le concours, en un même point, de deux lumières, leur lumière propre et une lumière étrangère, et qui oppose, à la vision habituelle, une sensation inverse[1].

THÉÉTÈTE. — Voilà donc les deux œuvres de la production divine : la chose, d'une part ; et, de l'autre, l'image qui accompagne chaque chose.

L'ÉTRANGER. — Mais que dirons-nous de notre art humain ? N'affirmerons-nous pas que, par l'art du maçon, il crée la maison réelle et, par celui du peintre, une autre maison, sorte de songe présenté par la main de l'homme à des yeux éveillés ?

d THÉÉTÈTE. — Absolument.

L'ÉTRANGER. — Ainsi donc se répète, jusqu'au bout, sur une double ligne, cette dualité d'œuvres de notre action productrice : d'une part, disons-nous, chose, production de chose ; de l'autre, image, production d'image.

THÉÉTÈTE. — Maintenant je comprends mieux et je pose, pour l'art de production, deux formes dont chacune est double : d'un côté, production divine et production humaine ; de l'autre, création de choses, ou création de certaines ressemblances.

L'ÉTRANGER. — Eh bien, cette fabrication d'images devait, souvenons-nous, comprendre, comme genres, et la production de copies, et la production de simulacres, sitôt que le faux
e serait démontré avoir réel être de faux et compter, par droit de nature, comme unité parmi les êtres.

THÉÉTÈTE. — Ce fut bien là notre raisonnement.

L'ÉTRANGER. — Or la démonstration est faite et, par suite, notre droit est maintenant incontestable de compter ces produits pour deux formes distinctes ?

THÉÉTÈTE. — Oui.

267 a L'ÉTRANGER. — Divisons donc, à son tour, le simulacre en deux.

THÉÉTÈTE. — En quel sens ?

1. Cf. *Théét.*, 193 c/d, et surtout *Timée* 46 a/c, où l'on explique cette rencontre de la lumière propre du milieu réflecteur avec la lumière de l'œil, et la symétrie inverse de l'image avec l'objet.

ματα αὐτοφυῆ λέγεται, σκιὰ μὲν ὅταν ἐν τῷ πυρὶ σκότος c
ἐγγίγνηται, διπλοῦν δὲ ἡνίκ' ἂν φῶς οἰκεῖόν τε καὶ ἀλλότριον περὶ τὰ λαμπρὰ καὶ λεῖα εἰς ἓν συνελθὸν τῆς ἔμπροσθεν εἰωθυίας ὄψεως ἐναντίαν αἴσθησιν παρέχον εἶδος ἀπεργάζηται.

ΘΕΑΙ. Δύο γὰρ οὖν ἐστι ταῦτα θείας ἔργα ποιήσεως, αὐτό τε καὶ τὸ παρακολουθοῦν εἴδωλον ἑκάστῳ.

ΞΕ. Τί δὲ τὴν ἡμετέραν τέχνην; ἆρ' οὐκ αὐτὴν μὲν οἰκίαν οἰκοδομικῇ φήσομεν ποιεῖν, γραφικῇ δέ τιν' ἑτέραν, οἷον ὄναρ ἀνθρώπινον ἐγρηγορόσιν ἀπειργασμένην;

ΘΕΑΙ. Πάνυ μὲν οὖν. d

ΞΕ. Οὐκοῦν καὶ τἆλλα οὕτω κατὰ δύο διττὰ ἔργα τῆς ἡμετέρας αὖ ποιητικῆς πράξεως, τὸ μὲν αὐτό, φαμέν, αὐτουργική, τὸ δὲ εἴδωλον εἰδωλοποιική.

ΘΕΑΙ. Νῦν μᾶλλον ἔμαθον, καὶ τίθημι δύο διχῇ ποιητικῆς εἴδη· θείαν μὲν καὶ ἀνθρωπίνην κατὰ θάτερον τμῆμα, κατὰ δὲ θάτερον τὸ μὲν αὐτῶν ὄν, τὸ δὲ ὁμοιωμάτων τινῶν γέννημα.

ΞΕ. Τῆς τοίνυν εἰδωλουργικῆς ἀναμνησθῶμεν ὅτι τὸ μὲν εἰκαστικόν, τὸ δὲ φανταστικὸν ἔμελλεν εἶναι γένος, εἰ τὸ
ψεῦδος ὄντως ὂν ψεῦδος καὶ τῶν ὄντων ἕν τι φανείη πε- e
φυκός.

ΘΕΑΙ. Ἦν γὰρ οὖν.

ΞΕ. Οὐκοῦν ἐφάνη τε καὶ διὰ ταῦτα δὴ καταριθμήσομεν αὐτὼ νῦν ἀναμφισβητήτως εἴδη δύο;

ΘΕΑΙ. Ναί.

ΞΕ. Τὸ τοίνυν φανταστικὸν αὖθις διορίζωμεν δίχα. 267 a

ΘΕΑΙ. Πῇ;

c 2 ἂν om. T || c 4 παρέχον : -ασχὸν TY || c 5 ἀπεργάζηται : -εται (sed η supra lin.) W || c 9 οἰκίαν : -κείαν (sed ε puncto notatum) W || τιν' ἑτέραν : τινα ἕτερον W || d 2 κατὰ : καὶ τὰ B || d 4 αὐτουργική et mox εἰδωλοποιική secl. Apelt || d 6 θείαν... ἀνθρωπίνην Heindorf : -ία -η BW -ίᾳ -ῃ TY || e 5 αὐτώ Paris. 1814 : αὐτῷ BTYW || 267 a 1 διορίζωμεν BT : διω- Y -ζομεν YW.

L'ÉTRANGER. — D'une part, le simulacre se fait au moyen d'instruments. De l'autre, la personne qui fait le simulacre se prête elle-même comme instrument.

THÉÉTÈTE. — Que veux-tu dire ?

L'ÉTRANGER. — J'imagine que quelqu'un adapte son corps à reproduire ton attitude ou sa voix à reproduire ta voix : cette façon de simuler est bien, je crois, ce qu'on appelle proprement mimer[1].

THÉÉTÈTE. — Oui.

L'ÉTRANGER. — Réservons donc ce segment sous le nom de mimétique. Quant au reste, permettons-nous cette paresse, et négligeons-le totalement, laissant à d'autres le soin de le
b ramener à l'unité et de lui assigner quelque nom convenable.

THÉÉTÈTE. — Réservons donc, et laissons aller.

L'ÉTRANGER. — Mais ce premier segment, Théétète, mérite encore d'être considéré comme double. Voyons pourquoi.

THÉÉTÈTE. — Dis-le moi.

L'ÉTRANGER. — Ceux qui imitent le font, les uns en connaissant l'objet qu'ils imitent, les autres, sans le connaître. Or quel plus large principe de division pourrons-nous poser que celui de la non-connaissance et de la connaissance ?

THÉÉTÈTE. — Aucun.

L'ÉTRANGER. — Donc l'imitation dont nous parlions tout à l'heure était imitation par gens qui savent ? Car ta conformation et ta personne sont possibles à connaître pour qui les voudrait imiter.

THÉÉTÈTE. — Naturellement.

c L'ÉTRANGER. — Mais la conformation de la justice et, en général, de toute la vertu ? N'y en a-t-il pas beaucoup qui, sans la connaître, mais s'en étant fait, je ne sais comment, une opinion, s'évertuent sur le faux semblant qu'ils s'en sont forgé et se travaillent à le faire apparaître en eux comme réellement présent, le mimant le plus qu'ils peuvent en actes et en paroles ?

THÉÉTÈTE. — Beaucoup, oui, beaucoup.

L'ÉTRANGER. — Est-ce donc que tous échouent à paraître justes sans l'être le moins du monde ? Ou bien arrive-t-il tout le contraire ?

1. Sur le rôle d'une telle mimique dans le langage spontané, cf. *Cratyle* 423 a/b.

ΞΕ. Τὸ μὲν δι' ὀργάνων γιγνόμενον, τὸ δὲ αὐτοῦ παρέχοντος ἑαυτὸν ὄργανον τοῦ ποιοῦντος τὸ φάντασμα.

ΘΕΑΙ. Πῶς φῄς ;

ΞΕ. Ὅταν οἶμαι τὸ σὸν σχῆμά τις τῷ ἑαυτοῦ χρώμενος σώματι προσόμοιον ἢ φωνὴν φωνῇ φαίνεσθαι ποιῇ, μίμησις τοῦτο τῆς φανταστικῆς μάλιστα κέκληταί που.

ΘΕΑΙ. Ναί.

ΞΕ. Μιμητικὸν δὴ τοῦτο αὐτῆς προσειπόντες ἀπονειμώμεθα· τὸ δ' ἄλλο πᾶν ἀφῶμεν μαλακισθέντες καὶ παρέντες ἑτέρῳ συναγαγεῖν τε εἰς ἓν καὶ πρέπουσαν ἐπωνυμίαν b
ἀποδοῦναί τιν' αὐτῷ.

ΘΕΑΙ. Νενεμήσθω, τὸ δὲ μεθείσθω.

ΞΕ. Καὶ μὴν καὶ τοῦτο ἔτι διπλοῦν, ὦ Θεαίτητε, ἄξιον ἡγεῖσθαι· δι' ἃ δέ, σκόπει.

ΘΕΑΙ. Λέγε.

ΞΕ. Τῶν μιμουμένων οἱ μὲν εἰδότες ὃ μιμοῦνται τοῦτο πράττουσιν, οἱ δ' οὐκ εἰδότες. Καίτοι τίνα μείζω διαίρεσιν ἀγνωσίας τε καὶ γνώσεως θήσομεν ;

ΘΕΑΙ. Οὐδεμίαν.

ΞΕ. Οὐκοῦν τό γε ἄρτι λεχθὲν εἰδότων ἦν μίμημα ; τὸ γὰρ σὸν σχῆμα καὶ σὲ γιγνώσκων ἄν τις μιμήσαιτο.

ΘΕΑΙ. Πῶς δ' οὔ ; c

ΞΕ. Τί δὲ δικαιοσύνης τὸ σχῆμα καὶ ὅλης συλλήβδην ἀρετῆς ; Ἆρ' οὐκ ἀγνοοῦντες μέν, δοξάζοντες δέ πῃ, σφόδρα ἐπιχειροῦσιν πολλοὶ τὸ δοκοῦν σφίσιν τοῦτο ὡς ἐνὸν αὐτοῖς προθυμεῖσθαι φαίνεσθαι ποιεῖν, ὅτι μάλιστα ἔργοις τε καὶ λόγοις μιμούμενοι ;

ΘΕΑΙ. Καὶ πάνυ γε πολλοί.

ΞΕ. Μῶν οὖν πάντες ἀποτυγχάνουσι τοῦ δοκεῖν εἶναι δίκαιοι μηδαμῶς ὄντες ; ἢ τούτου πᾶν τοὐναντίον ;

a 3 τὸ δὲ αὐτοῦ : τὸ δ' αὖ τοῦ W || **a** 10 ἀπονειμώμεθα : -όμεθα BT || **a** 11 ἀφῶμεν : ἀφέντες Y || **b** 4 καὶ post μὴν om. W || **c** 3 δοξάζοντες : δόξαντες W || πῃ : δή W || **c** 4 ἐνόν : ἑνός Y || **c** 5 φαίνεσθαι om. Y.

THÉÉTÈTE. — Tout le contraire.

d L'ÉTRANGER. — Voilà donc deux imitateurs qu'il faut dire différents l'un de l'autre, j'imagine : celui qui ne sait point et celui qui sait.

THÉÉTÈTE. — Oui.

L'ÉTRANGER. — Où donc prendre, pour chacun d'eux, un nom qui leur aille ? Le trouver est évidemment difficile ; car, pour cette division par genres et par formes, bien invétérée, ce semble, était la paresse de nos prédécesseurs, qui en eurent si peu le sens qu'ils n'en ont même nulle part tenté l'essai. Aussi nos ressources en noms sont-elles nécessairement peu abondantes. Et pourtant, dût notre expression sembler trop osée, ne fût-ce que pour bien distinguer l'une et l'autre, à
e l'imitation qui s'appuie sur l'opinion nous donnerons le nom de doxomimétique [1] ; à celle qui s'appuie sur la science, le nom de mimétique savante.

THÉÉTÈTE. — Soit.

L'ÉTRANGER. — Or c'est de la première qu'il nous faut faire emploi ; car le sophiste n'est point du nombre de ceux qui savent, mais de ceux qui se bornent à imiter.

THÉÉTÈTE. — Assurément.

L'ÉTRANGER. — Examinons donc le doxomime comme nous ferions un morceau de fer, pour voir s'il est sain ou s'il n'a point encore en lui quelque paille.

THÉÉTÈTE. — Examinons.

L'ÉTRANGER. — Il en a, au fait, et en bien des endroits.
268 a Car un de ses personnages est le naïf, qui croit avoir science de ce dont il n'a qu'opinion. Quant à la figure que fait l'autre, d'avoir tant roulé parmi les arguments y met une forte dose de méfiance, une appréhension très vive d'ignorance personnelle sur les sujets mêmes où, devant les autres, il se donne figure de savant.

THÉÉTÈTE. — L'un et l'autre genre existent, certainement tels que tu les dis.

L'ÉTRANGER. — Ainsi nous poserons l'un comme simple imitateur, l'autre comme imitateur ironique ?

THÉÉTÈTE. — Avec vraisemblance.

1. Platon s'excuse du mot *doxomimétique* comme d'une hardiesse, mais il aime les composés de cet ordre, qui traduisent son mépris

ΘΕΑΙ. Πᾶν.

ΞΕ. Μιμητὴν δὴ τοῦτόν γε ἕτερον ἐκείνου λεκτέον οἶμαι, d
τὸν ἀγνοοῦντα τοῦ γιγνώσκοντος.

ΘΕΑΙ. Ναί.

ΞΕ. Πόθεν οὖν ὄνομα ἑκατέρῳ τις αὐτῶν λήψεται πρέπον ; Ἢ δῆλον δὴ χαλεπὸν ὄν, διότι τῆς τῶν γενῶν κατ' εἴδη διαιρέσεως παλαιά τις, ὡς ἔοικεν, ἀργία τοῖς ἔμπροσθεν καὶ ἀσύννους παρῆν, ὥστε μηδ' ἐπιχειρεῖν μηδένα διαιρεῖσθαι· καθὸ δὴ τῶν ὀνομάτων ἀνάγκη μὴ σφόδρα εὐπορεῖν. Ὅμως δέ, κἂν εἰ τολμηρότερον εἰρῆσθαι, διαγνώσεως ἕνεκα τὴν μὲν μετὰ δόξης μίμησιν δοξομιμητικὴν
προσείπωμεν, τὴν δὲ μετ' ἐπιστήμης ἱστορικήν τινα μί- e
μησιν.

ΘΕΑΙ. Ἔστω.

ΞΕ. Θατέρῳ τοίνυν χρηστέον· ὁ γὰρ σοφιστὴς οὐκ ἐν τοῖς εἰδόσιν ἦν ἀλλ' ἐν τοῖς μιμουμένοις δή.

ΘΕΑΙ. Καὶ μάλα.

ΞΕ. Τὸν δοξομιμητὴν δὴ σκοπώμεθα ὥσπερ σίδηρον, εἴτε ὑγιὴς εἴτε διπλόην ἔτ' ἔχων τινά ἐστιν ἐν αὐτῷ.

ΘΕΑΙ. Σκοπῶμεν.

ΞΕ. Ἔχει τοίνυν καὶ μάλα συχνήν. Ὁ μὲν γὰρ εὐήθης
αὐτῶν ἐστιν, οἰόμενος εἰδέναι ταῦτα ἃ δοξάζει· τὸ δὲ 268 a
θατέρου σχῆμα διὰ τὴν ἐν τοῖς λόγοις κυλίνδησιν ἔχει πολλὴν ὑποψίαν καὶ φόβον ὡς ἀγνοεῖ ταῦτα ἃ πρὸς τοὺς ἄλλους ὡς εἰδὼς ἐσχημάτισται.

ΘΕΑΙ. Πάνυ μὲν οὖν ἔστιν ἑκατέρου γένους ὧν εἴρηκας.

ΞΕ. Οὐκοῦν τὸν μὲν ἁπλοῦν μιμητήν τινα, τὸν δὲ εἰρωνικὸν μιμητὴν θήσομεν ;

ΘΕΑΙ. Εἰκὸς γοῦν.

d 6 ἀργία Madvig : αἰτία codd. || d 8 καθὸ : καθ' ἃ W || e 8 ἔτ' om. TY || 268 a 5 ἑκατέρου γένους TYW : -ρου* γένου* B -ρον γένος Madvig -ρου γένος Apelt.

L'Étranger. — Et le genre auquel appartient ce dernier, le dirons-nous unique ou double ?

Théétète. — Vois toi-même.

b L'Étranger. — Je regarde, et j'aperçois deux sortes d'hommes. L'un, je le vois capable de pratiquer cette ironie en réunions publiques, en de longs discours, devant des foules ; tandis que l'autre, en réunions privées, coupant son discours en arguments brefs, contraint son interlocuteur à se contredire lui-même.

Théétète. — Ce que tu dis là est très exact.

L'Étranger. — Quel personnage sera donc, pour nous, l'homme aux longs discours ? Politique, orateur populaire ?

Théétète. — Orateur populaire.

L'Étranger. — Et comment appellerons-nous l'autre ? Sage ou sophiste ?

c Théétète. — Sage, à vrai dire, c'est impossible, puisque nous avons posé qu'il ne sait point. Mais, imitateur du sage, il prendra évidemment un nom qui s'en rapproche quelque peu, et je suis très près déjà de m'apercevoir que c'est de lui qu'il nous faut dire : voilà véritablement, dans son absolue réalité, notre fameux sophiste.

L'Étranger. — Nous fermerons donc la chaîne ici, comme nous le fîmes antérieurement, renouant ensemble, de bout en bout, à reculons, les éléments de son nom ?

Théétète. — J'en suis tout à fait d'avis.

L'Étranger. — Ainsi cet art de contradiction qui, par la partie ironique d'un art fondé sur la seule opinion, rentre dans la mimétique, et, par le genre qui produit les simu-
d lacres, se rattache à l'art de créer les images ; cette portion, non point divine, mais humaine, de l'art de production, qui, ayant, pour son domaine propre, les discours, y fabrique ses prestiges, voilà ce dont on peut affirmer, « que c'est la race, que c'est le sang » de l'authentique sophiste, en ne disant, ce semble, que la plus pure vérité.

Théétète. — Absolument.

pour ces contrefaçons de beauté (*doxocalie*, *Philèbe* 49 d), d'enseignement (*doxopédeutique*, *Soph.* 223 b), de science (*doxosophie*, 231 b).

ΞΕ. Τούτου δ᾽ αὖ τὸ γένος ἓν ἢ δύο φῶμεν,

ΘΕΑΙ. Ὅρα σύ.

ΞΕ. Σκοπῶ, καί μοι διττὼ καταφαίνεσθόν τινε· τὸν μὲν b
δημοσίᾳ τε καὶ μακροῖς λόγοις πρὸς πλήθη δυνατὸν εἰρω-
νεύεσθαι καθορῶ, τὸν δὲ ἰδίᾳ τε καὶ βραχέσι λόγοις ἀναγ-
κάζοντα τὸν προσδιαλεγόμενον ἐναντιολογεῖν αὐτὸν αὑτῷ.

ΘΕΑΙ. Λέγεις ὀρθότατα.

ΞΕ. Τίνα οὖν ἀποφαινώμεθα τὸν μακρολογώτερον εἶναι; πότερα πολιτικὸν ἢ δημολογικόν;

ΘΕΑΙ. Δημολογικόν.

ΞΕ. Τί δὲ τὸν ἕτερον ἐροῦμεν; σοφὸν ἢ σοφιστικόν;

ΘΕΑΙ. Τὸ μέν που σοφὸν ἀδύνατον, ἐπείπερ οὐκ εἰδότα
αὐτὸν ἔθεμεν· μιμητὴς δ᾽ ὢν τοῦ σοφοῦ δῆλον ὅτι παρω- c
νύμιον αὐτοῦ τι λήψεται, καὶ σχεδὸν ἤδη μεμάθηκα ὅτι
τοῦτον δεῖ προσειπεῖν ἀληθῶς αὐτὸν ἐκεῖνον τὸν παντά-
πασιν ὄντως σοφιστήν.

ΞΕ. Οὐκοῦν συνδήσομεν αὐτοῦ, καθάπερ ἔμπροσθεν, τοὔνομα συμπλέξαντες ἀπὸ τελευτῆς ἐπ᾽ ἀρχήν;

ΘΕΑΙ. Πάνυ μὲν οὖν.

ΞΕ. Τὸ δὴ τῆς ἐναντιοποιολογικῆς εἰρωνικοῦ μέρους
τῆς δοξαστικῆς μιμητικόν, τοῦ φανταστικοῦ γένους ἀπὸ
τῆς εἰδωλοποιικῆς οὐ θεῖον ἀλλ᾽ ἀνθρωπικὸν τῆς ποιήσεως d
ἀφωρισμένον ἐν λόγοις τὸ θαυματοποιικὸν μόριον, « ταύ-
της τῆς γενεᾶς τε καὶ αἵματος » ὃς ἂν φῇ τὸν ὄντως
σοφιστὴν εἶναι, τἀληθέστατα, ὡς ἔοικεν, ἐρεῖ.

ΘΕΑΙ. Παντάπασι μὲν οὖν.

b 1 διττὼ : -όν T || b 3 καθορῶ εἰρωνεύεσθαι W || b 6 τίνα : τί W || b 10 τὸ Steph. : τὸν codd. || c 3 τὸν : τὸ W || c 8 τὸ Schleiermacher : τὸν codd. || d 2 θαυματοποιικὸν edd. : θαυμαστο- BTYW -ποιικὸν TYW -ποιητικὸν B.

TABLE DES MATIÈRES

Ce volume,
le trente et unième
de la série grecque
de la Collection des Universités de France,
publié aux Éditions Les Belles Lettres,
a été achevé d'imprimer
en juillet 2022
sur les presses
de La Manufacture Imprimeur
52205 Langres Cedex, France

N° d'édition : 10265
N° d'impression : 220625
Dépôt légal : juillet 2022